2018年度浙江省哲学社会科学规划课题（18NDJC314YBM）

元末明初"婺学三家"思想特色及影响

厉冬明　著

浙江工商大学出版社 ZHEJIANG GONGSHANG UNIVERSITY PRESS ｜ 杭州

图书在版编目(CIP)数据

元末明初"婺学三家"思想特色及影响 / 顾旭明著.
—杭州:浙江工商大学出版社,2018.11

ISBN 978-7-5178-3047-4

Ⅰ.①元… Ⅱ.①顾… Ⅲ.①儒学－研究－金华－元代②儒学－研究－金华－明代 Ⅳ.①B222.05

中国版本图书馆 CIP 数据核字(2018)第 268124 号

元末明初"婺学三家"思想特色及影响

YUANMO MINGCHU WUXUE SANJIA SIXIANG TESE JI YINGXIANG

顾旭明 著

责任编辑	王黎明
封面设计	林朦朦
责任印制	包建辉
出版发行	浙江工商大学出版社
	(杭州市教工路 149 号 邮政编码 310012)
	(E-mail:zjgsupress@163.com)
	(网址:http://www.zjgsupress.com)
	电话:0571-88823703,88831806(传真)
排 版	杭州朝曦图文设计有限公司
印 刷	虎彩印艺股份有限公司
开 本	710mm×1000mm 1/16
印 张	18.25
字 数	290 千
版 印 次	2018 年 11 月第 1 版 2018 年 11 月第 1 次印刷
书 号	ISBN 978-7-5178-3047-4
定 价	46.00 元

目　　录

元末明初"婺学三家"

第一章

历史上的婺学，是一个多层次却十分清晰的概念。综合各家所言，其大致包括两个含义。一是指由吕祖谦创立的学术。这是一个纵向的就学脉而论的概念。二是指南宋以降某一特定时期内发生在婺州的各种主流学术。这是一个横向的地域性学派概念。全祖望在《宋元学案·说斋学案》中云："（南宋）乾淳之际，婺学最盛。东莱兄弟以性命之学起，同甫以事功之学起，而说斋则为经制之学。"①全氏此处的"婺学"，显然是指南宋乾淳之际发生于婺州的各派主流学术。其实，比全氏更早的王祎对此就有论：

　　　　自吾婺而论之，宋南渡后，东莱吕氏绍濂、洛之统，以斯道自任，其学粹然一出于正；说斋唐氏则务为经世之术，以明帝王为治之要；龙川陈氏又修皇帝王霸之学，而以事功为可为；其学术不同，其见于文章亦各自成其家。②

这便是以地域而论的南宋"婺学三家"。

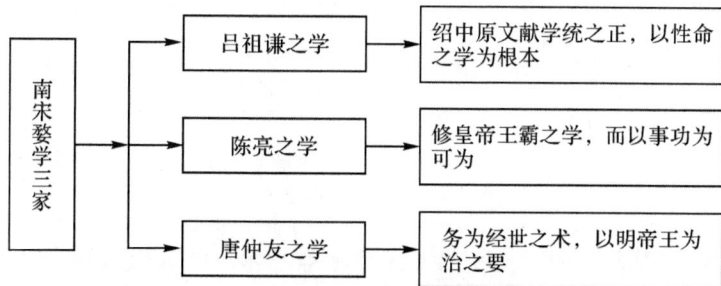

图 1-1　南宋"婺学三家"

而当代学者董平先生在《南宋婺学之演变及其至明初的传承》一文中，

---

　　① 黄宗羲原著，全祖望补修，陈金生、梁运华点校：《宋元学案》卷六〇《说斋学案》，中华书局 1986 年版，第 1954 页。
　　② 王祎：《宋潜溪先生文集序》，见宋濂著，罗月霞主编：《宋濂全集》第 4 册，浙江古籍出版社 1999 年版，第 2482 页。

开篇即云：

> 南宋浙学与朱熹理学及象山心学同时并盛，倡言事功，务去空言，将道德性命的一般追寻普遍贯彻于经史之学的实证性研究，展现出了与朱、陆之学既有内在联系而又在目的的最终归属上与其异趣的学术风貌，从而为当时学界别开生面。薛季宣实开永嘉学术以经制言事功的传统；以陈亮为代表的永康之学则属意于历代史策的钻研，希冀从道所展开的历史过程中体究天人之际，而为其时代之现实的政治困境找到一条可能的出路；吕祖谦之婺学则展开更为深广的思维向度，以其博雅的胸怀，既在哲学思想上兼综朱、陆，共摄理、心二义，又在学术实践上和会永嘉、永康而并兼其所长。故吕氏之学既为南宋浙学之共同的基本精神的典型代表，而又足以与朱、陆之学相鼎立。[①]

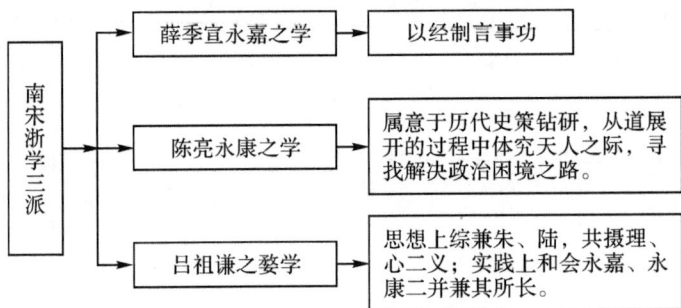

资料来源：董平：《南宋婺学之演变及其至明初的传承》，载《中国学术》

图 1-2 董平南宋浙学三家

可见，董平此处的“婺学”似专指吕祖谦学术。它为南宋浙学之共同的基本精神的典型代表，而又足以与朱、陆之学相鼎立。

全祖望云：“宋乾淳以后，学派分而为三：朱学也，吕学也，陆学也。三家同时，皆不甚合。朱学以格物致知，陆学以明心，吕学则兼取其长，而复以中

① 董平：《南宋婺学之演变及其至明初的传承》，载《中国学术》第 10 辑，2011 年，第 192—243 页。

原文献之统润色之。门庭径路虽别,要其归宿于圣人则一也。"①

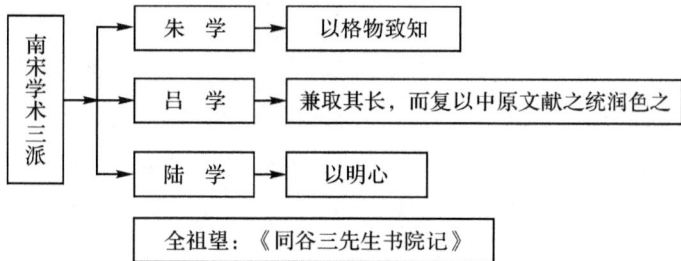

图 1-3 南宋学术三家

而张晶在《宋元时期"婺学"的流变》一文中称:

> "婺学"不是一个简单的概念,而是有着很强的复合性的内涵。吕祖谦的"吕学",固然可说是婺学的重要端绪,但吕学不能代表婺学的全部。陈亮的事功之学、王应麟的文献考证之学、"北山四先生"由黄幹所传的朱学嫡传,乃至于柳贯、黄溍和宋濂等以理学的根基的文学,共同构成了婺学的学术内涵。②

本著对"婺学"这一概念的理解上,基本采用张晶的观点。因此,本著所称的"婺学",是指元末明初发生在婺州的各派主流学术。所谓元末明初"婺学三家",主要是指以许谦为代表的金华朱学、以陈樵为代表的金华心学和以宋濂为代表的金华吕学。

徐远和认为,"元代理学发展可划分三个时期:元灭宋以前,为理学传播期;自元灭宋至英宗新政前后,为理学学派形成期;自泰定帝至元朝灭亡,为理学停滞期。"③也就是说,泰定四年(1327)至元朝灭亡,即明朝洪武元年(1368),这 41 年时间内,为元理学停滞时期。而历史学上的"元末明初",是指由顺帝妥懽帖睦尔(1320—1370)即位开始,至明朝太祖朝为止,即元统元年癸酉(1333)至洪武十三年庚申(1380)。这一时期又可分为三个阶段。第

---

① 全祖望:《同谷三先生书院记》,《鲒埼亭集外编》卷一六,《全祖望集汇校集注》,上海古籍出版社 2000 年版,第 1046 页。

② 张晶:《宋元时期"婺学"的流变》,《中国文化研究》2003 年秋之卷,第 101—109 页。

③ 徐远和:《理学与元代社会》,人民出版社 1992 年版,第 175 页。

一阶段:顺帝即位至群雄起事之前(1333—1350);第二阶段:群雄起事至朱元璋即位前(1351—1367);第三阶段:太祖即位后(1368—1380)。可见,"元末明初"是指元统元年癸酉(1333)至洪武十三年庚申(1380)。这一时期内,征战不断。自泰定二年(1325)发生河南赵丑厮、郭菩萨起义始,元惠宗至正十一年(1351)即发生刘福通红巾军起义,元朝统治阶级内部却在为争权夺利而互相征战,因此加速了元朝灭亡的进程。至正十六年(1356)到至正十九年(1359),朱元璋不断扩充自己的势力,占领了江南的半壁江山。至正二十七年(1367),朱元璋开始北伐,在大将徐达、常遇春等的率领下,于1368年8月攻陷元大都,元惠宗北逃,元朝在全中国的统治结束。这一时期,也是元代理学停滞时期。

元末婺州,有区别于其他地区的历史背景所在。它是朱氏集团较早控制的区域之一。至正十六年至十九年间(1356—1359),朱元璋以金陵为根据地,不断向外扩充其势力。至正十七年(1357),朱元璋派徐达、常遇春、胡大海分别攻占宁国、徽州、池州等地,至正十八年(1358)三月,朱元璋部将李文忠、邓愈、胡大海率军从徽州攻入浙江,占领建德,改建德路为建安府,设立德兴翼元帅府,留李文忠镇守。十月,胡大海引兵攻克兰溪,在兰溪建立宁越翼元帅府。《续资治通鉴》载:"十月辛未,吴将胡大海取兰溪州。先是,大海至婺之乡头,擒万户赵布延布哈等,平其五垒。是日,进攻兰溪。官军千人出战,败之。克其城,廉访使赵秉仁等被执。立宁越翼元帅府。"胡大海占领兰溪后,先派兵驻守各战略要地,然后进攻婺州。婺州城在帖木烈思、石抹厚孙坚守下,胡大海久攻不克,回兰溪筑城防守,战事呈胶着状态。朱元璋亲自出马,率十万大军,冒着严寒,经徽州南下,至德兴东折,于至正十八年(1358)十二月终于攻克婺州。

朱元璋兵克婺州,改婺州路为宁越府,寻复改为金华府,并在这里设置中书行省。朱元璋的老乡王宗显成为明朝首任金华知府。据明初金华人刘辰的《国初事迹》载:"胡大海克严州,得儒士王宗显,问系乌江人。及大海克兰溪,进攻婺州不克,回兰溪筑城守之,太祖至兰溪,大海以宗显见,太祖曰:尔与我同乡里,正济所用。"又"命宗显潜至婺州城察听事体,宗显到于近城五里旧识吴世杰家,察得城中守将各自为心,回告。太祖甚喜。太祖曰:我得婺州,令汝作知府"。王宗显任知府后,奉朱元璋之命开办郡学,招罗士人。婺州儒士许元、叶瓒玉、胡翰、吴沉、汪仲山、李公常、金信、徐孳、童冀、戴良、吴履、张起敬、孙履诸儒被诏会食省中，日令二人讲说经史，敷陈治道。辟范祖幹、叶仪。据《明太祖实录》载，至正十九年(1359)，朱元璋"命宁越知府王宗显开郡学，延儒士叶仪、宋濂为《五经》师，戴良为学正，吴沉、徐原等为训导。时，丧乱之余，学校久废，至是始闻弦诵之声，无不忻悦"①。同时，又征王祎为中书省掾史，商略机务。朱元璋对他"礼之甚，每见，称子充而不名。间与言文章，辄称善"②。

元末婺州儒子，至少于至正十八年(1358)即随朱元璋实际控制婺州，而以明初学术思想主流的姿态，结束了元政府的影响，提前进入明朝政权的势力范围，并发挥着其应有的作用。除开历史机遇，这与元代婺学的发展和成就密切相关。

一、元末明初"婺学三家"界说

全祖望在《宋文宪公画像记》中云："婺中之学，至白云而所求于道者，疑若稍浅，渐流于章句训诂，未有深造自得之语，视仁山远逊之，婺中学统之一变也。义乌诸公师之，遂成文章之士，则再变也。至公而渐流于佞佛者流，则三变也。"③全氏此元末明初"婺学三变"论，几成历史定论。而事实上全氏此论，颇存商榷处。

王祎曾云："宋南渡后，新安朱文公、东莱吕成公并时而作，皆以斯道为己任。婺实吕氏倡道之邦，而其学不大传。朱氏一再传为何基氏、王柏氏。又传之金履祥氏、许谦氏，皆婺人，而其传遂为朱学之世嫡。"④王祎此说道出了这样一个史实。金华虽为"婺学"(主要指吕学)发祥地，但自宋末以来婺地传播最广、影响最大的却是朱学。这与朱熹高弟黄幹有关。黄幹传朱学于婺州的何基、王柏，再传之金履祥、许谦。何基、王柏是北山学派开创者，处于元代初中期的金履祥、许谦则是北山学派干城，正是金履祥、许谦的努

---

① 《明太祖实录》卷七。

② 王祎：《王忠文公集》卷首，见王崇炳：《王忠文公传》，丛书集成初编本。

③ 黄宗羲原著，全祖望补修，陈金生、梁运华点校：《宋元学案》卷八二《北山四先生学案》，中华书局1986年版，第2801页。

④ 王祎：《宋太史传》，见宋濂著，罗月霞主编：《宋濂全集》第4册，浙江古籍出版社1999年版，第2327页。

力,使金华朱学进入鼎盛时期。因此,元际的婺州,朱学遂成显学,而吕学反而日见衰落。

许谦为北山学派干城,金华朱学于元代的主要彰显者。许谦之学出自金履祥而上接黄幹,为朱熹嫡传的第四代弟子。全祖望在《北山四先生学案·序录》中说:"勉斋之传,得金华而益昌,说者谓北山绝似和靖,鲁斋绝似上蔡,而今文安公尤为明体达用之儒,浙学之中兴也。"①《元史》则称:"先是,何基、王柏、金履祥殁,其学犹未大显,至谦而其道益著,故学者推原统绪,以为朱熹之世嫡。"②《元史》为婺州文人宋濂、王袆辈所作,因而,"金华朱学至许谦益著"之论,当为比较公允的史家定论。黄溍说:"学者推原统绪,必以三先生(何基、王柏、金履祥)为朱子之传。适文懿许公出于三先生之乡,克任其承传之重。三先生之学,卒以大显于世。"③黄百家亦称:"北山一派,鲁斋(王柏)、仁山(金履祥)、白云(许谦),既纯然得朱子之学髓,……是数紫阳(朱熹)之嫡子,端在金华也。"④因此,从学脉上看,金华朱学是朱熹理学的嫡传,而许谦则是其中重要的一环。许谦上承金履祥而又将金华朱学发扬光大,达到及门弟子"千余人"的金华朱学的鼎盛时期。⑤以许谦为代表的金华朱子学派,是与以许衡、赵复、刘因为代表的北方学派,以吴澄为代表的江右学派齐名的元代三大学派之一。⑥

许谦满腹经纶,却拒绝做官。地方官多次举荐,他都推辞而不受。《元史》载:"廉访使刘廷直,副使赵宏伟,皆中州雅望,于谦深加推服,论荐于朝;中外名臣列其行义者,前后章数十上,而郡复以遗逸应诏;乡闱大比,请司其文衡,皆莫能致。"⑦他虽一度被浙东廉访副使赵宏伟邀请致金陵舍馆讲学,但第二年就返回原籍,隐居东阳八华山中。在八华山上,开门讲学,学者座

① 黄宗羲原著,全祖望补修,陈金生、梁运华点校:《宋元学案》第4册,中华书局1986年版,第2725页。
② 宋濂:《元史·许谦传》卷一八九,中华书局1976年版,第4320页。
③ 许谦:《许白云先生文集·元史载白云先生行实》,文渊阁《四库全书》本,第1199册,上海古籍出版社,第529页。
④ 黄宗羲原著,全祖望补修,陈金生、梁立华点校:《宋元学案》第4册,中华书局1986年版,第2727页。
⑤ 刘海泉:《许谦与金华朱学》,湖南大学2009年硕士论文,第10页。
⑥ 秦志勇:《中国元代思想史》,人民出版社1994年版,第4—5页。
⑦ 宋濂:《元史·许谦传》卷一八九,中华书局1976年版,第4318—4319页。

无虚席,"远而幽、冀、齐、鲁,近而荆、扬、吴、越,皆百舍重研而至"①。"及门之士,著录者千余人,随其材分,咸有所得。达官富人之子,望间而骄气自消,践庭而礼容自伤。四方之士,以不及门为耻。"②

许谦八华讲学时学生达千余,及门比较著名的弟子也有 40 多个。其中揭傒斯、朱公迁、欧阳玄、方用"同游于许白云之门,以羽翼斯文相砥砺,时称许门四杰"③。只可惜,许谦弟子大都以文学显世,如揭傒斯者,其文与柳贯、黄溍、虞集齐名,"天下称为'四先生'"④。诚如黄百家所云:"白云高第弟子虽众,皆隐约自修,非岩栖谷汲,则浮沉庠序州邑耳。如子长、正传,文采足以动众,为一世所指名者,则又在师友之间,非帖帖函丈之下者也。然白云非得子长、正传,其道又未必光显如是耳。"⑤尽管许谦"流于章句训诂",于金华朱学无多发明创新倾向,其弟子亦有"流而为文"之嫌。但这与当时的时代学术趋向有关。元仁宗在位期间(1311—1320),程朱理学正式成为官学。皇庆二年(1313),元仁宗接受李孟"科举得人为盛"建议,决意开科举取士。并规定考试程式:"明经、经疑二问,《大学》《论语》《孟子》《中庸》内出题,并用朱氏《章句集注》。"⑥同时,元仁宗还决定"以宋儒周敦颐、程颢、颢弟颐、张载、邵雍、司马光、朱熹、张栻、吕祖谦及故中书左丞许衡,从祀孔子庙"⑦。由是朱学成为官方显学。但是,元代理学一旦被奉为官方学术而具有权威性质,它的发展就趋于停滞了。⑧

许谦卒于至元三年(1337),其时已属于元代理学停滞前期。但许谦对金华朱学的发扬和传播,超过了何基、王柏、金履祥,对元代理学有很大的影响。⑨ 这是不争之事实。许谦作为朱学传人,他对朱熹经典进行重新疏义、

① 许谦:《许白云先生文集·元史载白云先生行实》,文渊阁《四库全书》本,第 1199 册,上海古籍出版社,第 529 页。
② 宋濂:《元史·许谦传》卷一八九,中华书局 1976 年版,第 4320 页。
③ 黄宗羲原著,全祖望补修,陈金生、梁运华点校:《宋元学案》,中华书局 1986 年版,第 2772 页。
④ 同上书,第 2759 页。
⑤ 同上书,第 2761 页。
⑥ 宋濂等:《元史》卷八一,《选举志一》,中华书局 1976 年版。
⑦ 宋濂等:《元史》卷二四,《仁宗纪一》,中华书局 1976 年版。
⑧ 徐远和:《理学与元代社会》,人民出版社 1992 年版,第 9—10 页。
⑨ 刘海泉:《许谦与金华朱学》,湖南大学 2009 年硕士学位论文,第 10 页。

引申发挥,不但完善了朱熹的经典,正如四库馆臣对许谦《诗集传名物钞》评价:"是书所考名物音训,颇有根据,足以补《集传》之阙遗。"①同时使朱熹的著作更加容易理解,扩大了受众面,在一定程度上传播了理学,但是不可否认的是,名物训诂在许谦等人的重视下,金华北山学术渐渐流于训诂,正如徐远和先生所说:"北山学派固然至许谦而显,然亦因许谦而衰败"②。但北山学派继承程朱道统意识,传道、讲学不断,门徒众多,成为元代朱学的重要一支。黄宗羲云:"晦翁(朱熹)生平不喜浙学,而端平以后,闽中、江右诸弟子,支离、并庆、固陋无不有之,其能中振之者,北山师弟为一支,东发为一支,皆浙产也。"③在北山学派尤其是许谦的影响下,朱学在婺州传播发展,成为元代朱学的重要力量,为元代理学的发展做出巨大贡献。

至于对全氏"至公(宋濂)而渐流于佞佛者流,则三变也"之论,董平认为,"不拘门户而博贯诸家,原为婺中学术之传统,……许谦、柳贯亦皆涵于释氏之旨,洞贯其蕴,因此即便婺中之学有所谓'流于佞佛者流'之一变,亦不自宋濂始。故全氏之所谓'婺学三变'之论实并不确切,而以'佞佛者流'归于宋濂,则尤不恰当"。宋濂实以振兴吕氏之学为己任,"奋然思继其绝学",无论从这种思想动因而言抑或从其学术之最终成就而言,谓其私淑吕祖谦,均非过情而能得其实。④

对此,与宋濂最相契的王祎有云:

> 初,宋南渡后,新安朱文公、东莱吕成公并时而作,皆以斯道为己任。婺实吕氏倡道之邦,而其学不大传。朱氏一再传为何基氏、王柏氏。又传之金履祥氏、许谦氏,皆婺人,而其传遂为朱学之世嫡。景濂既间因许氏门人而究其说,独念吕氏之传且坠,奋然思继其绝学,每与人言之,而深慨之。识者又足以知其志之所存,盖本

---

① 永瑢、纪昀等撰:《四库全书总目提要》卷一六《诗集传名物钞提要》,中华书局1995年版,第126页。

② 徐远和著:《理学与元代社会》,人民出版社1992年版,第173页。

③ 黄宗羲原著,全祖望补修,陈金生、梁运华点校:《宋元学案》卷八六《东发学案》,中华书局1986年版,第2884页。

④ 董平:《南宋婺学之演变及其至明初的传承》,载《中国学术》第10辑,2011年,第192—243页。

于圣贤之学,其自任者益重矣。①

王祎认为,宋濂因北山四先生皆为婺人,其传却为朱学,而担忧"吕氏之传且坠",即"奋然思继其绝学"。婺州乃吕祖谦倡道之邦,而至宋末元初,朱学大盛,吕学却不传,作为婺州学者,王祎与宋濂一样,决然奋起,决心"继其绝学"。此"绝学",实吕学也。可见,宋濂实以振兴吕学为己任。

宋濂之学,出自黄溍、柳贯、吴莱、闻人梦吉四家。而此四家又同出北山学派,上可以溯黄幹而达朱子,是为金华朱学的绪。全祖望在《宋文宪公画像记》中云:

> 文宪之学,受之其乡黄文献公、柳文肃公、渊颖先生吴莱、凝熙先生闻人梦吉。四家之学,并出于北山、鲁斋、仁山、白云之递传,上溯勉斋,以为徽公之世嫡。②

其实,全氏"四家之学,并出于北山、鲁斋、仁山、白云之递传"一语,过于粗疏。查考《宋元学案》,柳贯确为金履祥门人,亦为许谦同门。闻人梦吉之父闻人铨曾游于王柏之门。

王柏曾执丽泽师席,由此其经世致用之志益明。他曾云:

> 某窃惟吾儒之学,有体有用,其体则尧舜禹汤文武周孔孟氏之书,皆格物致知诚意正心修身之要;其用则齐家治国平天下之道。齐家固在我所自尽也,治国平天下,盖有不得已起而从之者,非可自求,非可苟得,皆天之所命也。③

王柏认为儒家之学,学有体用,其体便是"尧舜禹汤文武周孔孟氏之书"。由此可见,他是推崇经书的。他还认为,就用而言,齐家可以有"我所

---

① 王祎:《宋太史传》,见宋濂著,罗月霞主编:《宋濂全集》第4册,浙江古籍出版社1999年版,第2327页。

② 黄宗羲原著,全祖望补修,陈金生、梁运华点校:《宋元学案》卷八二《北山四先生学案·宋文宪公画像记》,中华书局1986年版,第2801页。

③ 王柏:《上王右司书》,《鲁斋集》卷七,四库全书本。

自尽","治国平天下"则非可自求",而委诸天命。他主张学虽以达体为根本,然体无用则不显,故必以用的显扬为本体开显之途。因此,王柏之学,源于朱、吕。他要求究体以达用,将学问的本身价值延展于齐家治国平天下的经世事业,实乃与浙东史学派之根本义旨深相契合,在某种意义上正可视为吕氏究史以明通变、务求开物成务之学术精神的延续。[①]

可见,闻人梦吉之学,由家学而源肇王柏,以直接吕学。而闻人诜又以春秋之学见长。闻人梦吉受学家庭,手抄《七经传疏》,闭户十年,洞究奥旨。因此,闻人梦吉擅春秋,且好训诂传疏。可见其学很难说是北山嫡传。

柳贯虽受学于金履祥,却于春秋之学颇着功夫。其著有《近思录广辑》三卷。柳贯虽颇擅文章之名,但实于经史之学造诣极深,亦夙负经济之志;其既师从金履祥,游丁方凤、吴思齐等人之门,而又得本心传之史学端绪,谙熟于历代典制及当代史实与文献渊源,实亦深得于浙东史学派(吕学)之学术精神。[②]

故柳贯之学,乃纵贯经史、博通百氏而又独擅于辞章,晚年又以理学为归宿。宋濂称其"读书博览强记,自礼乐、兵刑、阴阳、律历、田乘、地志、字学、族谱及老、佛家书,莫不通贯;国朝故实,名臣世次,言之尤为精详。……为文章有奇气,春容纡徐,如老将统百万雄兵,旗帜鲜明,戈甲焜煌,不见有暗呜叱咤之严。若先生者,庶几有德有言,为一代之儒宗者矣"[③]。黄溍云:"(贯)读书博览强记,自经史百氏至于国家之典章故实、兵刑、律历、数术、方技、异教外书,靡所不通。故其文涵肆演迤,春容纡余,才完而气充,事详而词核,蔚然成一家言。……晚益沉潜于理学,以为归宿之地。"[④]

吴莱与黄溍、柳贯,同是浦江方凤弟子,似与北山四先生无涉。而黄溍之学,《宋元学案·沧州学案》则归其为文清学派门下,为义乌大儒石一鳌弟子。徐文清先生侨,是吕祖谦高足叶邽弟子,后才闻考亭之学。因此,黄溍

①② 董平:《南宋婺学之演变及其至明初的传承》,载《中国学术》,第 10 辑,2011年,第 192—243 页。

③ 宋濂:《故翰林待制承务郎兼国史院编修官柳先生行状》,《潜溪前集》卷一○,见宋濂著,罗月霞主编:《宋濂全集》第 1 册,浙江古籍出版社 1999 年版,第 120 页。

④ 黄溍:《翰林待制柳公墓表》,见《黄溍全集》下册,天津古籍出版社 2008 年版,第725 页。

学术正脉还在吕学，朱学兼之而已。

宋濂尝论黄溍之学云：

> （濂）及游黄文献公门，公诲之曰："学文以《六经》为根本，迁、固二史为波澜；二史姑迟迟，盍先从事于经乎？"濂取而温绎之，不知有寒暑昼夜，今已四十春秋矣。[①]
>
> 先生（溍）之所学，推其本根则师群经，扬其波澜则友迁、固，沉浸之久，犁然有会于心。尝自诵曰："文辞各载夫学术者也，吾敢苟同乎？无悖先圣人，斯可已。"……今之论者，徒知先生之文清圆切密，动中法度，如孙、吴用兵，神出鬼没，不可正视，而部位整然不乱，至先生之独得者，又焉能察其端倪哉？[②]

可见，黄溍之学其实是以经为本而以史为纬，其所谓"以《六经》为根本，而以迁、固二史为波澜"。就其实质而言，则实与东莱吕氏更为相契。[③] 宋濂师从闻人梦吉、柳贯、黄溍、吴莱四人。这四人之学术，与南宋吕学有着不同的渊源关系。他们或处草莱啸咏山林，或登仕途骋其才猷，各怀学术而博学于文，多识前言往行以涵养其德，会通折中古今之变以至于当世实用，其学旨要的实有得吕学之萃。宋濂与学友王祎等一起，以继吕学为志，"各以其本人之学问的博洽及其道德之修养的醇固，已然通过其本人的学术活动在实践着吕氏的经史并重、参乎古今之宜以寻绎道德性命之学术精神，浙东史学（吕学）传统在他们那里重新获得了充分的显化，因此他们亦共为明初浙东史学（吕学）之中兴的中坚"[④]。

但是《宋元学案》编著者，还是把宋濂与戴良归入金华朱学一路。黄百家在《宋元学案·北山四先生学案》中说：

---

① 宋濂：《白云稿序》，《銮坡前集》卷八，见宋濂著，罗月霞主编：《宋濂全集》第1册，浙江古籍出版社1999年版，第494页。

② 宋濂：《金华先生黄文献公文集序》，见宋濂著，罗月霞主编：《宋濂全集》第3册，浙江古籍出版社1999年版，第1983—1984页。

③④ 董平：《南宋婺学之演变及其至明初的传承》，载《中国学术》，第10辑，2011年，第192—243页。

勉斋之学,既传北山,而广信饶双峰亦高弟也。双峰之后,有吴中行、朱公迁亦铮铮一时。然再传即不振。而北山一派,鲁斋、仁山、白云既纯然得朱子之学髓,而柳道传、吴正传以逮戴叔能、宋潜溪一辈,又得朱子之文澜,蔚乎盛哉!是数紫阳之嫡子,端在金华也。[①]

元末明初大儒杨维桢认为,宋濂之学源自南宋吕祖谦、唐仲友及陈亮三家之婺学,即熔性命之学与经世之学于一炉,谈性理而又不废文献之学和史学,同时又不忘经世致用。他在明初为宋濂《潜溪新集》所作之序中说:

余闻婺学在宋有三:东莱氏以性学绍道统,说斋以经世立治术,龙川氏以皇帝王霸之略志事功。其炳然见于文者,各自造一家,皆出于实践而取信于后之人,而无愧者也。宋子之文根性道于诸治术,以超继三氏于百十年后。[②]

所谓文以载道。从宋濂之文,可见宋濂之道(学问),乃超继吕祖谦、唐仲友、陈亮三氏之学于百十年之后。杨维桢对宋濂学术的界定,值得重视。

从宋濂的学术成就看,杨氏之言是较为可信的。宋濂以"学孔子必自学吕祖谦始"的学术自觉,面对元末明初吕学几绝的境况,与王祎等一起决然奋起,以振兴吕学为己任,恪守"以《六经》为根本,以史学为波澜"的吕学归旨,开创了"以经为本,经史文并重"的吕学中兴之局面。因而使得其学术显示出"以经为本,经史文并重"的特色。宋濂之学实为元末明初吕学中兴之中坚。

由此而论宋濂学术思想,其大要应在"崇经薄书""经史并重""文以载道"等诸方面。故而今有学者谓,宋濂乃"集婺学大成者"。[③] 值得指出的是,此婺学仅指宋乾道淳熙间之婺学,而非元末明初之婺学。元末明初之婺学,已成涵汇"朱陆吕"三家学术之势。而其代表则是许谦、陈樵、宋濂。宋濂学

① 黄宗羲原著,全祖望补修,陈金生、梁运华点校:《宋元学案》卷八二《北山四先生学案》,中华书局 1986 年版,第 2727 页。

② 《宋文宪公全集》附录卷四,见宋濂著,罗月霞主编:《宋濂全集》第 4 册,浙江古籍出版社 1999 年版,第 2501 页。

③ 黄灵庚:《宋濂的阐述性理之作——〈龙门子凝道记〉〈诸子辨〉辨证》,载《浙江社会科学》2014 年第 12 期,第 132－137、160 页。

术主要还是南宋时期传统意义上的以吕学为宗的"吕陈唐"三家之婺学。

在讨论元末明初婺学的时候,古往今来的学者大都只把视角聚集在许谦、宋濂二家身上,而往往忽略了此时婺州的另一位大儒陈樵的学术思想。

赵香砂《述史传》云:"自朱吕倡学东南,学士承传之惟谨。迨元末,而精思力诣者各以所造自成学,若蜀资州黄泽、金华陈樵最显名。"[①]黄泽(1259—1346),字楚望,蜀资州人,师承程朱,作《易春秋二经解》《二礼祭祀述略》。赵汸为其及门弟子。《元儒考略》称:"近代覃思之学,推泽为第一。"[②]陈樵能与黄泽并列,可见陈樵在元末的学术地位。

陈樵幼警敏,过庭受业,承父亲陈取青家学。后又从石一鳌弟子东阳李直方游,受《易》《诗》《春秋》大义。陈取青与李直方皆为义乌大儒石一鳌弟子。石一鳌受朱学于同邑的徐侨,在义乌绣川湖边讲学授徒,门生有数百人。陈取青为蟠松高第,史称"蟠松门人"。徐侨,字崇甫,义乌人。从学吕祖谦门人叶邽,复登朱熹之门。其学吕学兼之朱学。因卒后谥号文清,故学者称其为文清学派。冯云濠在《沧州诸儒学案(上)》中说,全祖望在《丽泽诸儒学案》云:"明招诸生,历元至明未绝。"亦兼指文清所传学派而言。[③]陈樵与黄溍皆为文清学派传人。

陈樵为慈湖私淑。慈湖之学在甬上最盛,次淳安。婺州学者对慈湖心学的接受始自吕祖俭。淳熙九年(1173),吕祖俭受诠命赴四明任监仓之职。吕祖俭离婺入甬,在把吕氏史学传统带入四明的同时,也深受甬上心学浸染。他与"甬上淳熙四先生"交游甚深,以致在"舒璘以宦游出"以后,取而代之,而名列新"甬上淳熙四先生"。连朱熹都如此认为,他对将任鄞尉的滕德粹说,那个地方有杨简、袁燮、沈焕、吕祖俭,你可以与他们商讨交流学问。[④]吕祖俭对四明学术的融入,不仅仅表现在讲学上,他在学术思想上也几乎接受了慈湖心学。他曾教弟子曰:"'心之精神是谓圣。'孟

---

① 王崇炳:《金华征献略》卷五,赵一生主编:《东阳丛书》第15册,浙江古籍出版社2014年版,第127—130页。

② 冯从吾:《元儒考略》卷四《传记类三》,《四库全书》《史部七》。

③ 黄宗羲原著,全祖望补修,陈金生、梁运华点校:《宋元学案》第3册,中华书局1986年版,第2263页。

④ 黄宗羲原著,全祖望补修,陈金生、梁运华点校:《宋元学案》卷五一《东莱学案》,中华书局1986年版,第1681页。

子仁人心也,人心即道,故舜曰:'道心日用,平常之心即道。'"①已经完全与慈湖一个调子。

慈湖婺州弟子有叶秀发、傅大原等。

陈樵与象山后绪李存门人张翥,交往甚深。延祐七年庚申(1320),由钱塘赴太原举试,陈樵赋诗送之。②

陈樵还与至正二年(1342)任庆元路儒学教授的朱文刚(字明德,天台人。《至正四明续志》卷二有载)有交往。

关键是陈樵在自己学术思想中高度融入了慈湖心学之要的。陈樵"心之精神曰性"命题,③直接慈湖"心之精神是谓圣"之要的,并创新发展了这一源自孔子的心学学说。陈樵及门弟子杨蒂曰:"先生之学,以诚笃为主,以沉静为宗,左图右史,一室萧然,敛容危坐至数月不越牟限。"④可见,陈樵为学功夫确乎山自慈湖心学一路。因而,把陈樵看作慈湖私淑,似无异说。

陈樵弱冠即博综群籍,精熟六经;以"屏去传注,独取遗经"之治学旨向,精探其理十数年;一旦神会心融,以为圣贤之大意断然而趣可识,片言而道可尽焉。于是隐居山野,著书十余种,终成一位独具创见的理学大家。陈樵以易学"神道设教"论为基点,强调"知觉"神性特质,把"性"放置于人心精神层面加以阐发,构建起以"神所知之谓智""心之精神曰性""良知得之自然"等论断为核心,以"神本"为特质的"良知"形上学说,超越了慈湖"心之精神是谓圣"心学境界,为阳明心学的最终完成提供了理论基础。是故清初大儒孙夏峰称其为"守先待后之儒";⑤纪昀等则称其"'谓神所知之谓智',实慈湖之绪余,而姚江之先导"。⑥

陈樵学术在元末"确然自成一家言",而且有"守先待后"之影响,但由于他没有像许谦那样开门授徒,因此其及门弟子不多。有史可考仅杨蒂、陈世

---

① 杨简:《铭张渭叔墓》,《慈湖先生遗书》,山东友谊书社1991年版,第190页。

② 陈樵:《送张仲举归晋阳举进士》,载《鹿皮子集·青村遗稿》,中华书局1985年版,第42页。

③ 陈樵:《少霞洞答客问序》,载《东阳亭塘陈氏宗谱》卷之四,2006年重修版,第4—6页。

④ 杨蒂:《元故鹿皮子陈先生行状》,载《东阳亭塘陈氏宗谱》,2006年重修本,第47—55页。

⑤ 孙奇逢:《理学宗传(二)》,山东友谊书社1989年版,第1257页。

⑥ 纪昀等:《四库全书总目》卷一六八《集部二十一》《别集类二十》,文渊阁影印本。

恭、吴子善数人。

陈樵曾想招宋濂继其衣钵。宋濂也曾三次拜见陈樵。第一次在元统元年（1333）。这一年，宋濂 24 岁，陈樵 56 岁。第二次是在"三年"以后即至元二年（1336）。据宋濂《吴子善墓铭》载："后三年，再谒先生，复见子善时，先生年耄重听，或有所问，子善从旁书濂言以对。及濂辞先生还，子善送至山高水长处，坐石共语，依依弗忍去。"①这一年，宋濂 27 岁，陈樵 59 岁。

第三次相见大约在至正十七年（1357）前后。陈樵《答宋景濂书》书云："樵湖上不约而获见颜色，甚恨不能伸所欲言，至今怏怏。不肖濒死，欲以授人，苦无所遇，今以其大意刻之千岩禅师碑阴矣。"②宋濂在《元隐君子东阳陈公先生鹿皮子墓志铭》载，（陈樵）复贻书于濂曰："予濒死，吾道若无所授，子聪明绝伦，何不一来，片言可尽也。"③陈樵临死前恳切邀请宋濂前来受其学。宋濂以"忧患相仍，亦未及往"，轻易搪塞过去。对此，孙夏峰、马平泉多有嗔怪宋濂之意。孙夏峰曰："樵之学大有宗统，濂何靳一再往，以毕其说耶！"④马平泉曰："陈君采生当元季，槁死穷岩，……所以倦倦于宋景濂者，悠然想见其为人。吾独怪景濂，何不一往，以毕其说，乃为世俗之言所阻。"⑤

至正十九年（1359），陈樵故里东阳亭塘遭兵燹。陈樵著述毁于一旦。由于陈樵大部分著作已佚，今人又缺乏对他的研究挖掘，以致其人其思想长期不为世人所知，几成冷门绝学。

因而，论元末明初之婺学，倘若遗缺了许谦、陈樵、宋濂三家中的任何一家，都是不全面的。

二、"天机流动"学术论辩：元末明初"婺学三家"泾渭分明

更应该引起学界关注的是，在元至正十年（1350）婺州学界，发生了一场

---

①　宋濂著，罗月霞主编：《宋濂全集》第 1 册，浙江古籍出版社 1999 年版，第 95 页。

②　宋濂著，罗月霞主编：《宋濂全集》第 4 册，浙江古籍出版社 1999 年版，第 2562 页。

③　宋濂：《元隐君子东阳陈公先生鹿皮子墓志铭》，宋濂著，罗月霞主编：《宋濂全集》第 1 册，浙江古籍出版社 1999 年版，第 401 页。

④　孙奇逢：《理学宗传（二）》，山东友谊书社 1989 年版，第 1255 页。

⑤　王梓材、冯云濠撰：张寿镛校补：《宋元学案补遗》卷七〇，四明丛书本。

婺学史上少见的学术论辩。其以戴良"天机流动"为基点,以余阙题书为触点,当时婺学三家代表陈樵、胡翰、宋濂、王祎、郑涛等,纷纷应戴良之邀,围绕"天机流动"这一主题,撰写文章,各抒己见。"天机"一语,出自庄子,后演化为文论。而以陈樵为首庸的这场论辩,却将其推进到理学境地。这为元末婺州学界,带来一股新风。其影响直续明清。

据《戴良年谱》载,至正十年(1350),余阙为戴良所居之轩题写了"天机流动"四个篆书。戴良即请陈樵、胡翰、王祎、郑涛先后为天机流动轩作记,[①]四人的观点各不尽相同。"陈(樵)以'气出于神,乃借荣卫出入'以明之。胡(翰)则从而驳之,又以'天机流动'出《庄子》,与圣道不合,文则佳而其旨迂而无当。王则历取八卦之象,'所以至诚无息者'而极言之。郑则反胡之意,以'天机流动,伊洛诸儒所以状道体之妙',而指出'人心贯动静,该体用',庶几近之,然不能从自心中推出,独露堂堂,使人一见,知所趋问。"[②]

《戴良年谱》载:

> (至正)十年庚寅,先生三十四岁。六月,武威余忠宣公阙持宪节过婺州。闻先生善歌诗,见时与论古今作者词防优劣,曰:"士不知诗久矣,非子吾不敢相语。"乃尽授以学焉。东阳陈君采《天机流动轩记》云:余公至浦江问士于赵侯谦斋,侯以叔能进,公深奖许之。为榜其所居之轩曰"天机流动"。叔能命予记之。金华胡仲申、乌伤王子充、浦江郑仲舒皆有记。宋景濂有赞并题后。皆相与推求性命之防,而研极于义理之精。[③]

胡翰《天机流动轩记》亦云:"至正十年(1350)春,武威余公廷心持宪节按部至浦江,问邑之士于谦斋赵侯。侯以戴叔能进。公嘉奖之,隶书署其

① 戴良:《书天机流动轩卷后》,载《九灵山房集补编下》,上海古籍出版社1987年版,第661页。

② 王崇炳:《天机流动说》,载赵一生主编:《东阳丛书》第15册,浙江古籍出版社2014年版,第133页。

③ 轶文:《戴良年谱》,载永镕、纪昀等:《钦定四库全书·年谱》,上海古籍出版社1987年版,第257页。

轩,曰'天机流动'。"①余阙题于戴良轩的"天机流动"四篆,只是这场论辩的
触点而已。戴良所居之轩,实为其父亲所造。对此,于明建文二年(1400)任
浦江知县的程汝器有云:

> 金华浦江戴九灵先生叔能父读书乐道,冲澹雍容,尝凿池于所
> 居之傍,架屋跨池,引水出入,辟轩俯瞰,往来相续,莹澈澄清,徘徊
> 于湛然之中,悠然自得,乃榜曰"天机流动"。时武威余忠宣公行部
> 至是邦,为书四字,以颜其楣。②

可见,是轩为戴良父亲所造。至正十年(1350),余阙为是轩书"天机流
动"四大篆。戴良《书天机流动轩卷后》云:"良盛年时,识幽国余忠宣公于浦
江官舍。公方持使者节行县,欲执弟子礼,莫可也。后游郡城,遂因论诗,获
质所疑于公。公为书此四篆以遗,盖良所居轩匾也。"③由于余阙既是显官,
又是著名诗人,于戴良则又是学诗之师。所以,戴良对余阙所题"天机流动"
之书,视为至宝。便"携归山中,乡友宋君景濂首为赞一通,且贻书东阳陈君
君采记之,而金华胡君仲伸、乌伤王君子充、麟溪郑君仲舒,皆先后为文以
寄,即尝命工刻置轩壁矣"④。

"天机"一词,出自《庄子》。《庄子》一书,有三篇文章中直接用到"天
机"。其一,《大宗师》云:"其耆(嗜)欲深者,其天机浅。"成玄英疏云:"夫耽
耆(嗜)诸尘而情欲深重者,其天然机神浅钝故也。若使智照深远,岂其然
乎?"这里成玄英释"天机"为"天然机神"。他在为《至乐》篇"万物皆出于机,
皆入于机"句注疏时,又说"机者发动,所谓造化也"。⑤ 可见,"天机"就是自
然造化。"天机"既是自然造化,当然也就存在于自然本真的人。称说人"天
机",则就是指自然赋予的生理机能,即天性。⑥ 陈鼓应也注云:"天机:自然

---

① 胡翰:《天机流动轩记》,载《胡仲子集》卷六,四库全书文渊阁影印本。

② 程汝器:《书天机流动轩卷后》,载戴殿儒:《浦阳建溪戴氏宗谱》卷一七《文辞
(七)》,上海图书馆藏家谱本,同治八年(1869)重修,第29—30页。

③④ 戴良:《书天机流动轩卷后》,载戴良:《九灵山房集补编下》,上海古籍出版社
1987年版,第661页。

⑤ 郭庆藩:《庄子集释》,见国学整理社:《诸子集成》,中华书局1954年版,第277页。

⑥ 李亮伟:《再谈王维提出的"天机清妙"》,载《宁波大学学报(人文科学版)》,2010
年第23卷第4期,第6—9、19页。

之生机(陈启天说)"。① 其二,庄子在《天运》篇中云:"天机不张,而五官皆备,此之谓天乐。"此句是黄帝答北门成问而讲述奏咸池之乐于洞庭之野的美妙体验,成玄英又云:"天机,自然之枢机。"②庄子用在这里也是指人的天性。其三,《庄子·秋水》云:"蚿曰:'夫天机之所动,何可易邪?吾安用足哉?'"这是一个寓言。蚿、蛇等自然生物之"天机",同人之天性。

可见,庄子及注者对"天机"诠释,大都指"自然造化""自然之枢机""人之天性"之义。后来"天机"被陆机引入文论范畴。陆机在《文赋》中云:"若夫应感之会,通塞之纪,来不可遏,去不可止。藏若影灭,行犹响起。方天机之骏利,夫何纷而不理?"陆机对灵感现象的描述是非常生动直观的,而且正面触及了艺术创作中灵感思维的最重要的一些特征,如灵感的突发性、偶然性和创造性等。③

但"自然生机"意义上的"天机"论,在儒家经典《大学》《中庸》里皆可找到痕迹。"《大学》言:'毋自欺'。不欺吾天,不窒此机也。《中庸》言:'致曲'。不昧吾天,不阻此机也。《孟子》言:'直养无害'。不拂吾天,不枉此机也。"④然后,到了北宋初理学创始者(又称道学家或新儒家)那里,"天机流行"这一命题以"天道流行"或"天命流行"形式,成为他们"宇宙发生论"的主要理论基点。所谓"宇宙发生论"就是要解释"世界的本质""世界是怎样形成的"之类问题而发展起来的学说。以周敦颐、邵雍和张载代表的最早的新儒家,其主要兴趣在宇宙发生论。⑤ 他们沿着道教阴阳家的宇宙发生论这条思想路线,以先秦儒家"天道观"为基础的宇宙生化模式,或说是"性与天道"的宇宙本体论学说,以弥补儒学在这方面的不足,并借此对抗释老之学以虚无为宇宙本体的思想理论。⑥

---

① 陈鼓应:《庄子今注今译》,中华书局1983年版,第171页。

② 郭庆藩:《庄子集释》,见国学整理社《诸子集成》,中华书局1954年版,第225页。

③ 张晶、张振兴:《"天机"论的历史脉络与美学品格》,《天府新论》2001年第6期,第66—70页。

④ 王崇炳:《天机流动说》,《学㙋堂文集》卷六,载赵一生主编:《东阳丛书》第15册,浙江古籍出版社2014年版,第133—134页。

⑤ 冯友兰:《中国哲学简史》第二十三章《新儒家:宇宙发生论者》,北京大学出版社2012年版。

⑥ 吴静:《论张载的气化流行》,《重庆师院学报》(哲学社会科学版)2003年第3期,第74—78页。

周敦颐《太极图说》云："自无极而为太极。太极动而生阳，动极而静，静而生阴，静极复动。一动一静，互为其根。分阴分阳，两仪立焉。阳变阴合而生水、火、木、金、土。五气顺布，四时行焉。五行一阴阳也；阴阳一太极也。太极本无极也。五行之生也，各一其性。无极之真，二五之精，妙合而凝。乾道成男，坤道成女，二气交感，化生万物，万物生生而变化无穷焉。"①在周敦颐的"无极—太极—阴阳—五行—万物（人）"宇宙生化模式中，"无极"是最高范畴，它既是宇宙万物本源，又是人类社会最高伦理道德原则。周敦颐又将性与天道直接相联系，由此奠定了理学以非人格化的宇宙绝对精神阐释本体论的理论基石。

邵雍说："天生于动者也，地生于静者也，一动一静交而天地之道尽之矣。动之始则阳生焉，动之极则阴生焉，一阴一阳交而天之用尽之矣。静之始则柔生焉。静之极则刚生焉，一刚一柔交而地之用尽之矣。""太极一也，不动；生二，二则神也。神生数，数生象，象生器。"②邵雍由太极出发，运用数、象演绎出自己的宇宙发生理论。

张载则直接六经，尤以"三才之道"为基点，把《易传》"天人合一"和思孟学派"性与天道合一"作为中心内容，通过"气化流行""气以载性"等命题的发挥，建构起以"性"为本、以"气"为质的宇宙本体论体系。张载说："太虚无形，气之本体；其聚其散，变化之客形尔。""太虚不能无气，气不能不聚而为万物，万物不能不散而为太虚。"③张载认为，宇宙间不过是一"气"之流行，万事万物都统一于"气"。"气"成为宇宙万物共同的物质本源。由此，宇宙万物中的"天"与"人"也就有了一个共同的来源"气"，这就找到了"天人合一"物质层面上的统一体。张载对"气"何以能从无形的"太虚"聚而为有形的万物进行了论证，从而建构了气化流行生物的宇宙生化模式。

"太虚之气，阴阳一物也，然而有两体，健顺而已。"④他认为"气"自身是一个包含有阴阳的矛盾统一体，所以阴阳二气相互感应，运行流转，便有了

①　周敦颐：《太极图说》，《周敦颐集》，岳麓书社 2002 年版。

②　邵雍：《观物内篇》，黄宗羲原著，全祖望补修，陈金生、梁运华点校：《宋元学案》第 1 册，中华书局 1986 年版，第 368 页。

③　张载：《正蒙·太和篇》，黄宗羲原著，全祖望补修，陈金生、梁运华点校：《宋元学案》第 1 册，中华书局 1986 年版，第 669—670 页。

④　张载：《横渠易说·系辞下》，《张载集》，中华书局 1978 年版，第 10 页。

推行有渐、聚散、化合的运行过程。张载对此进行了生动的描述:"游气纷扰,合而成质者,生人物之万殊;其阴阳两端,循环不已者,立天地之大义。"①"气有阴阳,推行有渐为化,合一不测为神。"②"阴性凝聚,阳性发散;阴聚之,阳必散之。"③阴阳二气相互感应,阳胜阴则"气"飘散、轻扬,升而为天空太虚,阴胜阳则"气"凝聚、沉落,降而为大地万物。正是阴阳二气在"感"的作用下运行流转,生生不息,才有了万物的化生和消亡。

二程在构建理学本体论时,基本遵循了周、张"气化流行"及气以载"道"的思想,将周敦颐最高本体范畴"太极"改造成更简明易知之"天理"。他们认为"万物之始,皆气化"④,"生育万物者,乃天之气也。"⑤他们强调"万物皆只是一个天理"⑥。在理与气关系上,二程认为"有理则有气,有气则有数。行鬼神者,数也。数,气之用也"⑦。从而确立了理先气后、理本气末的客观唯心主义理一元论。二程在解释《礼记·中庸》"天命之谓性,率性之谓道"一句时说:"'天命之谓性,率性之谓道'者,天降是于下,万物流形,各正性命者,是所谓性也。循其性而不失,是所谓道也。"⑧这正是理学家对《易》中"乾道变化,各正性命"的阐释,即"理"必须通过"物"之质料五行之"气"的搭载,将五常之"性"赋之于人与物。万物流行,亦即"气化流行",性亦在其中了。

朱熹进一步发挥了程氏的"性""气"观,他说:"性,即理也。天以阴阳五行化生万物,气以成形,而理亦赋焉,犹命令也。赞是人物之生,因各得其所赋之理,以为健顺五常之德,所谓性也。率,循也,道,犹路也。人物各循其性之自然,则其日用事物之间,莫不各有当行之路,是则所谓道也。"⑨在朱熹

① 张载:《正蒙·太和篇》,黄宗羲原著,全祖望补修,陈金生、梁运华点校:《宋元学案》第1册,中华书局1986年版,第673页。

② 张载:《正蒙·神化篇》,黄宗羲原著,全祖望补修,陈金生、梁运华点校:《宋元学案》第1册,中华书局1986年版,第685页。

③ 张载:《正蒙·参两篇》,黄宗羲原著,全祖望补修,陈金生、梁运华点校:《宋元学案》第1册,中华书局1986年版,第678页。

④ 程颢、程颐:《河南程氏遗书》卷五,《二程集上》,中华书局1981年版,第79页。

⑤ 程颢、程颐:《河南程氏粹言》卷二,《二程集下》,中华书局1981年版,第1226页。

⑥ 程颢、程颐:《河南程氏遗书》卷二,《二程集上》,中华书局1981年版,第30页。

⑦ 程颢、程颐:《河南程氏经说》卷一,《二程集下》,中华书局1981年版,第1030页。

⑧ 程颢、程颐:《河南程氏遗书》卷二上,《二程集上》,中华书局1981年版,第29—30页。

⑨ 朱熹:《四书章句集注》,中华书局1983年版。

看来,阴阳五行之气与健顺五常之德,在宇宙化生万物的过程中是相互为用、不可须臾相离的。气以成人、物之形,理以成人、物之性,无理便无气,同样,无气便无理,这便是理气相互作用的辩证法。

综上所述,在理学创始者和集大成者的宇宙发生论论域里,"天机流动"实际上是以"气化流行"这一表达形式出现。而其本质上就是要回答"宇宙万物是如何发生发动"的这一宇宙发生论中的根本问题。换言之,"天机流动"这一命题,到宋代它已经从古代文论中分离出来,成为理学家们最为重视的关乎宇宙发生论的一个哲学范畴。

在婺学家那里,这种基于宇宙发生论的"天机流动"命题也可以找到相应的论说。吕祖谦在《孟子说》中提出了"天命流行不息"命题。他说:

> 诗曰:"永言配命,自求多福。"命,天命也。天命流行不息,配命则纯亦不已。多福者,百顺之名。本不在外,自求而已。①

所谓"天命流行",也即"天道流行"。天命犹"天之命令",也即天(自然)之规律,乃天道也。人配合天命,自可达到百顺之福。而"配命"者,"本不在外,自求而已",即自求于己心。而"心是活物,流而不息"。②"吾心之经既正,则事事可正。大抵君子之心,常于身上求,不是责他人,且如元气不正,则疾至。我若能自治元气,则自无疾矣。"③"心犹帝,性犹天。本然者谓之性,主宰者谓之心。功夫须从心上做,故曰:'尽其心者,知其性。'""心体无量,今人何尝能尽。须是与天地同。"④由是"天命流行"似可看作"天道流行"的进一步发展,它把"人"与"天"通过"命"结合了起来,达到了天人合一境界。

吕学再传义乌徐侨也有"心体之流行,即天运之流行也"的命题。宋濂《叶由庚传》云:"(徐)侨谓人曰:'成父(叶由庚)从侨最久,静愿无他好,讲学意趣殊深,吾道为有所托矣。'……且戒之曰:'心体之流行,即天运之流行

---

① 吕祖谦:《孟子说》,载《吕东莱文集》第 7 册,中华书局 1985 年版,第 416 页。
② 吕祖谦:《杂说》,载《吕东莱文集》第 7 册,中华书局 1985 年版,第 461 页。
③ 吕祖谦:《孟子说》,载《吕东莱文集》第 7 册,中华书局 1985 年版,第 429 页。
④ 吕祖谦:《杂说》,载《吕东莱文集》第 7 册,中华书局 1985 年版,第 451 页。

也,无乎不通,而塞之人其物矣。'由庚佩之终身。"①从"心体之流行即天运之流行"一说中,略可见徐侨讲学之旨,虽未足以论其全,但亦可见其与吕祖谦之说完全契合。

宇宙发生论在元代理学中依然是一个重要话题。许衡的宇宙发生论继承了程朱理学的思想,他通过对道、理、气、天地等关系论述,阐述了"道(理)—太极—气—天地—万物"的宇宙生成体系。他所说:"道者,天理之当然。"②又言:"太极之前,此道独立,道生太极,函三为一,一气既分,天地定位,万物之灵,惟人为贵。"③许衡将"道"抬升到"太极"之上,认为"道生太极",强调了"道"的绝对性。许衡援引张载《正蒙》中"合虚与气"的观点将程朱所提倡的"理一分殊"的观点与气质联系起来,以此来解释人世间的旦夕祸福、贫富贵贱等性命问题。他说:"合虚与气,有性之名,虚是本然之性,气是气质之性。又曰:仁义礼智信是明德,人皆有之,是本然之性,求之在我者也,理一是也。贫富、贵贱、死生、修短、祸福,禀于气,是气禀之命,一定而不可易者也,分殊是也。又曰:性者,即形而上者,谓之道,理一是也;气者,即形而下者,谓之器,分殊是也。"④

刘因将宇宙万物变化发展的动因归结为"气机"。他说:"天地之间,凡人力之所为,皆气机之所使,既成而毁,毁而复新,亦生生不息之理耳。"⑤刘因没有界定何谓"气机",但援引前代思想,诸如《易传》中的"氤氲",庄子思想中的"机缄",张载的"动必有机"等。张载曰:"凡圆转之物,动必有机,既谓之机,则动非自外也。"⑥可见,张载以"机"来表示"引发事物变化的不可言喻的内部原因"。刘因的"气机"论也就是理化生万物的所以然,即宇宙万物产生和运动的动因。刘因又吸取了张载的"气化"观点来解释世界的本源的"理"是如何化生万物的。"气"即是指阴阳二气,"气"是造就万物、"散为万

---

① 宋濂:《杂传九首·叶由庚传》,宋濂著,罗月霞主编:《宋濂全集》第4册,浙江古籍出版社1999年版,第2047页。

② 许衡撰,王成儒点校:《许衡集》卷五《中庸直解》,东方出版社2007年版,第103页。

③ 许衡撰,王成儒点校:《许衡集》卷七《稽千古文》,东方出版社2007年版,第226页。

④ 许衡撰,王成儒点校:《许衡集》卷二《语录下》,东方出版社2007年版,第27页。

⑤ 刘因:《静修集》卷一〇《游高氏园记》,文渊阁四库全书本,第1198册,第564页下。

⑥ 张载撰:《张载集·正蒙》卷一《参两篇》,黄宗羲原著,全祖望补修,陈金生、梁运华点校:《宋元学案》第1册,中华书局1986年版,第675页。

物"的手段,具体事物都是由气构成的,他说"物则气之所为也"①,"邈哉开辟初,造化惟阴阳"②。在结合张载和朱熹等人的思想后,刘因形成了一个以"理"为本源,"气机"为动因,"气化"为方式的宇宙生成体系。③

可见,刘因的"气机"论,是张载"气化流行",吕祖谦"天命流行",徐侨"天运流行"等宇宙发生论命题,向戴良、陈樵、王祎等"天机流动"学说过渡的一个中间环节。刘因把生成物质的"气",与推动物质运动的"机"联系了起来。在张载"动必有机"的观点基础上,为"天机流动"这一纯文论命题进入理学范畴,提供了理论前提。

戴良居其轩中,对"天机流动"似有心得。陈樵《天机流动轩记》中记曰:"仙华戴君叔能,引泉为沼,作室沼上,金鳞隐现,光景摇动。廷心余公署其榜曰'天机流动'。主人开轩临水,顾而乐之曰:'泉流亹亹,不舍昼夜,道之体也。意者,天之性情,实使之耶。古之君子,诚有取乎是?'"④戴良认为,"泉流亹亹,不舍昼夜,道之体也。意者,天之性情,实使之"。也就是说,"泉流不息道实使之然"。由此,引起了陈樵的反驳。此后,胡翰、王祎、郑涛则也相继进入论辩。于是形成了元末关于"天机流动"的一场学术论辩,这在婺学史是少见的,即便在元代的学术界,这样的学术论辩也不多见。

总而言之,发生于元至正十年(1350)婺州学界的关于"天机流动"的学术论辩,不仅把许谦、陈樵、宋濂等当时的婺学三大家的主要学者,推到了学术舞台的前锋;也使此时的婺学三家因论辩中的观点各异,而泾渭分明。就其学术价值而言,通过这场论辩"天机流动"这一文论范畴的命题,彻底回到了理学家宇宙发生论的论域。故而,清代婺州大儒王崇炳曰:"'天机流动'四字,可以贯圣学之全矣。"⑤

---

① 刘因:《静修集》卷一〇《何氏二鹤记》,文渊阁四库全书本,第 1198 册,第 558 页下。

② 刘因:《静修集》卷一三《答乐天问二》,文渊阁四库全书本,第 1198 册,第 586 页上。

③ 朱军:《元代理学与社会》,西北大学 2015 年博士论文,第 90 页。

④ 陈樵:《天机流动轩记》,载戴殿儒:《浦阳建溪戴氏宗谱》卷一七《文辞(七)》,上海图书馆藏家谱本,同治八年(1869)重修,第 14—15 页。

⑤ 王崇炳:《天机流动说》,《学耨堂文集》卷六,载赵一生主编:《东阳丛书》第 15 册,浙江古籍出版社 2014 年版,第 133—134 页。

许谦之学：金华朱学的绪

第二章

　　许谦,字益之,号白云山人,学者称白云先生。生于宋度宗咸淳六年(1270),卒于元顺帝至元三年(1337),享年 68 岁。《道光东阳县志》称其"生于东阳,而设教亦于东阳;长于金华,而归葬复于金华"①。

　　以许谦为代表的金华朱子学派,是与以许衡、赵复、刘因为代表的北方学派,以吴澄为代表的江右学派齐名的元代三大学派之一。②

　　许谦 31 岁时,至兰江金履祥处问学,才知"圣贤之学"。他在给宋经历的信中说:"三十而知学,圣贤之言是诵,仁义是求。犹望洋而莫知所止,企宫墙之美而不得其门。惟无先人之庐,以蔽风雨,负郭之田,以供擅粥。故日与呮呮者,甘于呷耳骚心以自给,……学之半而有进于万一耳。"③正由于许谦对知识的追求和勤奋努力的学习精神,在众多弟子中,他脱颖而出,赢得了老师金履祥的欣赏和器重。金履祥病危时,曾叮嘱许谦将他的著作《资治通鉴前编》次录成定本。而且金履祥告诉他为学之要:"吾儒之学,理一而分殊,理不患其不一,所难者分殊耳。"又说:"圣人之道,中而已矣。"④许谦虚心接受老师的教诲,重分殊之辨,并于每事每物求夫中者而用之。

　　许谦学宗金履祥。金履祥学问渊博,"凡天文、地形、礼乐、田乘、兵谋、阴阳、律历之书,靡不毕究。已向濂、洛之学,事同郡王鲁斋,从登何北山之门。自是讲贯益密,造诣益邃"。⑤许谦通过金履祥上承朱子之学,得朱学正传。吴师道说许谦:"契谊最深,天资纯明问难开陈,陈无少疑滞而又加以坚苦笃实之功。君上承渊源之鳃,虽见仁山甚晚,妙理融于言表,成说具于胸中,抑扬反复业于金履祥之门。而金履祥学于王柏,使人谏听深思,随其浅

<hr>

　　① 党金衡主修,东阳市人民政府地方志办公室整理:《道光东阳县志》,西泠印社 2017 年版,第 430 页。

　　② 秦志勇:《中国元代思想史》,人民出版社,1994 年版,第 4—5 页。

　　③ 许谦:《许白云先生文集·上宋经历书》卷三,文渊阁《四库全书》本,第 1199 册,上海古籍出版社,第 581 页。

　　④ 黄宗羲原著,全祖望补修,陈金生、梁运华点校:《宋元学案》第 4 册,中华书局 1986 年版,第 2756 页。

　　⑤ 同上书,第 2737 页。

深而有得焉。"①金履祥学于王柏,又登何基之门,是何基的弟子。何基又是朱熹的高徒黄幹的门生,所以,从学术传承谱系上看,许谦是朱熹嫡传的第四代弟子。而且何基、王柏、金履祥、许谦,都是婺州人,在金华地区递相传授朱熹理学,他们是公认的金华朱学的主要传人。因此《宋元学案》把他们合为一个学案,称《北山四先生学案》,说明他们的学术宗旨大致相同。全祖望在此学案《序录》上说:"勉斋之传,得金华而益昌,说者谓北山绝似和靖,鲁斋绝似上蔡,而今文安公尤为明体达用之儒,浙学之中兴也。述北山四先生学案。"②《元史》有载:"先是何基、王柏、金履祥殁,其学犹未大显,至谦而其道益著,故学者推原统绪,以为朱熹之世嫡。"③黄百家亦称:"北山一派,鲁斋(王柏)、仁山(金履祥)、白云(许谦),既纯然得朱子之学髓,……是数紫阳(朱熹)之嫡子,端在金华也。"④

黄溍说:"圣贤不作,师道久废,逮二程子起而倡圣学以淑诸人。朱子又溯流穷源,和会群言而统一,由是师道大备。文定何公基,既得文公朱子之传于其高弟文肃黄公幹,而文宪公王柏,于文定则师友之。文安金公履祥,又学于文宪,而及登文定之门者也。三先生婺人。学者推原统绪,必以三先生为朱子之传。适文懿许公出于三先生之乡,克任其承传之重。三先生之学,卒以大显于世。"⑤黄溍认为圣贤之道久已废弃,到二程才得以提倡。而朱熹又溯流穷源,将其统一起来,由此师道大备。朱子之学通过其高弟黄幹传给何基,何基传给王柏,王柏再传给金履祥,金履祥传给许谦。可见,从学脉上看,金华朱学是朱熹理学的嫡传,而许谦则是其中重要的一环。许谦上承金履祥而又将金华朱学发扬光大,达到及门弟子"千余人"的金华朱学的鼎盛时期。⑥

① 吴师道:《礼部集·读四书丛说序》卷一五,文渊阁《四库全书》本,第1212册,上海古籍出版社,第201页。

② 黄宗羲原著,全祖望补修,陈金生、梁运华点校:《宋元学案》第4册,中华书局1986年版,第2725页。

③ 宋濂:《元史·许谦传》卷一八九,中华书局,1976年版,第4320页。

④ 黄宗羲原著,全祖望补修,陈金生、梁运华点校:《宋元学案》第4册,中华书局1986年版,第2727页。

⑤ 许谦:《许白云先生文集·元史载白云先生行实》,文渊阁《四库全书》本,第1199册,上海古籍出版社,第529页。

⑥ 刘海泉:《许谦与金华朱学》,湖南大学2009硕士论文,第10页。

许谦满腹经纶,却拒绝做官。地方官多次举荐,他都推辞而不受。《元史》载:"廉访使刘廷直,副使赵宏伟,皆中州雅望,于谦深加推服,论荐于朝;中外名臣列其行义者,前后章数十上,而郡复以遗逸应诏;乡闱大比,请司其文衡,皆莫能致。"①他虽一度被浙东廉访副使赵宏伟邀请至金陵舍馆讲学,但第二年就返回原籍,隐居东阳八华山中。在八华山上,开门讲学,学者座无虚席,"远而幽、冀、齐、鲁,近而荆、扬、吴、越,皆百舍重跃而至"②。"及门之士,著录者千余人,随其材分,咸有所得。达官富人之子,望间而骄气自消,践庭而礼容自伤。四方之士,以不及门为耻。"③许谦从事教育40余年,桃李满天下,硕果累累。

许谦八华讲学时学生达千余,及门比较著名的弟子也有40多个。其中揭傒斯、朱公迁、欧阳玄、方用"同游于许白云之门,以羽翼斯文相砥砺,时称许门四杰"④。

只可惜,许谦弟子大都以文学显世,如揭傒斯者,其文与柳贯、黄溍、虞集齐名,"天下称为'四先生'"⑤。诚如黄百家所云:"白云高第弟子虽众,皆隐约自修,非岩栖谷汲,则浮沉庠序州邑耳。如子长、正传,文采足以动众,为一世所指名者,则又在师友之间,非帖帖函丈之下者也。然白云非得子长、正传,其道又未必光显如是耳。"⑥可见,全祖望"婺学自许谦一变"之说实有可据。

当时,在学术上成就较大的张枢、吴师道等,则与许谦在学侣之间,而非真正意义上的及门弟子。而其后辈稍有名望者,如宋濂、戴良、王袆诸公,又出自柳贯或吴师道之门。唯有胡翰算得上许谦的真正及门弟子,且其学术成就也较大。许谦弟子难守师学,与元末社会动荡及当时理学走向衰落有密切关系。

徐远和认为:"元代理学发展可划分三个时期:元灭宋以前,为理学传播

①　宋濂:《元史·许谦传》卷一八九,中华书局1976年版,第4318—4319页。
②　许谦:《许白云先生文集·元史载白云先生行实》,文渊阁《四库全书》本,第1199册,上海古籍出版社,第529页。
③　宋濂:《元史·许谦传》卷一八九,中华书局1976年版,第4320页。
④　黄宗羲原著,全祖望补修,陈金生、梁运华点校:《宋元学案》,中华书局,1986年版,第2772页。
⑤　同上书,第2759页。
⑥　同上书,第2761页。

期;自元灭宋至英宗新政前后,为理学学派形成期;自泰定帝至元朝灭亡,为理学停滞期。"①也就是说,泰定四年(1327)至元朝灭亡,即明朝洪武元年(1368),这41年时间内,为元理学停滞时期。这一时期内,征战不断。自泰定二年(1325)发生河南赵丑厮、郭菩萨起义始,元惠宗至正十一年(1351)即发生刘福通红巾军起义,元朝统治阶级内部却在为争权夺利而互相征战,因此加速了元朝灭亡的进程。至正十六年(1356)到至正十九年(1359),朱元璋不断扩充自己的势力,占领了江南的半壁江山。至正二十七年(1367),朱元璋开始北伐,在大将徐达、常遇春等的率领下,于1368年8月攻陷元大都,元惠宗北逃,元朝在全中国的统治结束。

许谦卒于至元三年(1337),其时已属于元代理学停滞前期。其弟子则大都处于这个时期。在这样的历史背景下,他们大致只能"隐约自修,非岩栖谷汲,则浮沉庠序州邑",怎么能有自己的发展空间?

虽然元仁宗在位期间(1311—1320),程朱理学正式成为官学。皇庆二年(1313),元仁宗接受李孟"科举得人为盛"建议,决意开科举取士。并规定考试程式:"明经、经疑二问,《大学》《论语》《孟子》《中庸》内出题,并用朱氏《章句集注》",②由是朱学成为官方显学。同时,元仁宗还决定"以宋儒周敦颐、程颢、颢弟颐、张载、邵雍、司马光、朱熹、张栻、吕祖谦及故中书左丞许衡,从祀孔子庙"。③但是,元代理学一旦被奉为官方学术而具有权威性质,它的发展就趋于停滞了。④

许谦恪守师说,很少独创。他说:"学以圣人为准的,然必得圣人之心而后可学圣人之事。圣贤之心具在《四书》,而《四书》之义备于朱子。顾其辞约意广,安可以易心求之哉!"⑤虽然他在思想上很少创新,但对程朱理学的发扬和传播,大大超过了何基、王柏、金履祥,对元代理学有很大的影响。

---

①　徐远和:《理学与元代社会》,人民出版社1992年版,第175页。
②　宋濂等:《元史》卷八一,《选举志一》,中华书局1976年点校本。
③　宋濂等:《元史》卷二四,《仁宗纪一》,中华书局1976年点校本。
④　徐远和:《理学与元代社会》,人民出版社1992年版,第9—10页。
⑤　黄宗羲原著,全祖望补修,陈金生、梁运华点校:《宋元学案》第4册,中华书局1986年版,第2757页。

一、许谦学术思想

(一)许谦学术渊源

《宋元学案》卷八二《北山四先生学案》列许谦为仁山金履祥门人。涉及其学源,主要有两段:

一是"长值宋亡,家破,力学不已。侨寓借书,分四部而读之"①。许谦生于南宋咸淳五年(1269),景炎元年(1276),南宋都城临安沦陷,视为宋亡。此时,许谦才 8 岁。所以"长值宋亡"之说,似可推敲。但家破则是实事。许谦力学不已,看来只是自学而已。虽寄居他人之家,许谦仍借书分经、史、子、集四大部类而读之。其自学之道,自具门径。

《元史·许谦传》对此则如是表述:"父觥,登淳祐七年(1247)进士第,仕未显以殁。谦生数岁而孤,甫能言,世母陶氏口授《孝经》《论语》,入耳辄不忘。稍长,肆力于学,立程以自课,取四部书分昼夜读之,虽疾恙不废。"②许谦父许觥亦是进士出身,只是仕未显而早殁。而且其年幼丧母,几成孤儿,由伯母陶氏抚养。刚能说话时,陶氏即口授《孝经》《论语》。

可见,许谦自幼多劫,父母早亡,由伯母陶氏口授开蒙,后靠借书自学而有所成就。

关于许谦家世,《道光东阳县志》有两则引文。其一是黄溍撰的《白云许先生(谦)墓志铭》云:

> 其先占籍京兆之兴平。后有官于吴者,因家焉。九世祖延寿,宋刑部尚书。六世祖寔,元丰间始居笠泽,寻又徙婺,为金华县人。曾祖讳经国,祖讳应龙,皆弗仕。考讳觥,淳祐丁未(1247)进士,卒官宣教郎,主管三省枢密院架阁文字。无子,以从父兄贡士君日宣之次子嗣,即先生也。先生天资高嶷,甫能言,贡士君之夫人陶氏

---

① 黄宗羲原著,全祖望补修,陈金生、梁运华点校:《宋元学案》第 4 册,中华书局1986 年版,第 2756 页。

② 宋濂、王祎:《元史》卷一八九《儒学传(一)·许谦传》,中华书局 1976 年点校本。

授以《孝经》《论语》，入耳辄不忘。五岁就学，庄重如成人。①

黄溍撰的墓志铭载，许觥无子，以伯父的儿子贡士许日宣之次子嗣，即许谦也。也就是说，许谦是许日宣次子，因此，贡士君之夫人陶氏即原为许谦生母。

其一是《道光东阳县志》载：

《许氏家乘》云："其先晋孝子孜十七世孙名韶者，仕京兆白渠邑宰，遂占籍焉。后有孟宽，为平江吴县令，又家之。九世祖延寿，宋刑部尚书。六世祖实，元丰间由平江徙婺之金华。大父应鸾，由金华徙东阳。父日宣贡士君，生璟与先生。先生之从叔在金华者，为应龙子觥，无嗣。日宣以次子继之，即先生也。"先生于进士觥实为继父。至于生父之为日宣，日宣之在东阳，固无所辞之。据《白云洞志》："生母陶氏，所居去白云洞不一里而近。"陈君采曰"天宫之北，陶所世居焉"，即此也。今其子孙犹有存者。旧志自成化以上，与《东阳文献录》《人物志》皆无异同。窃先生生于东阳，而设教亦于东阳；长于金华，而归葬复于金华。②

《许氏家乘》则记述更为清楚：许谦祖父应鸾，由金华徙东阳。父亲日宣，生许璟与许谦。应龙子许觥为许谦之从叔，仍居金华，无子，日宣以次子许谦继之。因此许觥实为许谦继父。而其生父许日宣却在东阳。因此，许谦是"生于东阳，而设教亦于东阳；长于金华，而归葬复于金华"。由此，许谦之生养父母，以及与东阳之关系一目了然。

二是"年逾三十，开门授徒。闻金仁山履祥讲道兰江，乃往就为弟子"。③许谦30岁以后，开始讲学授徒。其登金履祥之门，应是30岁以后的事。《元史白云先生行实》云："初，谦闻仁山金履祥讲道兰江上，委己而学焉。履

---

① 黄溍撰，王颋点校：《黄溍全集》下册，天津古籍出版社2008年版，第459页。

② 党金衡主修，东阳市人民政府地方志办公室整理：《道光东阳县志》，西泠印社2017年版，第430页。

③ 黄宗羲原著，全祖望补修，陈金生、梁运华点校：《宋元学案》，中华书局1986年版，第2756页。

祥曰:'士之为学,若五味之在和,醯盐既加,则酸醎颇异。子来见我已三日,而犹夫人也。岂吾之学无以感发于子耶!'谦闻之惕然。时履祥年七十,而谦年三十有一矣。"①可见,许谦是 31 岁时即元大德五年(1301)登金履祥之门的。此时,金履祥年已 70。《金履祥年谱》载:"大德五年辛丑(1301)七十岁。白云先生许谦自金华来学。大德六年壬寅(1302)七十一岁,设教金华吕成公祠下,许谦从卒业。"②

金履祥为北山学派之朱学干城。③ 许谦称其为"统绪传朱子,渊源继鲁翁"④。《宋元学案·北山四先生学案》称其:"凡天文、地形、礼乐、田乘、兵谋、阴阳、律历之书,靡不毕究。已向濂、洛之学,事同郡王鲁斋,从登何北山之门。自是讲贯益密,造诣益邃。……当时议者谓北山之清介纯实似和靖,鲁斋之高明刚正似上蔡,先生则兼得之二氏,而并充于一己者也。"其所著《通鉴前编》20 卷、《大学章句疏义》2 卷、《论语孟子集注考证》17 卷、《书表注》4 卷。⑤

金履祥师事王柏。《金履祥年谱》载:"淳祐十年庚戌(1250)十九岁,欲往见兆山(何基)不果。时履祥欲从朱子(熹)研习濂洛之学,而莫为之介绍,不果。宝祐三年甲寅(1254)二十三岁,受业王鲁斋、何北山之门,初作《读论语管见》。"⑥其学兼得"北山之清介纯实""鲁斋之高明刚正"。

黄百家曾在《宋元学案·北山四先生学案》中指出:"仁山有《论孟考证》,发朱子之所未发,多所牴牾。其所以牴牾朱子者,非立异以为高,其明道之心,亦欲如朱子耳。"⑦四库官臣认为其《论孟考证》"于朱子未定之说,但折衷归一,考订尤多。……于朱子深为有功"。⑧

---

① 许谦:《白云集》,载《钦定四库全书·集部五·别集类四》,文渊阁影印本。
② 徐袍:《宋金仁山先生年谱》,嘉庆十四年(1809),兰溪桐山金祠藏版。
③ 徐远和:《理学与元代社会》,人民出版社 1992 年版,第 150 页。
④ 许谦:《挽诗》,见金履祥《仁山集》卷五,《四库全书》本。
⑤ 黄宗羲原著,全祖望补修,陈金生、梁运华点校:《宋元学案》,中华书局 1986 年版,第 2737—2738 页。
⑥ 徐袍:《宋金仁山先生年谱》,嘉庆十四年(1809)兰溪桐山金祠藏版。
⑦ 黄宗羲原著,全祖望补修,陈金生、梁运华点校:《宋元学案》,中华书局 1986 年版,第 2738 页。
⑧ 纪昀等:《论语孟子集注考证提要》,《四库全书总目》,中华书局 1965 年版,第 298 页。

董平认为,金履祥之学术旨趣可概括为"崇尚《四书》,融通经史"。金华朱学皆推崇《四书》,金履祥没有停留于朱子《四书》学的一般理论,而是深入细致地对朱子《四书集注》进行系统研究。其《论语孟子集注考证》《大学章句疏义》实际上是对朱熹《集注》的考订梳证,且不苟异同,新意迭出。在宗朱前提下,发展了朱学。[①]

金履祥为许谦揭示为学之要:"吾儒之学,理一而分殊,理不患其不一,所难者分殊耳。"又曰:"圣人之道,中而已矣"。许谦于是致其辨于分之殊,而要其归于理之一,每事每物求夫中者而用之。居数年,得其所传,油然融会。[②] 也就是说,许谦从金履祥那里主要接受了"理一分殊"的要义,并以此为己之学术归旨。

许谦之学术渊源是由金履祥而至王柏,由王柏而何基,再承黄幹以为朱学嫡传。

(二)许谦学术思想要点

1."一理贯万事"的"理一分殊"学说

《宋元学案》卷八二《北山四先生学案》载:

> (许谦)闻金仁山履祥讲道兰江,乃往就为弟子,仁山谓曰:"士之为学,若五味之在和,醯盐既加,而咸酸颇异。子来见我已三日,而犹夫人也,岂吾之学无以感发子邪!"先生闻之,惕然。仁山因揭为学之要曰:"吾儒之学,理一而分殊,理不患其不一,所难者分殊耳。"又曰"圣人之道,中而已矣"。先生由是致其辨于分之殊,而要其归于理之一,每事每物求夫中者而用之。居数年,得其所传,油然融会。尝自谓:"吾无以过人者,惟为学之功无间断耳。"[③]

可见许谦是从金履祥那里接受"理一分殊"之说,并以此为学术之要旨。"理一分殊"是宋明理学最为重要的核心观念之一。在思考世界的部分

---

① 董平:《浙江思想学术史》,中国社会科学出版社 2005 年版,第 205 页。

②③ 黄宗羲原著,全祖望补修,陈金生、梁运华点校:《宋元学案》,中华书局 1986 年版,第 2756 页。

与整体之关系,以及事物的多样性和统一性诸问题时,其论旨与《易·睽卦》昭示的"同异"辩证性,以及《论语》所谓的"一贯"之道,均有某种延续性。宋儒通过重新思考人伦道德和宇宙自然之间的关系,以解释社会秩序与道德理想的形而上根据问题,开启了一种天道性命之学的新境。①

"理一分殊",是程颐对《西铭》本义做阐发和推论时的概括性用词,意指张载在《西铭》所提出的"天地之塞,吾其体;天地之帅,吾其性"论题,是以乾坤为天地万物之父母,万有一体、民胞物与的思想,揭示出了人性的形而上根据,将宇宙天地和人伦道德有机地融合为一体,实现了社会的自然化和自然的人性化。从义理而言,"理一分殊"之旨,涉及中国传统哲学中的一多之辨、体用之论、总别和同异之议等论域,也即普遍性与特殊性、同一与差异、抽象和具体、一般和个别等义。其词锋直指儒家天道性命学说的核心,成为宋代新儒学发展史的一个标签。《宋史·道学传一》称:两汉之后,儒无真传,"千有余载,至宋中叶,周敦颐出于舂陵,乃得圣贤不传之学,作《太极图说》《通书》,推明阴阳五行之理,命于天而性于人者,了若指掌。张载作《西铭》,又极言理一分殊之旨,然后道之大原出于天者,灼然而无疑焉"②。可见"理一分殊"对于理学,犹如基石。"理一分殊"之说,经程颐表彰,朱子弘扬后彰显于世,遂成理学主旨。

"理一分殊"论域的基点是事物的多样性和统一性问题,所思考的重心是世界的部分与整体的关系。③ 就多样性与统一性而言,儒家有"一贯"之旨。《论语》载:孔子对其弟子曾参说"吾道一以贯之"。曾子以"忠恕"解之。④ 至于何为"一以贯之",历代解释颇多。宋明儒大致沿曾子"忠恕"的引申而发挥己见。朱子《集注》称:"人之心,浑然一理,而泛应曲当,用各不同。""夫子之一理浑然而泛应曲当,譬则天地之至诚无息,而万物各得其所也。"⑤陈淳《北溪字义》"一贯"条载:"一只是这个道理,全体浑沦一大本处;贯是这

---

① 景海峰:《理一分殊释义》,《中山大学学报》(社会科学版)2012 年第 3 期,第 125—138 页。

② 脱脱等:《宋史》第 36 册,中华书局 1985 年版,第 12710 页。

③ 景海峰:《理一分殊释义》,《中山大学学报(社会科学版)》2012 年第 3 期,第 125—138 页。

④ 孔子:《论语·里仁》,见唐满先译注:《论语今译》,江西人民出版社 1982 年版,第 32 页。

⑤ 朱熹:《四书章句集注》,中华书局 1983 年版,第 72 页。

一理流出去,贯串乎万事万物之间。圣人之心,全体浑沦只是一理,这是一个大本处。从这大本中流出见于用……凡日用间,微而洒扫应对进退,大而参天地赞化育,凡百行万善,千条万绪,无非此一大本流行贯串。自其浑沦一理而言,万理无不森然具备;自其万理著见而言,又无非即此一理也。一所以贯乎万,而万无不本乎一。"①朱熹对"理一分殊"的发挥影响最深。《朱子语类》卷二七云:"不愁不理会得'一',只愁不理会得'贯'。理会'贯'不得,便言'一'时,天资高者流为佛老,低者只成一团鹘突物事在这里。"②朱熹所谓"理一分殊","理一"即是"一贯"之"一","分殊"便是"一贯"之"贯",先要理解和把握"贯"的道理,才能识别和解释"一"的真谛,从"分殊"入手,才能达到"理一"的境地。其后的朱子学者,大多都能坚持"分殊"的先在性,并以此抵制和批判心学之偏颇。③

北山学派坚持朱学思想体系核心的理为最高本体。何基在此基础上,发展了朱熹的"恰好处"说,认为理乃"事物恰好处",朱熹所谓的"恰好处",多是强调事物的无过不及,强调中庸,至善而合理的恰好点,是一理在事物中的体现,讲的是分殊之理。何基直接讲理乃"事物恰好处",此理是分殊之理,与程颐所说心、性、天即理,朱熹定义的宇宙根本"太极"比,缺少形而上层面的解释和概括,将"理一"之"理"转移到"分殊"之"理"事物的"恰好处"上,正因为如此的解释转移,强调了分殊,能够突出对事物"恰好处"即中庸的重视。④ 他说:"理者乃事物恰好处,天地间惟有一理散在事事物物,虽各不同,而就其中各有一恰好处,所谓万殊一本,一本万殊也。三圣所谓'中'、孔子所谓'一贯'、《大学》所谓'至善',皆是此意。""圣贤相去数百年而谓以是传之者,皆是做到此耳。"⑤朱熹"理一分殊"说,是用来说明宇宙根本之理与具体事物之理关系的一种着重形上的理论,而何基则将它更多地理解应用为一种积累格物穷理功夫,最后归于一理的方法、实践,分殊而理

① 陈淳著,熊国祯等点校:《北溪字义》,中华书局 1983 年版,第 31—32 页。

② 朱熹著,黎靖德编,王星贤点校:《朱子语类》第 2 册,中华书局 1986 年版,第 674 页。

③ 景海峰:《理一分殊释义》,《中山大学学报》(社会科学版)2012 年第 3 期,第 125—138 页。

④ 高云萍:《北山四先生研究》,浙江大学 2007 年博士学位论文,第 45 页。

⑤ 冯云濠、王梓材:《宋元学案补遗》卷八二《北山四先生学案补遗》,人民出版社 2012 年版,第 125 页。

一,更强调实践、分殊功夫,即使有"实德"之质,也定要分殊到与天理之正无毫厘之差。

王柏在《论理一分殊》一文中,详细阐述了朱熹的"理一分殊"思想。他秉承朱熹的主张,将周敦颐《太极图》与《通书》相为表里地考究,利用黄幹的关节划分,"盖自太极动静而生阴阳,阳变阴合而生水、火、木、金、土,此上属乎造化,自是一关……自五行之生也,各一其性,此是下生人物,至于无穷,又是一关"。理解了"二气交感而万物生,物物固各有一太极,五性感动而万事出,事事亦各有一太极,统体一太极者,即所谓理一也,事事物物上各有一太极者,即所谓分殊也"。也就是太极、理派生万物,万物又各具一太极,进而举例,将这一思想推及《易》《西铭》及人之一身。[1] 王柏的"理一分殊"说,是在理一的前提下,突出了分殊的重要。而要辨识分殊就需要先下格物致知的功夫,所谓"理一易言也,分殊未易识也"。此致知格物所以为学者功夫之最先也,[2]因分殊难以突显格致功夫的重要,王柏便强调了"理一分殊"的认识论意义,将"理一分殊"与格物致知联系起来。他的《论理一分殊》一文主旨就是教导学者格物致知。他认为:

> 后世学者恶繁而好略,惮难而喜易,不肯尽心于格物致知之功,务为大言以欺人,曰"天下只是一个道理",斯言若已悟曾子之一唯,及叩之,初未识何者之谓道,不过学为之言以盖其卤莽灭裂之陋,每闻斯语,则已知其决非学者矣。圣人于天下之理,幽明巨细,无一物之不知,故能于日用之间,应事接物,动容周旋,无一理之不当。学者苟未究其分之殊,又安能识其理之一夫,岂易言欲?……所谓万一各正、小大有定也,于此事事物物上各见得一个太极,然后体无不具、用无不周也,异时出而从政,决不误人之天下国家,决不自误此身而负此生失。此分殊所以最切于学者,幸诸君熟思之。[3]

---

① 高云萍:《北山四先生研究》,浙江大学 2007 年博士学位论文,第 50 页。

② 冯云濠、王梓材:《宋元学案补遗》卷八二《北山四先生学案补遗》,人民出版社 2012 年版,第 137 页。

③ 同上书,第 138 页。

金履祥从何基的"恰好处"说入手，着重阐发了"理一分殊"的思想。他说：

> 文公好说个"恰好处"。理只是恰好处，此便是中，便是至善。自古圣贤相传，只是这个。天下万事万物，各各不同，而就每事每物中，又自各有个恰好处，故事理虽不同，到得恰好处则一，此所谓万殊而一本。然其一本者，非有形象在一处，只是一个恰好底道理在事事物物之中，此所谓一本而万殊。①

金履祥认为万事万物中各自有个"恰好处"即"理"，各不相同，是为"万殊"，但各个"事理"虽不同，"恰好处"却是同一的，是为"一本"，即所谓的"一本而万殊，万殊而一本"，为理学传统中"理一分殊"的重要论题。金履祥窗山"理一分殊"中埋为"恰好处"，即中庸的一面，强调"分殊"之理。并告之许谦，此为学问之要。

许谦恪守金履祥"吾儒之学，理一而分殊，理不患其不一，所难者分殊耳"之训示，认为儒学最难的不是理一，而是探究分殊之理，因而他在为学上很重视格物穷理。许谦用"一理贯万事"来阐述"理一分殊"。他说：

> 天下事物虽无穷，却只是一个道理贯串在里面。理之原出于天，在天地虽浑然至大，而事事物物各自不同，其理亦流行寓其中；每事物中理虽不同，然只是天理一个大源头分析来，所以谓之一理贯万事。②

许谦认为，万事万物各不同，寓于其中的万物之理也就各异，而这些分殊之理都是从天理这个大源头分出来的，一理贯在万事之中，称为"一理贯万事"，也就是"理一分殊"。许谦还接受了李侗"理一分殊"是儒学与异端的区别之学说。吴师道初识许谦时，尝以持敬致知之说质于他。许谦便举"朱子见延平时，其言好恶同异，喜大耻小"之事，回答吴氏。许谦在《答吴正传

① 金履祥：《论语集注考证》卷二《里仁》，《丛书集成初编》本，第25页。
② 许谦：《读四书丛说·论语上》，《丛书集成初编》本，中华书局1985年版，第146页。

(吴师道)书》中说:

> 昔文公初登延平之门,务为侊侗宏阔之言,好同而恶异,喜大
> 而耻小。延平皆不之许,既而日:"吾儒之学,所以异于异端者,理
> 一而分殊也。理不患其不一,所难者分殊耳。"朱子感其言,故其精
> 察妙契,著书立言,莫不由此。足下所示程子"涵养须用敬,进学在
> 致知"之两言,固学者求道之纲领。然所谓致知,当求其所以知,而
> 思得乎知之至。非但奉持致知二字而已也,非谓知夫理之一,而不
> 必求之于分之殊也。朱子所著书,盖数十万言,巨细精粗,本末隐
> 显,无所不备。方将句而诵,字而求,竭吾之力,惟恐其不至。然则
> 举大纲弃万目者,几何不为释氏之空谈也。近日学者盖不免此失
> 矣。吾侪其可踵而为之乎? 抑愚又有所闻圣贤之学,"知与行"两
> 事耳。[1]

许谦阐述这一思想,主要是为了强调分殊的重要性。当年李侗教导朱
熹,就指出"理不患其不一,所难者分殊耳"。金履祥训示他时,也强调"吾儒
之学,理一而分殊,理不患其不一,所难者分殊耳"。许谦接受了老师的教
导,认为儒学最难的不是理一,而是探究分殊之理。因此,在为学上他很重
视格物穷理。许谦告诉吴师道,程颐以"涵养须用敬,进学在致知"为求道之
纲领,所谓致知,当求其"所以知",而思得乎"知之至"。他认为,知"理之一"
仅仅是前提而已,在实践上则必须"求之于分之殊"。这便是许谦"格物致
知"说的理论依据。[2]"格物致知"之实,即在格分殊之理,"盖以一物之格,便
是吾之心知于此一理为至,及应此事,便当诚其意,正其心,修其身也。须一
条一条逐旋理会,他日凑合将来,遂全其知,而足应天下之事矣"[3]。由是而
主张躬行践履,通过切实的格致实践来变化气质,以臻至善。许谦还把"格
物穷理"之为学径路,发展为"知行"并行。他对吴师道说:"愚又有所闻都圣
贤之学,'知与行'两事耳。"

---

① 许谦:《白云集》卷三,载《四库全书》,文津阁影印本。
② 董平:《浙江思想学术史》,中国社会科学出版社 2005 年版,第 205 页。
③ 许谦:《读四书丛说·大学》,《丛书集成初编》本,中华书局 1985 年版,第 16 页。

朱熹在综合二程"知行"观的基础上,提出"知行常相须,如目无足不行,足无目不见。论先后,知为先;论轻重,行为重"。① 朱熹这一学说,有分知行为先后两截的错误,容易使人沉溺于在先的"知"而忘了"行",以知销行,导致言行不一。针对朱学知行理论存在的不足,以及朱学盛行后,现实生活中出现的徒空说而不务实行的败坏学风,程朱后学大多都很重视知行的统一。如陈淳指出,致知力行"亦非截然判先后为二事"②即"知行无先后"。黄震强调以践履躬行为重点。金履祥主张先知后行,同时指出朱熹集注"博闻约礼"是主张"知行并进",圣贤"知行合一"等。许谦发挥了朱熹的"知行观",也承接了金履祥"知行并进"说,强调知行高度一致,即"致知力行,并行不悖"。他说:

> 且言此先而后,固是谓欲如此必先如此,既如此了,然后如此。然而致知力行,并行不悖。若曰必格尽天下之物,然后谓之知至;心知无有不明,然后可以诚意,则或者终身无可行之日矣。圣贤之意,盖以一物之格,便是吾之心知于此一理为至,及应此事,便当诚其意、正其心、修其身也,须一条一节,逐旋理会,他日凑合将来,遂全其知,而足应天下之事矣。③

许谦认为要等到格尽天下之物、知无有不明之后再去实行,那么可能会终身没有实行的那天了。显然,这是对程朱的先知后行的知行顺序提出的质疑。但在解说圣贤之意时,他又认为应当格一物知一物之理后,付之修身,一条一节格物之后,日积月累,知识全部掌握就足以应付天下事了,似乎还是知的积累。这与朱熹的说法没多少区别。为学之道先立志,欲求至于圣贤,却随事只管低头做将去。但许谦进一步指出:"明一分道理,便行一分道理。一边明理,一边力行,都不要计较功效。须要见得圣人亦是人做,我亦可学而至。学之所以未至者,只是理未明、行未力耳。长持此心,笃志行

---

① 朱熹著,黎靖德编,王星贤点校:《朱子语类》第9册,中华书局1986年版,第135页。

② 黄宗羲原著,全祖望补修,陈金生、梁运华点校:《宋元学案》卷六八《北溪学案》,中华书局1986年版,第2224页。

③ 许谦:《读四书丛说·大学》,《丛书集成初编》本,中华书局1985年版,第16页。

之,自少至老,不倦到头,却随人力量高下,见其成功浅深,最不可作界限。"①许谦强调格一物、明一理、行一事,力行至于圣贤,明显的"致知力行",并行是对朱熹知行观的突破和发展。②

对许谦的"理一分殊"说,明代永康阳明弟子应典提出了质疑。应典在《八华精舍义田记》中说:

> 八华在东阳邑西四十里,本元儒白云许子讲学之所。元辑厥志训,踵门而言曰:"白云子许子之学,其圣贤之学欤? 志者谓二程之道,得朱子而益明;朱子之道,得许子而益尊。信知言也。夷考其授受之际,曰吾儒之学,理一而分殊,理不患其不一,所难者分之殊耳。于是肆其辨于分殊,而要归于理一。又曰圣人之道中而已矣,……于是事事求其中者而用之,兹其上接濂洛,为朱学世嫡者,然欤否乎?"予喟然曰:"将纪摭(摘取)者之未精也。此赵师夏之臆言,许子常举之以复吴正传,又自以为自得之妙在自勉者也。"按朱子《延平行状问答》中则无之。其曰:"李先生教人,大抵令静中体认。大本未发时,气象分明,则处事应物自然中节。"朱子以为龟山门下相传指诀者如此。其语《中庸》,则以"喜怒哀乐未发之中"为一篇指要。必也体之于身,实见是理,如颜子之卓尔不违于心目之间,然后扩充,而往无所不通。其所以求中者如此。又曰:"讲学切须深潜缜密,若概以理一,而不察夫分之殊,此学者所以流于疑似乱真而不自知也。其所谓理一分殊者如此。若曰理不患其不一,而难于分之殊,遂求分殊以归一,是则无根颠倒之见。"③

在编辑《八华山志》时,曾经有人亲自上八华山诘问许谦之学,尤其是他的"理一分殊"说,是否真的属于圣人之学。应典回答出乎意料。他认为,许谦所谓李延平传朱子"吾儒之学,所以异于异端者,理一而分殊也。理不患

---

① 许谦:《读四书丛说·论语中》,《丛书集成初编》本,中华书局1986年版,第164页。

② 高云萍:《北山四先生研究》,浙江大学2007年博士学位论文,第103页。

③ 党金衡主修,东阳市地方志办公室整理:《道光东阳县志》卷一〇《政治志六》,西冷印社2017年版,第221页。

其不一,所难者分殊耳"之说,是对文献记载摘取没有做到精确之故。上述说法,在朱熹的《延平行状问答》中没有记载。该《问答》只说:"李先生教人,大抵令静中体认。大本未发时,气象分明,则处事应物自然中节。"而且,朱熹认为,杨时门下相传之指诀就是这样的。上述说法,只是赵师复之臆言,许子常又反复举之,吴师道又自以为得许谦之学传承之妙,而自己勉励自己而已。

应典还尖锐地指出,许谦说"讲学切须深潜缜密,若概以理一,而不察夫分之殊,此学者所以流于疑似乱真而不自知也"。其所谓"理不患其不一,而难于分之殊",如果求分殊以归一,则是"无根颠倒之见"。而且"许子之学受之仁山金子,金子受之鲁斋王子,王子受之北山何子。三子者之传,一则曰立志居敬,一则曰省察克治,一则曰涵养扩充,皆一本也,奚许子之独尔殊哉?"其言辞未免过激。

2. 恪守《四书》学宗旨

黄宗羲在《北山四先生学案》中评论何基时曾说:"北山之宗旨,熟读《四书》而已。"淳熙四年(1177),随着《大学章句》《中庸章句》《语孟集注》的相继完成,朱熹《四书》学经学体系已经基本确立。淳熙九年(1182),朱熹首次将《大学章句》《中庸章句》《语孟集注》并为一集,同时刊刻于婺州,经学上的《四书》学终于出现。① 朱熹之学是以《四书》为核心,而集南宋之理学大成,并使儒学成为官学,从而深刻影响了南宋以后的学术思想发展。② 直接黄幹的北山学派十分重视《四书》之学。何基对朱熹的《四书章句集注》尤为推崇。正是由于他的努力,朱学在金华学坛上得以昌明。王柏是何基门人,也属朱学嫡传,但他却能不拘成说,敢于问难质疑,甚至对朱熹所注《四书章句集注》亦起疑论,从而形成他自己的思想特色。金履祥,受业于王柏,从登何基之门,但在思想更接近于王柏,也像王柏那样具有怀疑精神,在金华四先生中,他对经学和史学的研究,成就最为显著。③ 许谦在《上刘约斋书》中曰:"先师(仁山)学于北山何文公、鲁斋王文宪公,师友之门,而北山实勉斋先生之高弟,其为学也于书无所不读,而融会于四书,贯穿于六经,穷理尽性,诲

---

① 束景南:《朱子大传》,福建教育出版社1992年版,第385、766页。
② 朱汉民、肖永明:《宋代〈四书〉学与理学》,中华书局2009年版,第4—5页。
③ 刘海泉:《许谦与金华朱学》,湖南大学2009硕士论文,第1页。

人不倦,治身接物,盖无毫发歉,可谓一世通儒。尝有大志于天下,而不见用其命也。夫平生所著书,今或有传者矣。"①许谦这里所谓何基、王柏、金履祥等"融会于四书,贯穿于六经,穷理尽性,诲人不倦,治身接物",精准揭示了北山学派宗师之学,是以《四书》学为要旨。吴师道《读四书丛说序》云:"昔闻北山首见勉斋,临川将别,授以'但熟读《四书》'之训。晚年悉屏诸家所录,直以本书深玩,盖不忘付属之意。自是以来,诸先生守为家法,其推明演绎者。"②可见,"但熟读《四书》"是黄幹之训,何基自不敢"忘付属之意",而惟朱子《四书章句集注》深玩,以为"北山家法"。"北山取语录精义,以为发挥,与章句集注相发。鲁斋为标注,点抹提挈,开示仁山。于大学有疏义、指义,论孟有考证,中庸有标抹。"③

　　许谦之学当然亦以《四书》学为旨趣。他告诉学者:"学以圣人为准的,必得圣人之心,而后可学圣人之事。圣人之心,具在《四书》,而《四书》之义,备于朱子,顾其词约义广,安可以易心求之哉!"④这就是许谦为学归旨。因此,许谦在《四书》学上颇下功夫。他对集《四书》之要义的朱熹《四书章句集注》认真研读后,著有《读四书丛说》八卷。《元史·许谦传》则称:"读《四书章句集注》,有《丛说》二十卷。"⑤黄溍《白云许先生墓志铭》中也称:"读《四书章句集注》,有《丛说》二十卷。"⑥阮元在《宛委别藏》中对许谦《读四书丛说》的版本解释道:"今所录者俱遵元版,《论语》三卷、《中庸》二卷,合之《大学》一卷、《孟子》二卷,得八卷,皆首尾完整。明《秘阁书目》所载《四书丛说》亦止四册,殆与今本相同,盖未可据《墓志》、本传而疑其尚阙佚也。"⑦

　　《读四书丛说》八卷为许谦之代表作。该书对朱熹的《四书章句集注》,"奥者白之,约者畅之,要者提之,异者通之,画图以形其妙,析段以显其义。至于训诂名物之缺,《考证》补而未备者,又详著焉"⑧。吴师道此语,可谓说

　　① 许谦:《上刘约斋书》,载《四库全书》《集部·别集类·金至元·白云集卷三》,文津阁影印本。

　　②③ 吴师道:《读四书丛说序》,见《四库全书》《经义考》卷二五四。

　　④ 黄宗羲原著,全祖望补修,陈金生、梁运华点校:《宋元学案》,中华书局1986年版,第2757页。

　　⑤ 宋濂、王祎:《元史》卷一八九《儒学传(一)·许谦传》,中华书局1976年点校本。

　　⑥ 黄溍撰,王颋点校:《黄溍全集》下册,天津古籍出版社2008年版,第459页。

　　⑦ 阮元:《读中庸丛说》提要,《宛委别藏》本书前,江苏古籍出版社1988年影印本。

　　⑧ 吴师道:《读四书丛说序》,载《四库全书》《经义考》卷二五四,文津阁影印本。

中《读四书丛说》之要的。

所谓"奥者白之",此指许谦将朱子《四书章句集注》中原本深奥难懂处,释得明白易晓。如《论语·贫富章》:"子贡曰:'贫而无谄,富而无骄,何如?'子曰:'可也。未若贫而乐,富而好礼者也。'"朱子注:"常人溺于贫富之中,而不知所以自守,故必有二者之病。无谄无骄,则知自守矣,而未能超乎贫富之外也。凡曰可者,仅可而有所未尽之辞也。乐则心广体胖而忘其贫,好礼则安处善,乐循理,亦不自知其富矣。子贡货殖,盖先贫后富,而尝用力于自守者,故以此为问。而夫子答之如此,盖许其所已能,而勉其所未至也。"

许谦疏解曰:"此章贫富二者相对者,盖贫者见富者则卑屈,富者见贫者则矜肆。卑屈是容气言辞卑下屈伏,矜肆是容气言辞矜诩放肆。卑与肆反,屈与矜反。此二者,曲尽贫富之态,盖不期而然也。"①并举例对"贫而无谄,富而无骄"之理加以说明。

所谓"约者畅之",是指《四书》经文及朱子《集注》词约意广处,则进一步疏释以畅达其意旨。如朱子解"中庸"之题曰:"中者,不偏不倚、无过不及之名。庸,平常也。"许谦对此加以阐发:"偏则不在中而在一边,倚则斜逸而不正,过是越过于中,不及是未至于中。不偏不倚是竖说中字,指未发之体而言;无过不及是横说中字,指已发之用而言。此皆是反说,以四旁影出中字。平如地之平,而无杌隉危处;常者一定之理,无诡异,又常久而不可变易。惟其平正便可长久,奇异险怪便不可长久。平横说,常竖说,此是正解庸字。总而言之,惟中故可庸,中而又须可庸,乃中庸之道。"②

所谓"要者提之",是指许谦在《读四书丛说》中,往往将重点之处予以提炼概括,以引起重视,这是《读四书丛说》的一个突出特点。③ 如对朱熹《大学章句》:"天以善理赋人,而人受之,存于心者为性。故性字从心生,是有此心,即有此理也。得此性存于心,其体则尽具万物之理,其用则可应天下之事,故谓之德。然性是单说理,德是就泊在气上处说。故如此光明洞彻,纵横妙用,应物无穷,不可杂气言之。然不可离气言之,盖此理,搭在正通气

---

① 许谦:《读四书丛说·论语上》,《丛书集成初编》本,中华书局 1985 年版,第 111 页。

② 许谦:《读四书丛说·中庸上》,《丛书集成初编》本,中华书局 1985 年版,第 40 页。

③ 周春健:《许谦与〈读四书丛说〉》,《中国典籍与文化》2007 年第 4 期,第 50—55 页。

上,方能如此明。若搭在物之偏塞气上,如何会具众理应万事,是故不可离气言之也。但不可道明德是气耳,此要体认。"许谦注疏曰:"三句故是大学之纲领。分而推之,则上一句为下两句之总纲领,下一句为上两句之标的。明德新民,虽两事对举,而新民亦是明德中事。"①

所谓"异者通之",是指许谦对《四书章句集注》在相似问题上的不同表达或相似表达上的不同含义,加以比较疏通,为这些异处做出恰当的解说。如《论语·颜渊》前三章皆为孔子弟子"问仁",而孔子回答不同,首章:"颜渊问仁。子曰:'克己复礼为仁。一日克己复礼,天下归仁焉。为仁由己,而由人乎哉。'"二章:"仲弓问仁。子曰:'出门如见大宾,使民如承大祭。己所不欲,勿施于人。在邦无怨,在家无怨。'"三章:"司马牛问仁。子曰:'仁者其言也讱。'"许谦通之曰:"篇首三章问仁,而所答不同,三人之才有高下故也。颜子见理已明,故告以全体,其言直捷简要;冉子未及颜子,故教之行恕若熟,亦便是仁;司马牛多言,故只就他病处说。"②

对许谦《读四书丛说》,其弟子及后世学者都给予了很高的评价。吴师道云:"欲通《四书》之旨者,必读朱子之书;欲读朱子之书者,必由许君之说。兹非适道之津梁,示学者之标的欤?"③黄溍《白云许先生墓志铭》亦云:"先生《丛说》,敷绎义理,惟务平实。"④许谦对是书之态度也非常严肃谨慎,吴师道《读四书丛说序》载:"先是,君未殁时,西州人有得其书而欲刊之者,君闻亟使人止之,且恐记录之差也。则自取以视,因得遂为善本。"许谦教人曰:"圣贤之心尽在《四书》,《四书》之义备于朱子。顾其立言,辞约义广,读者或不能悉究其义,以一偏之致自异,初不知未离其范围,其可以易心求之哉?"许谦这种不可"易心求之"的态度,在《读四书丛说》中得到了较好体现。《四库总目提要》评价云:"书中发挥义理,皆言简义赅。或有难晓,则为图以明之,务使无所凝滞而后已。其于训诂名物,亦颇考证,有足补《章句》所未备。于朱子一家之学,可谓有所发明矣。"⑤尤其是其中对于《四书章句集注》训诂名

---

① 许谦:《读四书丛说大学》,《丛书集成初编》本,中华书局 1985 年版,第 15 页。
② 许谦:《读四书丛说·论语下》,《丛书集成初编》本,中华书局 1985 年版,第 221 页。
③ 吴师道:《读四书丛说序》,载《四库全书》《经义考》卷二五四,文津阁影印本。
④ 黄溍撰,王颋点校:《黄溍全集》下册,天津古籍出版社 2008 年版,第 459 页。
⑤ 纪昀等:《四库全书》《经部(八)·四书类》《读四书丛说》,文津阁影印本。

物的考证,更具学术价值,阮元称:"今考是书,发明朱子之学,旁引曲证,不苟异,亦不苟同。"①

"不苟异,亦不苟同",是《四库总目》对金履祥《论孟集注考证》的评价,阮元却把它用于许谦《读四书丛说》上。应当说,许谦对于《四书章句集注》训诂名物之缺的考订不乏精密处,对《四书章句集注》中义理的阐发也偶有突破之处。但金履祥的《论孟集注考证》还具有一定创新,这说明元初金华朱学还有一定活力。而许谦在《读四书丛说》中则逐渐流露出一种保守趣向,这实际上表明了北山学派学风的一种转变。即全祖望所称:"婺中之学,至白云而所求于道者,疑若稍浅,渐流于章句训诂,未有深造自得之语,视仁山远逊之。婺中学统之一变也。"②

3."心具天理"——"和会朱陆"倾向

理学发展到元代有了很大的变化。变化之一是程朱理学在元代成为官学,变化之二是出现了朱陆合流的思潮。许衡、刘因两个理学家在北方倡导,而吴澄在南方倡导,并成为朱陆合流的代表人物。金华何基为首的金华学派,坚持朱学门户,仍与陆学对立。许谦作为"金华四先生"之一,其学术思想在恪守朱学的同时,又具折衷朱陆倾向。③

许谦从三个方面和会朱熹、陆九渊的思想,形成自己独具一格的理学思想。一是在本体论上,提出"心具天理"的观点,和会朱熹的"理本论"与陆九渊的"心本论",认为至高无上的"天理"存在人心之中,心即是理,心理合一,心之外没有理的存在。二是在认识论上,和会朱熹的"格物穷理"说和陆九渊的"发明本心"说,认为"格物"与"格心"的关系是辩证统一的,"格物"离不开"格心","格心"反映"格物"。三是在方法论上提倡"既尊德性又道问学","尊德性"是为了更好地"道问学","道问学"反过来提高"尊德性",两者相得益彰。④

朱熹、陆九渊所说的心与理都是以仁义礼智等人伦纲常为核心内容。只是朱熹强调伦常的至上性和必然性,而陆九渊认为伦理根植于人心,是人

---

① 阮元:《读论语丛说》提要,《宛委别藏》本书前,江苏古籍出版社 1988 年影印本。

② 黄宗羲原著,全祖望补修,陈金生、梁运华点校:《宋元学案》,中华书局 1986 年版,第 2801 页。

③ 何植靖:《许谦的宇宙观及其融合朱陆思想的倾向》,《南昌大学学报》(社会科学版)1994 年第 2 期,第 31—37 页。

④ 刘海泉:《许谦与金华朱学》,湖南大学 2009 年硕士学位论文,第 1 页。

的内在心性的自觉要求，不是外在于人心的法则。从而导致了他们之间的分歧：朱熹以"理"为本体；陆九渊以"心"为本体。

许谦在本体论上基本继承了朱熹的"理本论"，阐明"理"是万物产生的根源，是唯一存在的宇宙本体。他说："盖天地间惟一理尔。明乎理则前无古，后无今，亘宇宙，固可一以贯之。"[1]在理气观上，也是与朱熹的观点一脉相承。许谦认为理与气结合在一起，但理是处于决定地位，理主宰气，气承载理。"天生人物，是气也，而理即在其中。理主乎气，气载乎理，二者未尝可离"，[2]"天之生人，理气俱到。然有此气，故理有所泊"。[3]

许谦也吸收了陆九渊的"心本论"思想，他试图把朱熹最抽象、最普遍的理落实到人心中来，在一定程度上把"本心"提高到本体的高度，赋予心以本体的意义，而且许谦特别重视天理与人心的贯通，强调人心的主宰作用，并表明万事万物之理都能够在心中得到体验。从而在本体论上对朱陆思想进行和会。许谦提出"心具天理"的思想。他说："天者理之所出，心者理之所存。心知即理动，理动即天知，故有萌于心。"[4]"夫道寓有形，心妙众理。物无大，未有违乎道；心虽微，未始遗乎物也。"[5]他认为理虽然出于天，但却存在心中，心中有所知也就是理知与天知，而且物都合道，即合于天理，"心妙众理"，就是说心与理、物都是合一的，这里就大胆吸收了陆九渊"心即理"说的成分。陆九渊说："心只是一个心，某之心，吾友之心，上而千百载圣贤之心，下而千百载复有一圣贤，其心亦只如此。"[6]许谦所讲的"心妙众理"，其中的"心"跟陆九渊所讲的一样，都是指人人所具有的普遍之心，就是自尧、舜、禹、汤、文、武、周公、孔子以来一脉相承的圣人之道。

总之，许谦在坚持朱熹"理本体"思想的同时，又接受了陆九渊"心本体"

---

[1]　许谦：《读四书丛说·中庸下》，《丛书集成初编》本，中华书局1985年版，第85页。

[2]　许谦：《读四书丛说·中庸上》，《丛书集成初编》本，中华书局1985年版，第44页。

[3]　许谦：《读四书丛说·大学》，《丛书集成初编》本，中华书局1985年版，第4页。

[4]　许谦：《读四书丛说·中庸上》，《丛书集成初编》本，中华书局1985年版，第43页。

[5]　许谦：《许白云先生文集》《北野兀者赞并序》卷四，文渊阁四库全书本，第1199册，上海古籍出版社，第597页。

[6]　陆九渊：《陆九渊集》《语录下》卷三一五，中华书局2008年版，第444页。

思想,并将朱熹的"理本论"与陆九渊的"心本论"进行结合,提出了"心具天理"的思想。他认为"人心本全具天理",而所具天理即为"仁、义、礼、智、信"五性,心具五性天理之后就能"尽万物之理","用天下之事"。许谦通过"和会朱陆",一方面使朱陆在本体论上的争论、分歧得到调解;另一方面使自己的学术思想体系更加完整,更加具有特色。①

在认识论上,许谦继承了儒家的传统思想,特别是程、朱的格物致知、即物穷理的观点。他又吸收了陆九渊的发明本心的思想。许谦通过对朱陆思想的和会,形成了自己别具一格的认识论,他提出格物与格心是密切联系的,不可分割的。

许谦说:"即凡天下之物,莫不因其已知之理而益穷之,以求至乎其极。此正是格物用功处,但只把致格两事统说在里,推极我之心知,在穷究事物之理,……用力之久,一旦豁然贯通,是言格物,本是逐一件穷究,怕未悟去,忽然贯通。如知事人之理,便知事鬼之理。知生之道,便知死之道。……盖事虽万殊,理只是一,晓理在此事如此,便可晓理在彼事亦如此。到此须有融会贯通,脱然无碍。"②许谦认为穷理的对象是存在的客观事物,由已知到未知,从而探讨客观事物无穷之理。他还认为格物是逐一穷究,把这件事的理推明得透彻,毫无疑问,然后才去格另外一件事,绝不允许把一件事情做到一半时便停止。

许谦继承发展了朱熹的向外用功而获得事物之理的格物方法,同时也接受了陆九渊的内求于心,发明本心的"格心"方法。许谦主张致吾心之知,穷吾心之理,强调心在"格物致知"中的作用。他在解释致知格物时说:"先言致知,就心上说,格物是此心去格,故先言其本。"③在许谦看来,对于天理的认识,对于事物的把握,最重要的还是对心的认识,因此,他这里讲的"格物"不是朱熹的格心外之物,而是指格心。这同陆九渊的格物乃格心的观点是一致的。许谦认同朱熹的说法:"择善然后可以明善。择者谓致察事物之理,明者谓洞明吾心之理。合内外言之,择善是格物,明善是知致。"④在这

---

① 刘海泉:《许谦与金华朱学》,湖南大学 2009 年硕士学位论文,第 18 页。

② 许谦:《读四书丛说·大学》,《丛书集成初编》本,中华书局 1985 年版,第 24—25页。

③ 许谦:《读四书丛说·论语中》,《丛书集成初编》本,中华书局 1985 年版,第 194 页。

④ 许谦:《读四书丛说·中庸下》,《丛书集成初编》本,中华书局 1985 年版,第 82 页。

里，"择善"就是"格物"，即指考察物之理，"明善"就是"知致"，即指发明心之理。正好将朱、陆的观点结合在一起。同时，他还利用"格物致知"去解释孟子的"尽心、知性"说，也表现出这一倾向。许谦说："尽心知性。性即天地万物之理具于心者，知性则穷究物理无不知也。无不知，则心之全体尽明矣。朱子谓尽心知至之谓知性，物格之谓也。故尽心知性，则于天下之言举无所疑。然所以尽心知性者，皆因明圣贤之言而得，然后以是而究天下之言，则是非得失皆洞然矣。此圣贤问学之成法，孟子之言正如此。"[①]尽心知性知天是陆九渊所曾发挥过的孟子的观点，许谦用"格物致知"对这一观点进行解释，他将"尽心""知性"解释为朱熹的"知至""物格"，又说"性"就是将"天地万物之理具于心"，而"知性"就是"穷究物理"直至"心之全体尽明"，这是陆九渊的观点。显然，这是融合了朱陆观点，把心学和理学和会一起。

在方法论上，许谦首先接受了陆九渊"尊德性"说，同时也继承了朱熹的"道问学"思想，主张"先尊德性，后道问学"。许谦将"道问学"与"尊德性"结合起来，认为两者缺一不可。他说："非尊德性，则不能道问学。"[②]他认为"道问学"必须先"尊德性"。

朱熹坚持"道问学"是入圣不可或缺的途径，陆九渊强调尊德性为入圣之本。黄宗羲曾说："先生（陆九渊）之学，以尊德性为宗，谓'先立乎其大者，而后天之所以与我者，不为小者所夺。夫苟本体不明，而徒致功于外索，是无源之水也'。同时紫阳之学，则以道问学为主，谓'格物穷理，乃吾人入圣之阶梯。夫苟信心自是，而惟从事于覃思，是师心自用也'。"[③]朱熹认为为学必须以"道问学"为先，要"即物穷理，泛观博览，然后归之约"。朱熹认为人要印证天理，必须多应接人伦事物，多读圣贤书；在朱熹看来，"道问学"必须依次通过"博学之，审问之，慎思之，明辨之，笃行之"这五个步骤，才能达到他所说的："道问学，所以致知而尽乎道体之细也。"[④]陆九渊重视"尊德性"，则把"尊德性"放在首位，强调"先立乎其大者"，他认为首先要明确做人和为学的目的，要懂得仁、义、礼、智、信等德性之尊。如若首先"道问学"，把知识

---

　　① 　许谦：《读四书丛说·孟子上》，《丛书集成初编》本，中华书局 1985 年版，第 278 页。

　　② 　许谦：《读四书丛说·中庸下》，《丛书集成初编》本，中华书局 1985 年版，第 90 页。

　　③ 　黄宗羲原著，全祖望补修，陈金生、梁运华点校：《宋元学案》卷五八，中华书局 1986 年版，第 1885 页。

　　④ 　朱熹：《四书章句集注·中庸章句》，《新编诸子集成》，中华书局 2006 年版，第 35 页。

放到首位,不懂得知识为"心"本固有,那就是舍近而求远。所以,他指摘朱熹为学之法"支离",确为不失要害之针砭。然朱熹长时间不服此论,批评陆九渊做学问的方法太简单了,管窥一路,忘了"道问学"。在"朱陆异同"争辩过程中,朱陆的学术利弊暴露得更加清楚。朱熹的"道问学"无"师心自用"之弊,但有"支离之痛""欠却涵养本原工夫";陆九渊的"尊德性"有"明本体"之功,但有"粗心浮气"失之"太简"之病。可见,"尊德性"与"道问学"是朱陆两家治学方法上的分歧所在。正是朱陆在为学方法上各失偏颇,为"和会朱陆"奠定了基础。许谦在"和会朱陆"的过程中,提出应该将"尊德性"与"道问学"二者结合起来。

许谦既强调外以"格物致知"而"道问学",又强调内以"存心"而"尊德性"。他说:"……执辞泛求,几逐于物,审是之宜,惟学之则,操之有道,有梦斯觉,暗然口音,如追如逐,会心弗企,非至之学。"[1]他认为圣人之学,既要向外广泛考察于物,又要操存于心,也就是说,既要包括"存心"的"尊德性",又要包括"致知"的"道问学",为学不必单纯地突出"尊德性"或"道问学",或把两者对立起来。要成就圣人之学,必须二者兼顾。许谦还说:"既尊德性又不可不道问学。既尊德性之后,有所不知不能,则问而知之,学而能之。既知,既能,既须行之。所谓道问学也。"[2]他认为明确了为学和做人的目的之后,还必须下"道问学"的功夫。因为"尊德性"是为学的目的,"道问学"是为了达到目的而采用的手段,而且陆九渊的"尊德性"强调的是"先立乎其大者"即树立一个趋向道德的心,而缺乏朱熹的严密的致知功夫,因此有所不知不能。另外,从朱学上来看,虽然有笃实的致知功夫,但因尽陷于"下学"而趋于烦琐。由此许谦认为不"尊德性"就不能"道问学",既"尊德性"又不可不"道问学",从而把朱陆两家合作一处。

许谦在撰《读四书丛说》时,"皆言简意赅,或有难晓,则为图以明之,务使无所凝滞而后已"[3]。他对"尊德性""道问学"两者统一关系,用两张图直观表达出来。

---

① 许谦:《许白云先生文集》《学箴》卷四,文渊阁四库全书本,第 1199 册,上海古籍出版社,第 605 页。

② 许谦:《读四书丛说·中庸下》,《丛书集成初编》本,中华书局 1985 年版,第 90 页。

③ 许谦:《读四书丛说·钦定四库全书提要》,《丛书集成初编》本,中华书局 1985 年版,第 1 页。

在图 2-1 中,许谦把"尊德性""道问学",都归纳于圣人之学。只不过"尊德性"是强调通过"致广大""极高明""温故""敦厚"等修为手段,以到达圣人境界,是"存心之属"。"道问学"是强调通过"尽精微""道中庸""知新""崇礼"等途径,以至圣,是"致知之属"。而要真正达到圣人境界,两者不可偏颇。

在图 2-2 中,许谦从中庸的"中和"观出发,认为"尊德性",是立足于"性"的"中",即通过"戒惧"而"达德"。而"道问学",则是根植于"教"的"和",即通过"慎独"而成为圣人。这张图是许谦在注释《中庸》第三十三章时画的。他在图前说:"此章虽自下学立心入德说来,以至于极。……第一节只是说用心向内。第二节乃言慎独。第三节言戒惧。惟此两项功夫而

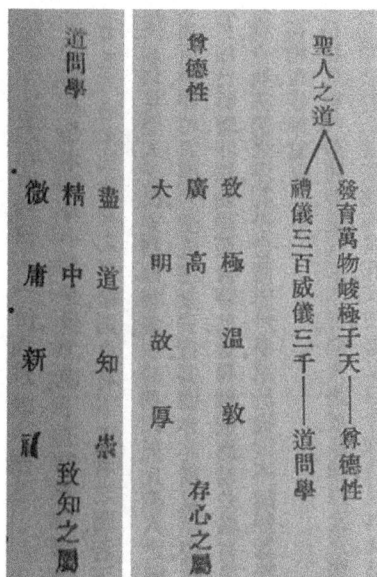

图 2-1　"尊德性""道问学"关系图一　　图 2-2　中庸始终合一之图①

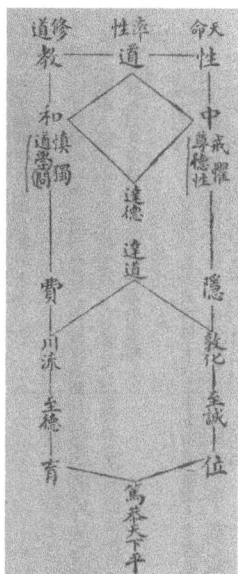

已。"可见,在这里许谦是从中庸的角度,把"尊德性""道问学"这两项被看作朱陆分水的为圣功夫,高度统一到"中和"观里面的。

难怪乎有学者认为,许谦晚年之学,心学倾向明显。明朝永康王学代表之一的应典在《八华精舍义田记》中说:"许子之学受之仁山金子,金子受之鲁斋王子,王子受之北山何子。三子者之传,一则曰立志居敬,一则曰省察

---

① 许谦:《读四书丛说·中庸下》,《丛书集成初编》本,中华书局 1985 年版,第 90—91、100 页。

克治,一则曰涵养扩充,皆一本也,奚许子之独尔殊哉?迨其晚年,有谓圣贤之学心学也。后之学者虽知明诸心,推诸事,而涵养本原,弗究弗图,则虽博极群书,修明励行,而与圣贤之心犹背而驰也,深得延平之旨而弗之及。"①应典认为何基、王柏、金履祥之学,一曰立志居敬,一曰省察克治,一曰涵养扩充,皆立足一本,唯独许谦之学有些独殊。许谦到晚年更云"圣贤之学心学也",是从正宗的朱学,流向了心学。这样的评价似乎是站得住脚的。

许谦谓学者云:"学以圣人为准的,然必得圣人之心,而后可学圣人之事。圣贤之心,具在《四书》。"②这里有两层意思涉及心学。一是得圣人之心,才可学圣人之事。把"尊德性"放置于"道问学"之前。二是"圣贤之心,具在《四书》"。换言之,就是《四书》皆心学。这与后来宋濂的《六经》皆心学颇为相似。因此,在《读四书丛说》中,随处可见心学之说。

如:"孟子之学是知言养气。知言即知道。知道属心为内,养气属事为外。格物致知以明心,遇事行义以养气。然所以知其义而集之者,心也。即志帅之说。至于集义,是要心无愧怍。心无愧怍,则气自生。虽有内外之殊,及其至也,只是养此心耳。""知言则尽心知性,万理洞然,何所疑惑。"③"尽心知性,性即天地万物之理具于心者。知性则穷究物理无不知也。无不知,则心之全体尽明矣。"④许谦把"心"定义为"知其义而集之者"。并认为"明心"在于"格物致知","养气"则在于"遇事行义"。两者虽内外有殊,但关键处,皆是养心。

如《牛山章》云:

浩然章论养气,而以心为主。此章论养心,而以气为验。曰志者气之帅,故谓以心为主。曰平旦好恶与人相近,故谓以气为验。集义固为养气之方,所以知夫义而集之者,乃心也。养心,固戒其

① 党金衡主修,东阳市人民政府地方志办公室整理:《道光东阳县志》,西泠印社2017年版,第222页。

② 许谦:《读四书丛说·钦定四库全书提要》,《丛书集成初编》本,中华书局1985年版,第1页。

③ 许谦:《读四书丛说·孟子上·不动心章》,《丛书集成初编》本,中华书局1985年版,第272—273页。

④ 同上书,第278页。

梏亡,验其所息而可致力者,则气也。彼欲养而无暴以充吾仁义之气,此欲因气之息以养吾仁义之心。两章之持志操心之意,未尝不同。而气则有在身在天之异,然未始不相为用也。[1]

这里的说法,与《不动心章》同。许谦认为孟子《浩然章》是论养气,而以心为主,《牛山章》论养心,而以气为验。其持志操心之意,则是一样的。

如《尽心章》云:

至于言心而曰神明,是指人身之神妙灵明充之,可以参天地、赞化育之本。而言其所统,则性情也。故曰具众理应万事,此释心亦切。况德者,谓得之于心。不以心言,则德何所倚乎?[2]

朱熹在解释心时,把它定义为神明。许谦进一步解释,是因为人身被神妙灵明充之,可以参天地、赞化育之本。所以,心即神明。这与杨慈湖"心即虚灵,心即神明"之说,相当接近。

他又提出"心具天理"的思想。他说:"天者理之所出,心者理之所存。心知即理动,理动即天知,故有萌于心。"[3]他认为理虽然出于天,但却存在心中,心中有所知也就是理知与天知,而且物都合道,即合于天理。这里吸收了陆九渊"心即理"说的成分。

二、八华讲学: 教育思想及学派形成

许谦居东阳八华山讲学 40 年,是其从事教育的主要时期。八华讲学,不但形成了许谦的教育思想,同时也形成了许谦八华学派。

关于许谦八华讲学,《宋元学案》卷八二《北山四先生学案》载:

---

① 许谦:《读四书丛说·孟子上·牛山章》,《丛书集成初编》本,中华书局 1985 年版,第 296 页。

② 同上书,第 298 页。

③ 许谦:《读四书丛说·中庸上》,《丛书集成初编》本,中华书局 1985 年版,第 43 页。

屏迹东阳八华山中，学者负笈重趼而至，著录者前后千余人。侍御史赵宏伟自金陵寓书，愿率子弟以事，先生为之强出。逾年即归。其教以五性人伦为本，以开明心术、变化气质为立身之要，以分辨义利为处事之制，摄其粗疏，入于微密，随其材分，咸有所得，以身任道者垂四十年。先生虽身立草莱，而心存当世。

……

晚年，尤以涵养本原为上。讲学之余，斋居凝然。一日，瞑目坐堂上，门人径入，则阒其无人乎先生之侧，拱立久之，先生顾而徐言曰："尔在斯邪！"其习于静定如此。①

《道光东阳县志》《许谦传》载·

延祐初，谦居东阳八华山，学者翕然从之。寻开门讲学，远而幽、冀、齐、鲁，近而荆、扬、吴、越，皆不惮百舍来受业焉。其教人也，至诚谆悉，内外殚尽。尝曰："己有知，使人亦知之，岂不快哉！"或有所问难，而词不能自达，则为之言其所欲言，而解其所惑。讨论讲贯，终日不倦，摄其粗疏，入于密微。闻者方倾耳听受，而其出愈真切。惰者作之，锐者抑之，拘者开之，放者约之。及门之士，著录者千余人，随其材分，咸有所得。然独不以科举之文授人，曰："此义、利之所由分也。"谦笃于孝友，有绝人之行。其处世不胶于古，不流于俗。不出里闾者四十年，四方之士，以不及门为耻，缙绅先生之过其乡邦者，必即其家存问焉。或访以典礼政事，谦观其会通而为折衷，闻者无不厌服。②

综上两书所载，可以得出许谦八华讲学的几个要素。一是讲学时间。自延佑初始，历时 40 年。二是教育主旨及教学方法。"其教以五性人伦为

---

① 黄宗羲原著，全祖望补修，陈金生、梁运华点校：《宋元学案》，中华书局 1986 年版，第 2756 页。

② 党金衡主修，东阳市人民政府地方志办公室整理：《道光东阳县志》，西泠印社 2017 年版，第 429 页。

本,以开明心术、变化气质为立身之要,以分辨义利为处事之制,摄其粗疏,入于微密,随其材分,咸有所得。"三是学生情况。"远而幽、冀、齐、鲁,近而荆、扬、吴、越,皆不惮百舍来受业焉。""及门之士,著录者千余人。"

许谦不愿出仕,只热衷教育,以传授知识为乐。他曾说:"己或有知,使人亦知之,岂不快哉。"他的教育生涯可以分为两个时期。一是 30 岁,即开门授徒。《宋元学案》:"年踰三十,开门授徒。闻金仁山履祥讲道兰江,乃往就为弟子。"①可见,许谦是先自学成才,30 岁就开始从事教育。之后,才拜师金履祥。这可视为许谦从事教育第一时期。二是皇庆二年(1313),赵宏伟命人在金陵修整舍馆,迎接许谦讲学,于是他赴金陵讲学。但是在金陵他只讲学了一年,以"目眚倦于应接"②,第二年就返回原籍。延祐初(1314)屏居讲学于东阳八华山中。他在这里从事教育 40 多年。

许谦的教育主旨是"成圣"。他曾对学生说:"学以圣人为准的,然必得圣人之心,而后可学圣人之事。"③这段话道出了许谦的教育主张。他又说:"然而所学果何事耶?学为圣人而已。圣人果学而至耶,圣人之性,非与人殊,不过尽人伦之至而已。学者以圣人为之标准,知其的,日行以来其至,明其道而不计其功。至于圣贤之分量,成效之浅深,皆自然而然,己不得预也。"④许谦主张人要成为圣贤就必须学习,因为人的气质有偏。他认为:"盖要见人性本善,而全皆可为圣贤,却被气质有偏,故受而生者不等。是人皆可以学文,又不可不学也。"⑤他认为人享天理而生以为性,享气质而生以为形。天理是至善的,而气质有清、浊、纯、驳之分,造成人有智、愚、贤、不肖等的区别,所以人要成为圣贤还必须改变其气质。许谦教学生就是"开明心

---

①　黄宗羲原著,全祖望补修,陈金生、梁运华点校:《宋元学案》,中华书局 1986 年版,第 2756 页。

②　许谦:《许白云先生文集·元史载白云先生行实》,文渊阁四库全书本,第 1199 册,上海古籍出版社,第 529 页。

③　党金衡主修,东阳市人民政府地方志办公室整理:《道光东阳县志》,西泠印社 2017 年版,第 429 页。

④　许谦:《许白云先生文集·八华讲义》卷四,文渊阁《四库全书》本,第 1199 册,上海古籍出版社,第 602 页。

⑤　许谦:《读四书丛说·大学》,《丛书集成初编》本,中华书局 1985 年版,第 4 页。

术,变化气质为先,以为己,为立心之要"。① 他说:"若不兼气来说,则教学说不去。即全是理,则无人不善,又何须教。"②

因此,他把"五伦""五常"作为教育最核心的内容。他把"六经""四书"作为主要教材教育学生。他说:"道备于六经、语、孟,学者舍是则无所归。"③"若曰致广大而尽精微,则有'六经''四书'在。"④所谓"六经",是指《诗》《书》《礼》《易》《春秋》《乐》。他认为"六经"是载道的器具,"六经"的功用在于:"《诗》以顺情性之正;《易》以谨事变之几;《礼》以固其外;《乐》以和其中;《书》以示圣贤之功用;而《春秋》以诛赏其善恶。"⑤"四书""六经"其核心是道德伦常。他说:"其伦有五,曰:君臣、父子、夫妇、长幼、朋友,五者天下之达道。举天下之事,错综万变,莫不毕在五伦之中。天之赋人以形,即命之以性,其类亦有五,曰:仁、义、礼、智、信,五者天下之常道。"⑥许谦认为,教学生应该以"五伦""五常"为主要。

许谦在教学中强调朱学所主张的"格物致知""即物穷理"。怎样才能穷究事物之理?他说:"即凡天下之物,莫不因其已知之理而益穷之,以求至乎其极,此正是格物用功处。但只把致格两事统说在里,推极我之心知,在穷究事物之理,格物之理,所以推致我之心知。用力之久,一旦豁然贯通。"⑦许谦认为由已知之理推到未知之理,通过对一件件事物之理的穷究,积累久了就能达到举一反三的目的,从而获取更多的知识。

许谦在教学中,发挥了朱熹的知行观,更是延续了老师金履祥"知行并进"的说法。他不说知行的先后与轻重,而是强调知行的高度一致,"致知力

---

① 许谦:《许白云先生文集·姚原鲁字说》卷四,文渊阁《四库全书》本,第 1199 册,上海古籍出版社,第 594 页。

② 许谦:《许白云先生文集·元史载白云先生行实》,文渊阁《四库全书》本,第 1199 册,上海古籍出版社,第 529 页。

③ 许谦:《许白云先生文集·跋潘明之所藏吾立衍书·素书》卷四,文渊阁《四库全书》本,第 1199 册,上海古籍出版社,第 595 页。

④ 许谦:《许白云先生文集·送许克勤赴新昌教序》卷二,文渊阁《四库全书》本,第 1199 册,上海古籍出版社,第 566 页。

⑤ 许谦:《许白云先生文集·上刘约斋书》卷三,文渊阁《四库全书》本,第 1199 册,上海古籍出版社,第 585 页。

⑥ 许谦:《许白云先生文集·八华讲义》卷四,文渊阁《四库全书》本,第 1199 册,上海古籍出版社,第 602 页。

⑦ 许谦:《读四书丛说·大学》,《丛书集成初编》本,中华书局 1985 年版,第 24—25 页。

行,并行不悖"。他说:"致知力行,并行不悖,若日必格尽天下之物,然后谓之知至;心知无有不明,然后可以诚意,则或者终身无可行之日矣。圣贤之意,盖以一物之格,便是吾之心知于此一理为至,及应此事,便当诚其意、正其心、修其身也,须一条一节逐旋理会,他日凑合将来,遂全其知而足应天下之事矣。"①他认为:"为学之道先立志,欲求至于圣贤,却随事只管低头做将去。明一分道理,便行一分道理。一边明理,一边力行,都不要计较功效。须要见得圣人亦是人做,我亦可学而至。学之所以未至者,只是理未明、行未力耳。长持此心,笃志行之,自少至老,不倦到头,却随人力量高下,见其成功浅深,最不可作界限。"②"致知力行,并行不悖"是许谦对朱熹知行观的突破和发展。③

他主张"博学五事"为为学之要。即学生在学习中要牢记"博学,审问,慎思,明辨,笃行"。他说:"博学是总说一句在上面,圣贤每教人博学,夫子谓博学于文;颜子谓博我以文;孟子谓博学而详说之。盖为学规模不广,浅见谫闻,安能知道? 此是总言为学之意。至以一事一物言之,则亦须广求远取,以反复其理如是,然后有可问者,问思以下,却是逐一事一节理会。问须是详审,使答者辞尽意畅⋯⋯。既问而得之矣,又思之使自得于心可也。思则必慎思之,不及,非慎也;思之过,非慎也;思之泛,非慎也;思之凿,非慎也。思既得之,又加辨析,使明彻无纤毫疑滞。然后措之行事而笃焉。"④

在40余年的八华讲学实践中,许谦形成了自己的教学方法。

一是主张"就事上教"。他认为教学生应该从习上来教,以事实为例,而不是信口开河,凭空捏造。他说:"古人教人只就事上教,不但似今口悬空说。就事上教,故着实而德易成。若悬空说得千言万语,至临事时竟做不去。小学洒扫应对,事也;大学正心、修身之类,亦事也。大小事皆有百理存焉,只随事穷理。"⑤他认为,"古人教人,只就事上教"。而当时"不但似今日悬空说"。因为,"就事上教,故着实而德易成。若悬空说得千言万语,至临

---

① 许谦:《读四书丛说·大学》,《丛书集成初编》本,中华书局1985年版,第16页。

② 许谦:《读四书丛说·论语中》,《丛书集成初编》本,中华书局1985年版,第164页。

③ 高云萍:《北山四先生研究》,浙江大学2007年博士学位论文,第103页。

④ 许谦:《读四书丛说·中庸下》,《丛书集成初编》本,中华书局1985年版,第77页。

⑤ 许谦:《读四书丛说·论语下》,《丛书集成初编》本,中华书局1985年版,第250页。

事时竟做不去"。"就事上教"就能够知行兼进。否则,即使教会了"知"也不能"行","至临事时竟做不去",终做不到知行兼进。他还认为今日学者最大的弊病在于不务实际,夸大其词。他说:"语大而遗细,言远而忘近,不知下学而务上达。譬之日月星辰,皆夕也。举弃之,而独指苍苍者曰,天之全体在是,正今日学者之病也。"①

二是主张"随其材分,咸有所得"。即所谓的因材施教。他把学生"随其材分",使他们"咸有所得"。在日常教学管理中,采用"惰者作之,锐者抑之,拘者开之,放者约之"②的方法。从而,那些"达官富人之子,望间可骄气自消,践庭而礼容自伤"。

三是采用"摄其粗疏,入于密微"的课堂讲授方法。"讨论讲贯,终日不倦,摄其粗疏,入于密微。闻者方倾耳听受,而其出愈真切。"③也就是说,许谦在讲授时,对教材事先做了去粗取精的处理,使讲义的内容最大限度反映《四书》《六经》中的精华。这样才能使用学生终日讨论讲贯而不知疲倦。同时,随时解答学生的问答。"或有所问难,而词不能自达,则为之言其所欲言,而解其所惑。"

四是"循序渐进"。他说:"事有大小,学问有浅深教者须循序渐进,不可跟等。"另外,教师循序而教,学生也必须循序而学。他说:"理于天下之事无所不在,故学者当循序而学之,不可贪慕高远而忽浅近。如于近者、浅者不先务,则虽有得于高远,而有虚空断绝之处,于理之全体有亏矣,故茫子必循序而不可跟等也。"④

许谦从事教育事业40多年,他通过教育的方式传播金华朱学,在传播金华朱学的过程中,他用心培育出了众多弟子,产生了深远的影响。

胡翰在《白云亭记》中对许谦八华讲学做了评价。认为许谦把"五伦""五常"作为教育最核心内容,是抓住了教育"成人"的本质。他说:

① 许谦:《许白云先生文集·姚原鲁字说》卷四,文渊阁《四库全书》本,第1199册,上海古籍出版社,第594页。

② 许谦:《许白云先生文集·元史载白云先生行实》,文渊阁《四库全书》本,第1199册,上海古籍出版社,第529页。

③ 党金衡主修,东阳市人民政府地方志办公室整理:《道光东阳县志》,西泠印社2017年版,第430页。

④ 许谦:《读四书丛说·论语下》,《丛书集成初编》本,中华书局1985年版,第250页。

人之所以为人者,其理命于天,所以为性者五,著于人,所以为伦者五。明而诚之,无一不尽其当然之则,得其本然之固有者。天理存而人欲不得以间之,此非儒者之学乎? 虽先生之受于仁山,仁山之受于鲁斋,上溯朱子之所传,有不得而窥者,岂能外是以为教乎? 由朱子之所传,又等而至于河南二程子,又等而至于先圣孔子,亦岂外是乎? 故曰以一物观万物,以一世观万世,圣人也。圣也者,人之至者也。人也者,物之至者也。知乎至而至之,吾虽不能以一观万,然去先生未远也,固可得而识之矣。①

永康应典《八华精舍义田记》中对许谦《八华讲义》做了评价。他认为:

观之《八华讲义》,虽其条分彚别,若或支焉。究其归,则以五伦、五性为之本,而五者之中,又以信为四德之基,朋友为五伦之重。而其实地功夫,则或扶导奖诱于人欲未萌之先,或激励防遏于天理既梏之后,或使之戒惧于不睹不闻之际,或使之谨察于己所独知之时,皆相与致力一原,而非泛然从事于外者也。②

应典对许谦教学的"其实地功夫"大加赞赏,认为他能扶导奖诱于人欲未萌之先,激励防遏于天理既梏之后,使学生戒惧于不睹不闻之际,谨察于己所独知之时。从而培养了一大批颇有作为的八华学子。

《元史·许谦传》载:

延祐初,谦居东阳八华山,学者翕然从之。寻开门讲学,远而幽、冀、齐、鲁,近而荆、扬、吴、越,皆不惮百舍来受业焉。其教人也,至诚谆悉,内外殚尽,尝曰:"己有知,使人亦知之,岂不快哉!"或有所问难,而词不能自达,则为之言其所欲言,而解其所惑。讨论讲贯,终日不倦,摄其粗疏,入于密微。闻者方倾耳听受,而其出

---

① 党金衡主修,东阳市人民政府地方志办公室整理:《道光东阳县志》,西泠印社2017年版,第220—221页。
② 同上书,第221—222页。

愈真切。惰者作之,锐者抑之,拘者开之,放者约之。及门之士,著录者千余人,随其材分,咸有所得。然独不以科举之文授人,曰:"此义、利之所由分也。"谦笃于孝友,有绝人之行。其处世不胶于古,不流于俗。不出里闾者四十年,四方之士,以不及门为耻,缙绅先生之过其乡邦者,必即其家存问焉。或访以典礼政事,谦观其会通,而为之折衷,闻者无不厌服。

可见,许谦八华讲学影响之大,门人之众。四方之士,以不及门为耻。及门之士,著录者千余人。据《宋元学案》卷八二《北山四先生学案》载,许谦及门弟子有范祖幹、揭傒斯、朱公迁、欧阳玄、方用、胡翰、李裕、蒋元等40余人。具体如下图所示。

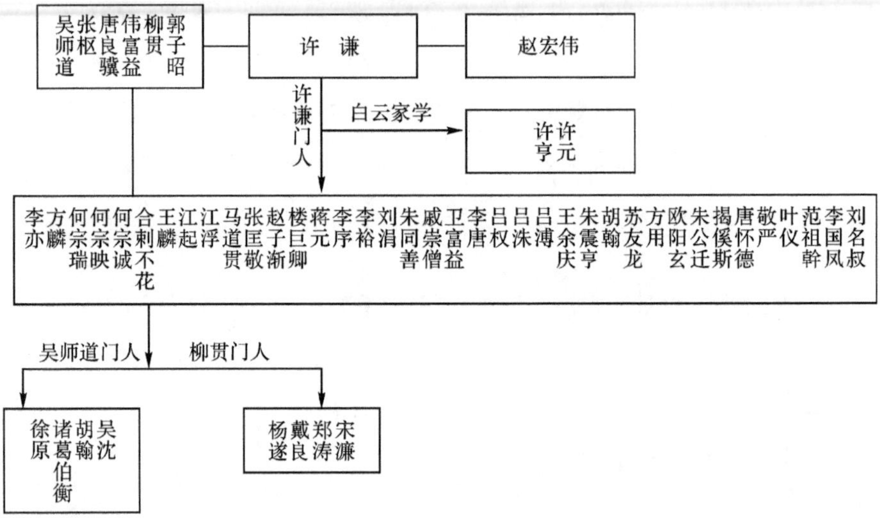

图 2-3 许谦弟子一览表

只可惜,许谦弟子大都以文学显世,如揭傒斯者,其文与柳贯、黄溍、虞集齐名,"天下称为'四先生'"。[①] 诚如黄百家所云:"白云高第弟子虽众,皆隐约自修,非岩栖谷汲,则浮沉庠序州邑耳。如子长、正传,文采足以动众,为一世所指名者,则又在师友之间,非帖帖函丈之下者也。然白云非得子

———————

① 黄宗羲原著,全祖望补修,陈金生、梁运华点校:《宋元学案》,中华书局 1986 年版,第 2759 页。

长、正传,其道又未必光显如是耳。"①可见,全祖望"婺学自许谦一变"之说实有可据。

许谦高足范祖幹,做学问以诚意为主,而严之以慎独持守之功。他常教育学生说:"为学之本,莫大乎正心修身。欲修其身,莫若理会君子之所谓道者三。知斯三者,则知所以修身矣。若切己之实,归而求之可也,心不在焉而能自得其根本者,吾未知闻也。"②范祖幹认为,做学问的根本,最大的是正心、修身。如何做到修身,必须知晓君子之道——仁、智、勇三者。知道这三者之后,根据自己的实际情况,专心而求,必有所收获。反之,则不然。至正元年(1341),为西湖书院山长,其讲学活动一直延续到明初。

胡翰曾到京师,遍交当世名人,特别与余阙、贡师泰友好。其后隐居南华山中著书,传播其学。他提倡正纲纪,认为"天纪不正,不足以为君;地纪不正,不足以为国;人纪不正,不足以为天下"③。所谓"天纪",是指天子受命于天;所谓"地纪",是指中国与夷狄;所谓"人纪",是指君臣、父子、夫妇、朋友之交、长幼的次序,即封建的五伦。而在"天纪""地纪""人纪"这三纪中,"人纪"是三纪的核心部分,没有"人纪"则不足以为天下,也就是说,没有五伦,不足以为天下。这是他对许谦五伦为物之最大者思想的继承和发展。入明,任衢州教授,被聘修《元史》。

三、许谦弟子学术思想简述

(一)胡翰学术思想

胡翰为许谦重要弟子之一。他与宋濂、王祎、戴良等并称为"四先生"。黄宗羲《提举戴九灵先生良》曰:"时以潜溪、华川、长山与叔能称'四先生'。"④其文学、理学与史学兼善,治学具有金华朱子后学的典型特征。

---

① 黄宗羲原著,全祖望补修,陈金生、梁运华点校:《宋元学案》,中华书局1986年版,第2761页。

② 同上书,第2769页。

③ 同上书,第2774—2795页。

④ 黄宗羲原著,全祖望补修,陈金生、梁运华点校:《宋元学案》卷八二《北山四先生学案》,中华书局,1986年版,第2759页。

《宋元学案·北山四先生学案》载：

> 胡翰，字仲申，金华人。从吴正传师道受经、吴立夫莱学古文词，又登白云之门，获闻考亭相传的绪。尝至京师，遍交当世名士，而于余阙、贡师泰尤善。避地南华山中著书。入明，除衢州教授。聘修《元史》，赐金缯而归。居长山之阳，称长山先生。卒年七十五。①

《明史·胡翰传》云：

> 胡翰，字仲申，金华人。幼聪颖异常儿。七岁时，道拾遗金，坐守待其人还之。长从兰溪吴师道、浦江吴莱学古文，复登同邑先达之门。同郡柳贯以文章名天下，见翰文，称之不容口。游元都，公卿交誉之。或劝之仕，不应。既归，遭天下大乱，避地南华山，著书自适。文章与宋濂相上下。
>
> 太祖下金华，召见，命之会食。后侍臣复有荐翰者，召至金陵。时方籍金华民为兵，翰从容进曰："金华人多业儒，鲜习兵，籍之，徒縻饷耳。"太祖即罢之。后聘修史书，书成而归。爱北山泉石，筑其下，徜徉十数年而终，年七十有五。所著有《春秋集义》，文曰《胡仲子集》，诗曰《长山先生集》。②

宋濂《胡仲子文集序》云：

> 先生尝慕邵子、程子之为人，所养甚深，极乎博而守则约，务乎大而不遗乎细。于人，鲜所推让，而所许者众必以为贤。于言，不轻发，而所言者人必以为当。其所著《衡运》《井牧》《皇初》诸文，有习之之辞，而所得者非习之所及也。先生年未老而文已传于时，获

---

① 黄宗羲原著，全祖望补修，陈金生、梁运华点校：《宋元学案》，中华书局 1986 年版，第 2772 页。

② 宋濂、王祎等：《明史》卷二八五。

读之者莫不知其为可贵。然其可贵者，岂特文乎哉！是则先生之
自得者，世之人未必能知。①

四库馆臣称：

史又称，翰少从吴师道及吴莱学为古文，复登同邑许谦之门。
今观其文章多得二吴遗法，而持论多切世用。与谦之坐谈，诚敬小
殊。然尝与修《元史》，《五行志·序论》即其所撰。今见集中于天
人和同之际，剖析颇微。《牺尊辨》《宗法论》诸篇，亦湛深经术，则
又未尝不精究儒理也。②

由于胡翰《春秋集义》等书已佚。现据《胡仲子集》等，将胡翰学术思想
主要分三个方面进行讨论。

1.“王降而霸，生乎天下之动”的《春秋》学思想

胡翰于《春秋》造诣颇深。其专攻《春秋》之学，见解通达。③《春秋》是一
部经史合璧之作，兼“既有史的翔实，也有着经的微言大义”的优点。④ 董仲
舒曾说：“《春秋》之论事，莫重于志。”元代学者郑玉认为，孔子作《春秋》，其
大义皆在“尊王”二字。孔子在“天王使宰咺来归惠王、仲子之赗”一句中，于
“王”前加上一个“天”字，就是为了强调他“尊王贱霸”的主张。郑玉说：“春
秋之前，王未有称天者。王称天王，《春秋》立法创制，圣人之特笔也。天子
而知此则，必以天自处而不敢自轻。诸侯天子而知此则，必以天事王出而不
敢自肆。此《春秋》以天书王之意也。”⑤可见，宋元时期的《春秋》学，进一步
强化了这种君臣伦理观。

---

① 宋濂：《胡仲子文集序》，载纪昀等：《四库全书·集部六·别集类五（明）》，文渊
阁影印版，第4下—5上页。
② 纪昀等：《四库全书·集部六·别集类五（明）》《胡仲子集提要》，第1下页。
③ 林承坯、罗海燕：《元明之际朱子后学胡翰的学术与诗文》，载韩国《人文学研究》
（KCI등재）2014年总第15期第2卷。
④ 朱偲：《〈春秋〉：圣人论事莫重于志》，载《腾讯儒学》（ruxue_qq）2018-01-22。
⑤ 郑玉：《春秋经传阙疑》卷一，影印文渊阁《四库全书》第163册，上海古籍出版社
1986年版，第6页。

许谦除专注《四书》之学外,与"其他若天文、地理、典章、制度、食货、刑法、字学、音韵、医经、术数之说,亦靡不该贯,旁而释、老之言,亦洞究其蕴。……又尝句读《九经》《仪礼》及《春秋三传》,于其宏纲要领,错简衍文,悉别以铅黄朱墨,意有所明,则表而见之。"(《元史·许谦传》)可见,许谦于《春秋》之学,亦颇有着力。许谦论《春秋》有云:"《诗》以顺情性之正,《易》以谨事变之几,《礼》以固其外,《乐》以和其中,《书》以示圣贤之功用,而《春秋》以诛赏其善恶。……《书》与《春秋》,则史官纪当时事实尔。孔子恐史之所录记,善恶混淆,不足以示惩劝。于《春秋》严其褒贬之辞,使人知所惧。于《书》独存其善,使人知所法。故《春秋》之贬辞多,而褒甚寡。《书》则全去其不善,独存其善而已。虽桀纣管蔡之恶,犹存于篇,盖有圣人诛鉏其暴虐,消弭其祸乱,独取乎汤武周公之作为,非欲徒纪其不善也。是故羿浞之篡夏,幽厉之灭周,略不及之观。此则圣人之志可见矣。"①许谦认为,孔子恐怕史官记录当时事实,善恶混淆,不足以示惩劝后世。于是严其褒贬之辞,使后人知道惧怕。说白了,就是要后人通过《春秋》,明白王道才是善道、圣道、天道。他又云:"夫圣人之道,常道也。不出于君臣、父子、夫妇、昆弟、朋友、应事、接物之间。致其极,则中庸而已耳。"②其所强调的还是维护政治秩序的君臣伦理观这一要义。

许谦还参与了其师金履祥《通鉴》一书的编辑。他在《上刘约斋书》云:

> 先师仁山金某吉父,生于外纪,既成数百年之后,而于书逆求千古圣贤之心,沉潜反覆,觉与史氏所纪者大异,于是修成一书。断自唐虞以下,接于通鉴之前,一取正于书而兼括易诗春秋之大旨,旁及传纪、诸子百家,虽不敢如纲目寓褒贬于片言只字之间,而网罗遗失,芟夷繁芜,考察证据坦然明白。其于书则因蔡氏之旧而发其所未备,其微辞奥义则本朱子,而断于理,勒成若干卷,名曰通鉴。前编某受业师门,昔尝窃窥一二而未获见其全书,至于病革犹删改未已。将易箦,则命其二子曰:"前编之书,吾用心三十余年,平生

---

① 许谦《白云集》卷二《上刘约斋书》,影印文渊阁《四库全书·集部五·别集类四(元)》。

② 许谦:《白云集·送胡古愚序》,载黄宗羲原著,全祖望补修,陈金生、梁运华点校:《宋元学案·北山四先生学案》,中华书局1986年版,第2757页。

精力尽于此。吾所得之学亦略见于此矣。吾为是书固欲以开学者，
殆不可不传。然未可泛传也。吾且殁，宜命许某次录成定本。此子
他日或能为吾传此书乎。"某闻之抱书感泣，今既缮写成集矣。吾谓
君子之身存而其道之行，不行者天也。身亡而其书之传，不传者
人也。[①]

可见，《春秋》之学应该也是北山学派之传统要义。胡翰作为许谦弟子，
深得其《春秋》学要旨。

胡翰说:"皇降而帝，帝降而王，王降而霸，犹春之有夏，秋之有冬也。由
皇等而上，始乎有物之始，由霸等而下，终乎闭物之终。消长得失，治乱存
亡，生乎天下之动，极乎天下之变，纪之以十二运，统之以六十四卦。"[②]在这
里他提出了"王降而霸，生乎天下之动"的《春秋》学观点，传承了孔子"尊王
贱霸"的思想。

他同时也强调天在王道中的地位和作用。他由此提出了"正纪论":

　　六合之大，万民之众，有纪焉而后持之。何纪也? 曰:"天纪
也，地纪也，人纪也。"天纪不正，不足以为君;地纪不正，不足以为
国;人纪不正，不足以为天下。何谓天纪? 天子无所受命者也。其
所受命者，天也。故国君受命于天子，天子受命于天，义至公
也。……何谓地纪? 中国之与夷狄，内外之辨也。以中国治中国，
以夷狄治夷狄，势至顺也。……以夷狄处者，以夷狄与之;以魏、晋
处者，以魏、晋与之，《春秋》之义也，盖将以正天地之纪也。天地之
纪不正，虽有人纪，君臣也，父子也，夫妇也，朋友之交也，长幼之序
也，何自而立哉! 而人纪之在天下，固有不可泯焉者也。……故天
下莫要于人纪，莫严于地纪，莫尊于天纪。乱其一，则其二随之;乱
其二，则三者夷矣。汉不乱则操固汉之征西也，晋不残则渊固晋之
都尉也。天地之纪不正，由生人之纪先紊之也。非秦、隋之乱，汉

---

① 许谦:《白云集》卷二《上刘约斋书》，影印文渊阁《四库全书·集部五·别集类四
（元）》。

② 胡翰:《胡仲子集·衡运论》，载黄宗羲原著，全祖望补修，陈金生、梁运华点校:
《宋元学案·北山四先生学案》，中华书局 1986 年版，第 2773 页。

高帝、唐太宗亦何自而兴哉！汉承秦之变，变而近正者也。唐承隋之变，变而不善正者也。三纪之立，其尧、舜、禹、汤、文、武之世乎？善为天下者，亦法乎尧、舜、禹、汤、文、武而已矣。[①]

胡翰"天子无所受命者也。其所受命者，天也。故国君受命于天子，天子受命于天，义至公也"的观点，可以看作是他对孔子《春秋》学思想的进一步发挥。他认为，夏、商、周三代以后的沦落乱运，皆因未立"三纪"而致。这些论断对明末清初的黄宗羲等人产生了影响。黄宗羲曾说："尝疑孟子一治一乱之言，何三代而下消乱无治乎？乃观胡翰所谓十二运者，起周敬王甲子以至于今，皆在一乱之运。向后二十年交入'大壮'，始得一治，则三代之盛犹未绝望也。"[②]

胡翰对于史学也颇有见解，持一种较为通达的历史态度。他在剖析天人和同之际时，提出："天人之道一耳，其大无外，其小无内""天下无二道"（《广原道》）。主张"万物一体""万古一息"（《成趣轩记》）。

胡翰与宋濂、王祎等一起参加了《元史》的编撰，并撰写了《五行志·序论》。他在该论中主张董仲舒的"天人感应"说，认为"天灾"乃天地之气感应人事所引起。他说：

> 人与天地参为三极。灾祥之兴，各以类至。天之五运，地之五材，其用不穷，其初一，阴阳耳，太极耳。而人之生也，全付畀有之具为五性著，为五事，又著为五德。修之则吉，不修则（凶），吉则致福焉，不吉则致极焉。征之于天，则休；征之所应，也不吉则咎。征之所应也，天地之气无感不应。天地之气应亦无物不感，而况天子建中和之极，为神人之主，范围天地之妙，其精神常与造化相流通，若桴鼓然。故轩辕氏治五气，高阳氏建五官，夏后氏修六府，厥功既成，有洛书之瑞，是为洪范九畴。箕子因而演之，其言天人之际备矣。
>
> ……

---

① 胡翰：《胡仲子集·正纪论》，载黄宗羲原著，全祖望补修，陈金生、梁运华点校：《宋元学案·北山四先生学案》，中华书局，1986 年版，第 2774—2776 页。

② 转引自林承坯、罗海燕：《元明之际朱子后学胡翰的学术与诗文》，载韩国《人文学研究》(KCI 登载)2014 年总第 15 期第 2 卷。

五行一：曰水润下，水之性也。失其性为珍，时则雾水出百川，逆溢坏乡邑，溺人民及淫雨伤稼穑。是为水不润下，其征恒寒，其色黑，是为黑眚、黑祥。

五行二：曰火炎上，火之性也。失其性为珍。董仲舒云：阳失节则火灾出。于是而滥炎妄起，灾宗庙，烧宫馆，虽兴师众弗能救也。是为火不炎上，其征恒燠，其色赤，是为赤眚、赤祥。①

2.“上焉者为圣敬”的“持敬”观

胡翰从吴师道受经、从吴莱学古文词，又登许谦之门，获闻朱子学相传的绪。他又为吴师道弟子。吴师道尚“持敬致知之学”。《宋元学案·北山四先生学案》载：吴师道“及阅真西山遗书，幡然志于为己之学。尝以持敬致知之学质之白云，白云复以理一分殊之旨，由是造诣益深”。② 许谦在《答吴正传书》中说：“足下所示程子‘涵养须用敬，进学在致知’之两言，固学者求道之纲领。然所谓致知，当求其所以知，而思得乎知之至。非但奉持致知二字而已也，非谓知夫理之一，而不必求之于分之殊。”并告诉吴师道“理一分殊”是朱子学之要的：“昔文公初登延平之门，务为优侗宏阔之言，好同而恶异，喜大而耻小。延平皆不之许，既而曰：‘吾儒之学，所以异于异端者，理一而分殊也。理不患其不一，所难者分殊耳。’朱子感其言，故其精察妙契，著书立言，莫不由此。”③

“敬”的观念古已有之，最初是指一种对天命的敬畏和谨慎的态度。后经孔子等人的推扬，发展成为了儒学的一个重要概念，至二程等人又提出“主敬”之功夫说，朱熹则把“敬”提到了更高、更重要的地位，认为“敬”是圣人历代相传的教义，“敬字乃圣门第一义，彻头彻尾，不可须臾间断”。④ 他集前人论说之大成，不仅将持敬作为心性修养的手段与途径，而且将其视为做

---

① 胡翰：《胡仲子集》卷一《五行志·序论》，载纪昀等：影印文渊阁《四库全书·集部六·别集类五（明）》，第 17（上）—19（上）页。

② 黄宗羲原著，全祖望补修，陈金生、梁运华点校：《宋元学案·北山四先生学案》，中华书局 1986 年版，第 2760—2761 页。

③ 许谦《白云集》卷三《答吴正传书》，影印文渊阁《四库全书·集部五·别集类四（元）》。

④ 朱熹著，黎靖德编，王星贤点校：《朱子语类》，中华书局 1994 年版，第 210 页。

修养功夫时需要保持的一种态度。在他看来"涵养、致知、力行三者,……要皆以敬为本",敬要体现在动静、知行、内外各个方面。处于"朱陆和会"时代的胡翰继承了朱熹的说法,他在《敬身斋铭》中说:"君子无往而不敬,何独吾身为然乎? 盖三极之道,人参其间,大之为天地,幽之为鬼神,伙之为万物,万事其理有一不备于我乎? 能敬其身,则将无不敬矣。敬身有道,心为之宰。存心有道,一为之主。彼静而固、动而梏者,俱失之矣。"①这里胡翰将"道"与"敬"联系起来,强化了它的永恒性,认为"敬"与"道"相伴随,即"道无往而不在,君子无往而不敬"。

胡翰极具创造性地将"敬"划分为三重境界:

> 古之言敬者,以余所闻其大要有三焉。自其潜心以居,至于出门承事(阙一字),若大宾大祭,非僻之念弗萌于中,怠慢之气弗设于体。此持敬也。慎之而无不至,践之而罔不实,以天命自度,若中宗之寅畏以上帝临汝,若武王之无贰。此克敬也。纯乎天不参以人,成乎性不假以力,若尧与文王,人见其兢兢,而不知其安安;人见其翼翼,而莫测其穆穆。此圣敬也。……故敬也者,该动静,贯内外,彻乎上下。而有是三者之等,余未能一焉,唯是不敏,日惴惴于心。……古圣贤之学,则请自持敬始。②

胡翰综合了《论语》《尚书·无逸》及《诗经》等有关"持敬"的论说,创造性地将其划分为不同的阶段,并最终统一于"圣敬"境界。

胡翰还将"持敬"说推及至"畏敬"。他在为常山邑丞刘彦英所撰的《畏所记》中说:

> 敬怠之萌,吉凶之辨也。今君之畏讵不以是乎? 则吾知之矣,以是而畏之。唐虞三代之圣人,犹兢兢业业,孜孜栗栗,翼翼疊疊,不能一朝夕宁也。书曰:迪畏蹈而畏之也。又曰:寅畏敬而畏之

---

① 胡翰:《胡仲子集》卷七《敬身斋铭》,载李修生主编:《全元文》,第 51 册,凤凰出版社 2004 年版,第 323 页。

② 胡翰:《胡仲子集》卷三《敬斋说》,载李修生主编:《全元文》,第 51 册,凤凰出版社 2004 年版,第 173 页。

也。又曰:抑畏谦而畏之也,皆所以畏天也。诗曰:胡不相畏。小
人无所忌惮,不知天者也。不知天者,不当为而为之。知天者,不
当为而不为,当为而不敢不为之。故其畏也,非惧怯也,非委靡也,
又非有操切之者,昊天曰旦,与尔游衍。昊天曰明,与尔出王。君
子知之,故无不畏。仲尼著其三,其致一也。[①]

胡翰认为,"畏"生于"敬怠之萌"。所谓"畏"者,乃"畏天"也。小人无所
忌惮,是因为不知天者也,不当为而为之。故而导致凶险的结果。三代之圣
人,兢兢业业,孜孜栗栗,是知天者,不当为而不为,当为而不敢不为之。其
结果必吉。胡翰的"持敬"说内涵较为丰富。可见,"持敬"是胡翰之学的重
要内容,也是他一以贯之的修身之法。

3."心能尽道":和会朱陆更进一步

在"和会朱陆"这一倾向上,胡翰比老师许谦走得更远。

胡翰对"道"与"心"的关系认同上,与程朱无多大差异,并把"道"的功能
极端神圣化。他提出圣人之道,乃"皇极之道"的观点。他说:"圣人之化如
神而人不与知焉,圣人之化如天而神不与能焉,荡荡乎,平平乎,皇极之道
也,而非老氏者之所谓道也。皇极之道立,而天下之治得矣"。[②]胡翰认为,
因为道"物固资之,人莫不由之",故"顺之者吉,背之者凶。得之者为圣为
贤,失之者为小人为愚不肖"。[③]道乃形而上者,那如何把握道呢?胡翰强调
以"心"为主宰。他从道生万物的产生轨迹逆推,得出"心"能尽无形之道的
结论。他说:"故圣人之心,天地之心也;圣人之性,天地之性也。圣人以其
心溥万物而物无不平,以其性尽万物而物无不成,非固谲之也,有生者各一
其性,有知者各一其心,声气之同,捷于桴鼓,念虑之孚,坚于金石,故曰天地

---

① 胡翰:《胡仲子集》卷六《畏所记》,载纪昀等:影印文渊阁《四库全书·集部六·
别集类五(明)》,第 20(下)—21(上)页。

② 胡翰:《皇初论》,载黄宗羲原著,全祖望补修,陈金生、梁运华点校:《宋元学案》,
中华书局 1986 年版,第 2788 页。

③ 胡翰:《广原道》,李修生主编:《全元文》第 51 册,凤凰出版社 2004 年版,第
248 页。

感而万物化生,圣人感人心而天下和平。"①"万物生生不穷,吾莫知其所终。反而求之,吾得其要于躬,亦曰心焉而已矣。至虚而灵,藏密而充周,是为神明之舍,统性统情,而万理无不具。潜天潜地,而万物为之使。是为天君五官之宰也,百体之所从令也。操而不舍,则能养矣。养而不贰,则能正矣。正则静,虚而动直,明睿生矣,变化不测矣。故至诚如神,人以圣人之心为心,则尽圣人之道矣。圣人以天地之心为心,则尽天地之道矣。"②胡翰认为,心至虚而灵,藏密而充周,是为神明之舍,统性统情,而万理无不具。常人以圣人之心为心,则尽圣人之道矣。圣人以天地之心为心,则尽天地之道矣。

这种理解颇受陆氏心学影响。其实,胡翰对陆氏心学早已心仪。其《送祝生归广信序》中就曾赞陆氏之学卓然于世,又自叙求教陆氏心学之情,称"窃征诸其书不能尽其奥,恒思就其人问焉"。他在该《序》中说:

> 自鹅湖(阙字)集而议论往来,(阙字)抵牾至不能挈而合之,则欲各尊所闻,行所知,以俟后之君子。二子既殁,国家混一,南北表章圣贤之学,教人取士,非朱子不著为令。于是天下靡然向风,顾凡昔之所谓豪杰,则已磨灭渐尽。虽其说之存者,盖亦无(阙字)矣。独为陆氏之学者,今江东西间往往不乏其人。世虽欲舍之而终不能使之不传者,何也?窃徵诸其书,不能尽其奥。恒思就其人问焉。故处州录事郑复初先生尝为余言,其乡人祝蕃远之学,出自陆氏,且甚高其行。③

至正丁亥年(1347),胡翰终于见到了祝蕃远从子祝元晖。得知祝蕃远已故,不禁叹道:"噫!使先生苟在,则仆承下风而趋,固所甘心焉。而今不

---

① 胡翰:《皇初论》,载黄宗羲原著,全祖望补修,陈金生、梁运华点校:《宋元学案》,中华书局 1986 年版,第 2788 页。

② 胡翰:《胡仲子集》卷二《广原道》,载纪昀等:影印文渊阁《四库全书·集部六·别集类五(明)》,第 7(上)—8(上)页。

③ 胡翰:《胡仲子集》卷六《送祝生归广信序》,载李修生主编:《全元文》第 51 册,凤凰出版社,2004 年版,第 177 页。

及见之。元晖之所得者,又特其地理之说为详,殆其支余耳。"①"使先生苟在,则仆承下风而趋,固所甘心焉"这句话,说明胡翰对陆学之心仪,是何等之切! 因此,胡翰著述中随处可见心学之意。

胡翰在为金华郑彦渊所撰的《心学图说序》中云:

> 人同宇以生,孰无是心哉。中虚而神明,宰乎五官,统乎性情,经纬乎万事。其为心岂有异哉,可以参天地赞化育,而不能不囿于形,危于欲,而构于物。风波之民欤,倒置之民欤,何其相去远也。冥冥之中,独见晓者,何其少也。幸而有之,则又过中失正,恶外物之累,求照无物之地。以有生之气,有形之状,皆幻也。以有为之法,有言之教,皆赘也。而亦终不能去之只自私耳。虽曰气合于神,神合于无,吾心斋也。无念无住,一超顿悟,吾明心也,见性也。而于理未能全尽,于物未能无外也。人与天地同出一本,有外之心不可以合天心,彼恶知之哉!②

胡翰认为,心虚而神明,它宰五官,统性情,经纬万事。而心终不能去之的只是"自私"两字,只要做到气合于神,神合于无,无念无住,一超顿悟,即可明心见性。这纯粹是心学论调。

在为弟子义乌刘刚所撰的《芳润斋记》中,胡翰告诉刘刚:

> 则圣人之道不在于书,而在吾身吾心矣。圣人不能有加于吾之性。天地万物之理,皆吾性所固有也。吾于是而得之,亦不能有加于吾之性。其得于天者,固如是。特因圣人有以启沃之,而得吾之本然者耳。③

---

① 胡翰:《胡仲子集》卷六《送祝生归广信序》,载李修生主编:《全元文》第51册,凤凰出版社,2004年版,第177页。

② 胡翰:《胡仲子集》卷五《心学图说序》,载纪昀等:影印文渊阁《四库全书·集部六·别集类五(明)》,1(下)—2(下)页。

③ 胡翰:《胡仲子集》卷六《芳润斋记》,载纪昀等:影印文渊阁《四库全书·集部六·别集类五(明)》,第26(下)—27(上)页。

"圣人之道不在于书,而在吾身吾心矣。"此说明显与许谦"圣人之心,尽在四书",以及宋景濂的"《六经》皆心学"说等相左。

而对"心"的强调,使得胡翰一方面避免了朱子后学因将"格物致知"推向极端而形成的"支离""烦琐"的通病。另一方面,又提高了后学者的自信。宋元朱子后学承袭多于新创,固守门户,渐趋于保守,不敢超越前人。宋濂曾批判这种情况,其《胡仲子文集序》称:"近世学者鄙陋而无志,闻古之人畏之如雷霆鬼神,不敢稍自振,仆仆焉于庸常之人,'师云''师云'而卒无所成。"[1]胡翰则不同,他虽然与宋濂等人一样,认为经书是圣人"患无以周天下之众,及后世之远,于是著之为经",[2]但是,他并没有将经书绝对化、神圣化。在他看来"圣人不能有加以吾之性,天地万物之理,皆吾性所固有也"。正是这种自信使他能做到务师古人而有所超越[3]。

(二)李裕学术思想

李裕,字公饶,东阳人。生于元成宗元贞元年(1295),卒于至元四年戊寅(1338)[4]。从许谦学。上至治圣德颂,英宗召见,补国子监。登天历(1328—1329)进士。历道州路总管府推官。所著有《中行斋稿》。公饶诗篇秀丽,尤工七言乐府,出入二李之间。与宋显夫、杨仲礼、陈君采诸公唱和。惜全集失传,所存仅什之一二云。

《宋元学案·北山四先生学案》载:

> 李裕,字公饶,东阳人。从白云学。尝诣阙上《至治圣德颂》,英宗召见至德殿,中书奏补国子生。登天历间(1328—1329)进士第,授陈州同知,转道州路总管府推官而卒。[5]

---

① 宋濂:《胡仲子文集序》,见宋濂著,罗月霞主编:《宋濂全集》,浙江古籍出版社1999年版,第1507页。

② 李修生主编:《全元文》:第51册,凤凰出版社2004年版,第300页。

③ 转引自林承坯,罗海燕:《元明之际朱子后学胡翰的学术与诗文》,载韩国《人文学研究》(KCI등재),2014年总第15期第2卷。

④ 宋濂:《元承务郎道州路总管府推官李府君墓志铭》,载宋濂著,罗月霞主编:《宋濂全集》第一册,浙江古籍出版社1999年版,第405—407页。

⑤ 黄宗羲原著,全祖望补修,陈金生、梁运华点校:《宋元学案》,中华书局1986年版,第2791页。

此传实在简单。《道光东阳县志》卷之一七《人物志五·循吏》记载则比较详细:

> 李裕,字公饶。幼失父母。既就外傅,即知家学相承,确然思踵其后。发于声诗,皆中绳尺。许文懿公讲道八华山,从学久之,因叹曰:"学贵明体适用,不见诸用,未见其可也。"杖策游京师,撰《至治圣德颂》一篇,上之。英宗召见至德殿,令宿卫禁中。翰林群公以裕才藻清丽,奏为国子生。虞文靖公为祭酒,极器之,授以篇、章、字、句四法。学大进,登至顺庚午(1330)进士第,授承事郎,同知汴梁陈州事,有朱衣象笏之赐。
>
> 初,大河南决,民走旁郡。河复故道,裕适至,与民约曰:"尔亟返,安尔妻孥,治尔田庐,科繇之事,吾为尔缓。"诸相率而归至数千人。蔡河桥圮,檄属五长吏重作之。倡优以戏剧射利,民皆废业,裕捕置于法。有挟贵人势欲脱去者,持之愈急,一城震悚。俗尚鬼,裕为言鬼神情状,亹亹数百言,其俗遂变。市驵舞智病民,裕摘发隐状,挞而易之。修州学,聘贤师儒,申五伦之教,民大悦。使者行郡举任,台察章上,不报。秩满,谒京师,卒于旅邸。卒数日,改承务郎、道州路总管府推官。著有《中行斋稿》。[①]

这里对李裕师承学源有所交代。李裕幼失父母,与老师许谦有相似处。稍长,出外就学,才知道其家学有所相承,便决定传承家学。以上二书对李裕家世及其生平介绍极为简略。宋濂有《元承务郎道州路总管府推官李府君墓志铭》一通,对其介绍颇为详尽。李裕实为东阳木香李后裔,宋宝谟阁直学士、通议大夫、工部尚书李大同之五世孙。曾祖李自立,淳祐元年辛丑(1241)进士,通直郎、通判庆元军府事。祖父李箎,登仕郎、监宁国府城下酒麦务。父亲李光远,值宋亡为元,不屑仕。后以子李裕贵,赠承事郎、同知汴梁路许州事。母亲妣氏,赠宜人。李裕幼失父母,由兄嫂抚养长大。[②] 自李

---

① 党金衡主修,东阳市人民政府地方志办公室整理:《道光东阳县志》,西泠印社2017年版,第414页。

② 宋濂:《元承务郎道州路总管府推官李府君墓志铭》,载宋濂著,罗月霞主编:《宋濂全集》第1册,浙江古籍出版社1999年版,第405页。

裕六世祖李皓始,李氏家族皆尚诗书,而簪缨蝉联。李大同登朱熹、吕祖谦之门,学有所宗。故而,李裕长知家学有承,即指此也。

延祐元年(1314),许谦讲道八华书院,20 岁左右[①]李裕便入许谦之门,推明濂、洛、关、闽之学,并认为"学之所贵者,明体适用,苟不见诸用,犹玉卮而无当,未见其可也"。可见,李裕之学颇具"经制"特色,强调"明体达用"。李裕入朝为国子生时,虞集为祭酒。虞集十分器重李裕,李裕每有撰述,虞集便大加赞赏并推荐给同僚。又授以"篇章字句"四法,逐以演绎之。可见,他又为虞集之学生。据《虞集年谱》载:泰定帝致和元年(1328),李裕为国子监生,虞集教之以作文之法。李裕至顺元年(1330)(这与《宋元学案·北山四先生学案》记载的"登天历间(1328—1329)进士第",大约有一二年的时间之差)登进士第时,虞集为廷试读卷官。[②] 因此,李裕又可视作虞集学生。

虞集(1272—1348),字伯生,号邵庵,世称邵庵先生,成都仁寿人。南宋左丞相虞允文五世孙。少受家学,尝从吴澄游。成宗大德初,以荐授大都路儒学教授,历国子助教、博士。仁宗时,迁集贤修撰,除翰林待制。文宗即位,累除奎章阁侍书学士。卒赠江西行中书省参知政事、护军、仁寿郡公,谥号"文靖"。曾领修《经世大典》,著有《道园学古录》《道园遗稿》。虞集素负文名,与揭傒斯、柳贯、黄溍并称"元儒四家";诗与揭傒斯、范梈、杨载齐名,人称"元诗四家"。可见,李裕入朝为官受到虞集之赏识,由此名声大振。

李裕及其子李贯道与宋濂颇有交往。宋濂在其《墓志铭》中云:"濂生也后,少府君十有六岁。初识府君于婺城之南,容仪秀洁,如玉树临风,曦然美丈夫也。及读府君之诗,曰《中行斋稿》者,姿态闲婉,复类其为人。心慕丰之,愿缔忘年之交,而九京不可作矣。幸获与府君之子贯道游,同试艺于乡闱。""府君配蒋氏,将仕佐郎、典用监知事吉相之女,封宜人,后一年卒。子男五人:长可道,以府君荫人蕲州黄梅县税务大使。次贯道,至正甲午进士,将仕郎、饶州路鄱阳县丞,未上,辟詹事院掾史,后十九卒。"[③]可见,李裕次子李贯道至正十四年甲午(1354)进士,卒于至正十六年(1356 年)[李裕卒于至元四年戊寅(1338)]。

---

① 宋濂称,李裕甫冠从许谦学。由此推断,李裕大约生于元成宗元贞元年(1295)。

② 罗鹭:《虞集年谱》,凤凰出版社 2010 年版,第 96 页。

③ 宋濂:《元承务郎道州路总管府推官李府君墓志铭》,载宋濂著,罗月霞主编:《宋濂全集》第 1 册,浙江古籍出版社 1999 年版,第 407 页。

《道光东阳县志》《文苑》载：

> 李贯道，字师曾，东李人。笃学励行，随父裕仕陈州，师事张恭叔，甚器之。至正癸巳魁浙榜。甲午登进士，授鄱阳县丞。未第时，从兄怡堂研究性命之学，又与陈樵、陈及析疑问难，自经史至卜律算数无不渊通。至正戊子游浙西时，杨廉夫、郑明德、蒋子中、高纳麟交荐为和靖书院山长。黄侍讲溍赴召，道吴门，见而喜曰："师曾我师友也，能继其家声，必有以光道州之业矣！"其见重如此。以荐辟詹事院掾，寻扈驾上京，以疾卒。门人私谥节孝先生。著有《敝帚集》。①

该传指出了李贯道学源，其师为张恭叔。未中进士（至正十四年（1354））前，跟兄怡堂（可能为可道之字）研究性命之学，又与陈樵、陈及析疑问难，自经史至卜律算数无不渊通。陈樵为当时大儒，学承文清学派，且以心学见长，其学其文，于当时独树一帜。至正八年戊子（1348），李贯道在浙西时，与杨廉夫、郑明德、蒋子中、高纳麟交游，被荐为和靖书院山长。后来。黄溍赴京，路过吴门，见而喜曰："师曾我师友也，能继其家声。"可见，李贯道这一路过来皆与当时名儒交往。而这一切，皆与其父亲李裕有关。

李裕与李贯道，是元代东阳唯一一对中进士的父子。唐宋时期，东阳进士如同江湖鲫鱼，不可胜数。胡减《进士题名碑记》曰："东阳山水环异，钟为英迈俊特之才，自唐冯宿、舒元舆，皆一门兄弟，踵武科名，载诸信史。下如宋绍兴以前，濡香翰墨，挨秀词庭，不为不多。而邑乘不传，碑石未建，殆不可考。绍兴以后，峇然遗碣存诸横舍。一邑之小，岁不下三四人，或五六人。"②然入元以后，其中进士第者，则仅有王奎、李裕、李思齐、陈大年（陈樵子）、李贯道、蒋植、周如玖等7人而已。

元自皇庆二年（1313）十一月，恢复科举。至此，其科举止70多年。这是自隋朝科举制度实行以来，停废时间最久的一次。且元统治者刻意排挤

---

① 党金衡主修；东阳市人民政府地方志办公室整理：《道光东阳县志》，西泠印社2017年版，第447页。

② 同上书，第271页。

南人,元代科举分左右两榜,蒙古、色目人为一榜,汉人、南人为一榜,右榜高十左榜,对录取名额的分配也有严格的限制。"天下选合格者一三百人赴会试,十内取中选者一百人,内蒙古、色目、汉人、南人分卷考试,各二十五人。"①这些看似公平的名额分配其实对汉人、南人来说是极其不公平的,蒙古、色目人人口总数和应试者一都比较少,而应试的汉人,尤其是南人人数是庞大的。即使如此,婺州路的士人们也能过关斩将,在元代的科举考试中表现非凡。仁宗延祐元年(1314),黄溍赴浙江义乌乡试。② 这一年,朝廷恢复了贡举之法,以便选拔延揽人才。对早就出了名的黄溍,县吏就催促他参加考试。黄溍以楚声为之,摆脱陈言作《太极赋》,成为试场中的上乘之作,被人传诵。"黄溍是写赋的能手,当年(自己)参加乡试,就因所作《太极赋》出众而名列前茅。"③翌年(1315),满腹经纶、才气横溢的黄溍廷试中选。但读卷官以黄溍"词近激"为由,张榜时仅为三甲末第,赐同进士出身,授将仕郎。同年四月二十二日,授官台州路宁海县丞。而 36 岁的陈樵却名落孙山。据《万历金华府志》载,婺州路登进士第自黄溍后,有至治年间的吴师道、徐一清,泰定年间的王奎,至顺年间的李裕、应公潮,至正年间的李思齐、俞拱、陈大年、唐元嘉、李贯道、蒋植、董锌等,一半以上是东阳人。④ 而父子登第者唯李裕、李贯道。李裕登至顺元年庚午(1330)王文华榜进士,李贯道登至正十四年甲午(1354)牛继志榜进士。父子两人 14 年间先后登进士第,独领元代婺州路科举风骚。

元代东阳学者入朝为官者寥寥。除李裕外,胡助胡古愚算一个。胡助(1278—1355),始举茂才,为建康路儒学学录,历美化书院山长、温州路儒学教授,两度为翰林国史院编修官,三为河南山东燕南乡试考官,秩满授承事郎太常博士致仕。著有《纯白斋类稿》30 卷,《四库全书》有录。胡助是通过荐举制度而登仕途的。据《胡助年谱》载:至大元年(1308)在入朝任翰林国史院编修官期间,与虞集颇有交往。至大二年(1309),在金陵为教官。虞集

---

① 欧阳周:《中国元代教育史》,人民出版社 1994 年版,第 100—102 页。
② 宋濂:《金华黄先生行状》,见宋濂著,罗月霞主编:《宋濂全集》第 1 册,浙江古籍出版 1999 年版,第 307 页。
③ 徐永明:《文人之首——宋濂传》,浙江人民出版社 2007 年版,第 37 页。
④ 尹芳芳:《元代婺州路科举初探》,《许昌学院学报》2012 年第 1 期,第 109—113 页。

是年由崇仁返京师,过金陵,与胡助相识。① 胡助在金陵为官期间,相交甚广。皇庆元年(1312),胡助由周池(时任南台御史)荐,入馆阁。吴澄南归,过金陵,见胡助诗大家赞赏,列上品,由是名震一时。是年,柳贯至金陵,与胡助相见而定交。柳贯《题康里子渊赠胡古愚序后》云:"皇庆初,予识东阳胡助古愚于金陵,嘉其资质粹美,辞章俊拔,意士之遇不遇有命焉,不系乎学与才也。"②皇庆二年(1313),许谦过金陵,与胡助相见定交。许谦作《酬胡古愚三首》。据《虞集年谱》载:至顺元年(1330),31 岁,举茂才,授建康路儒学学录,兼太学斋训导。虞集"与胡助同在上都史馆,讨论诗文终日。以目疾惮书,凡有所作,口占而令助执笔书之"③。至顺二年(1331),九月九日重阳节会黄溍等乡友,作有《九日会晋卿同乡友小饮既而往饮晋卿所》等诗。至元三年(1337),黄溍任国子博士。许谦卒。至元四年(1338)三月,虞集得许谦门人所撰《行状》及其孤所致礼币。虞集以《行状》所述未详,且不知其学之所至,不肯铭其墓志。乃致书转请张率性复之。许氏门人颇有怨言。④ 虞集不肯为许谦铭墓志,理由清楚简单:一是许谦门人所撰《行状》所述未详。这位为许谦撰《行状》的门人不知是谁,或是李裕也极有可能。他没有把许谦的生平事迹写清楚。二是虞集居然还不知许谦学术之所至。可见,当时的北山学派在当朝影响不见得有多大,连虞集这等大名人、大学者都不知其学之所至。由此拒绝了为许谦铭墓志,并将许谦《行状》及许谦儿子所送上的礼币,交由张率性退还。恶人叫张率性去做,弄得张率性有些为难。许谦门人则怨言顿生。

其实虞集在《答张率性书》中说得很明白:"集今年三月,始得去秋陈贰宪令嗣转致许益之先生门人所撰《行状》及其孤所致币。……世之以功名自任者易为名,而德性道学之渊微,有非文史卜祝者之所能知也。……问其授受之要,多所未解。及求所著之书,但略见其《诗集传名物抄》,而愚陋又不足以尽知其为学之所至也。……而《行状》所述,多所未谕。数月之间,尝与

---

① 徐永明:《元代至明初婺州作家群研究》,中国社会科学出版社 2005 年版,第271 页。

② 胡助:《纯白斋类稿》《附录》卷二,丛书集成初编本。

③ 罗鹭:《虞集年谱》,凤凰出版社 2010 年版,第 123 页。

④ 同上书,第 175 页。

友生、门人细读而详阅,终莫得其统绪之会归。"①读了虞集这段话,怨言就没
法生了。虞集是很认真对待此事的,"数月之间,尝与友生、门人细读而详
阅"。虞集与朋友、学生一起,细读详阅数月。但终因授受之要,多所未解;
所著之书,但略见《诗集传名物抄》,其它又不足以尽知;《行状》所述,又多所
未谕。无奈之下,只得长叹:世之以功名自任者易为名,而德性道学之渊微!
也就是说,只能怪许谦不以功名自任,故而其名难显。虞集之叹,不仅道出
当时社会以功名取人的风气,同时也说明当时南方的许谦学术,于朝廷影响
甚微。虽然在元仁宗在位期间(1311—1320),程朱理学正式成为官学。但
当朝只知北方许衡,而不知南方许谦也者。叹则叹矣,现实却很残酷。后辈
学人,也不必为圣贤讳。

最后,只得请义乌黄溍为其铭墓志。黄溍《白云许先生(谦)墓志铭》
有云:

> 然则程子之道得朱子复明,朱子之道至先生益尊,先生之功大
> 矣。先生葬已十年,而元(许元)以张君枢之状,俾溍为之铭。溍之
> 少也,无所识知,莫能从先生游于高明之域,奔走汨没,不知老之将
> 至,而为庸人之归。鄙陋之言,何足形容有道者气象乎?重惟先生
> 之交游多已凋谢,而溍偶独后死,义不得辞也。敢悉取状所述,序
> 其首而为之铭,以系于左方。铭曰:
> 道学之传,天下为公。婺之儒先,独得其宗。……逮于先生,
> 绵绵四叶。先生之学,能自得师。实践之功,出乎真知。万殊之
> 差,无微不析。一本之同,会归有极。酬酢万变,必用其中。涵养
> 本原,以敬始终。际兹休明,力扶正学。
> ……②

从黄溍所撰墓志铭中得知,许谦行状原为张枢所作。张枢这等文笔,怎
会落得个"多所未谕"的诟病,实费思量哉。

---

① 虞集:《学古录》卷三九《答张率性书》,罗鹭:《虞集年谱》,凤凰出版社 2010 年
版,第 175 页。

② 黄溍著,王颋点校:《黄溍全集》下册,天津古籍出版社 2008 年版,第 462 页。

(三)蒋元学术思想

蒋元,字子晦,别字若晦,横城人。据宋濂《东阳贞节处士蒋府君墓志铭》载:蒋元"年四十有七,以至正四年六月辛酉终于家"[①]。可见,蒋元生于元大德二年(1298),卒至正四年(1344)。

《道光东阳县志》载:

> (蒋元)祖沐,父吉相。元昼夜攻学,师事许谦,识悟过人,辨析精确,先辈皆自谓不及。然元务见躬行,以礼齐其家,奉先祠,谒拜、祀奠取朱子所修仪文行之。岁时率族人祭始迁祖墓,序长幼列坐,告之亲睦之道。属之近者,朔望必会,贫者岁周以两月之粟,修其祖所创义塾,延师儒教子姓。率乡人行乡饮礼,为讲嘉谟伟行。窭者贷以粟,不取其赢。邑多宋贵臣族,民义,其田既入粟半,复亩征其私,民颇苦之。元曰:"君子以养野人,奈何厉之?"遂罢。延祐中,恶少诬平民为伪钞,破其家。意元儒生可侮,以语撼之。元怒白大府,置恶少于法。由是宿豪文吏相戒,不敢过其门。元益刻苦,为条法,使后嗣可守。聚书万卷,致力其中。著《四书笺惑》《大学章句纂要》《四书述义通》若干卷、《治平首策》二卷、《学则》二十卷、《韵原》六十卷。年四十有七卒,学者私谥贞节先生。[②]

《宋元学案》卷八二《北山四先生学案》载:

> 蒋元,(梓材案:先生姓原本作薛,复抹去,改作蒋。考先生之祖蒋沐,筑横城精舍以延方蛟峰,则以为蒋氏者是也。华阴薛元,字微之,号庸斋,与辛愿、姚枢等讲贯古学者,别一人。)字子晦,一字若晦,东阳人。从白云游,不仕。学者私谥贞节先生。所著有

---

① 宋濂:《东阳贞节处士蒋府君墓志铭》,见宋濂著,罗月霞主编:《宋濂全集》第3册,浙江古籍出版社1999年版,第1743页。

② 党金衡主修,东阳市人民政府地方志办公室整理:《道光东阳县志》,西泠印社2017年版,第431页。

《中庸注》。①

以上两书,尤以《道光东阳县志》节选宋濂《东阳贞节处士蒋府君墓志铭》甚简。蒋元为东阳横城蒋氏家族后裔,祖父蒋沐者,乃横城义塾创办者,曾聘方蛟峰主师席。据宋濂《墓志铭》载,蒋元生于燕都,儿时嶷嶷崭耸,即幼小聪慧高出常人。8 岁拜师读书,而且非常专心,常常端坐书案而不旁顾。老师甚奇之。16 岁,即侍谷城之官。常闭门绝客,昼夜攻学。及冠(20岁)时,归东阳,从许谦学。其识悟过人,辨析精确,先辈皆自谓不及。蒋元务见躬行,以礼齐家,以礼熏陶乡民。每年冬至,行乡饮礼,蒋元就为大家讲嘉谟(犹谋)伟行。征士习沦于夷俗,独制古冠衣服穿之,揖让步趋,必以礼法,其神情夷郎,如同逸民高士一般。所说之话,则出仁如义,雍然和气。当时东阳百姓苦于地方贵族之苛捐,蒋元就出来反对之,其苛捐遂罢不征。他还重修其祖蒋建昌所创横城义塾,延师儒教子姓。

黄溍有《怀远亭记》,以述蒋元重修横城义塾事。横城义塾由蒋元祖父蒋沐所创,"咸淳六年(1270),建昌为仇家飞语所中,不得安其居,而塾废矣"。蒋沐卒后,蒋元之父蒋谷城"迁义塾故宇之仅完者于溪东,更号城南精舍"。至元二十一年(1284),精舍甫就绪。后蒋谷城自京师辞官归,以疾终,精舍亦废。蒋元于至正元年(1341)六月,构屋三间于精舍故址之南百步曰黄金坞的地方,名怀远亭。亭置石刻,外为小轩,以歇来客。②

《东阳县志》《浙江通志》还载:"元时,永嘉高则诚从乌伤黄文献游,不闻其读书,既辞归。黄偶登其所居楼,见壁间书乃《琵琶记》草。文辞淹博,意义精工,读而奇之。追饯此亭,三杯而别,因传为'三杯亭'。"《东阳道光志》载有《王崇炳"三杯亭"诗》:"千秋离别地,为心未易裁。去程将百里,追送尽三杯。岁月频徂谢,邮亭日往来。悠悠行路迹,交臂即成灰。"③《东阳道光志》上还有明洪武八年(1375)南溪洗马塘(横城义塾所在地)蒋伯康创艺苑

① 黄宗羲原著,全祖望补修,陈金生、梁运华点校:《宋元学案》,中华书局 1986 年版,第 2792 页。

② 黄溍著,王颋点校:《黄溍全集》上册,天津古籍出版社 2008 年版,第 380—381 页。

③ 党金衡主修,东阳市人民政府地方志办公室整理:《道光东阳县志》,西泠印社 2017 年版,第 633 页。

排演《琵琶记》的记载。横城村民也将三杯亭的故事绘制成图,留以纪念。

柳贯有《申屠将军庙记》:

> 学者东阳蒋元从吉卜,改葬其先人谷城府君于舍山之阳,乡曰乘骢,原曰槐师,其地则申屠氏之所故有。舍山旧名夏山,申屠氏世居山旁。按郡志,大智院在县南五十里夏山,梁征南将军申屠狄征蛮航海,遇风涛而怖,亟许舍宅为院,因号舍山。而将军亦卒以战殁。今院犹祀之,则夏山真将军之居也。
>
> 县志云:"申屠大防,梁征南将军狄之裔孙,居舍山下,有智略,勇而好武,善斫法,每临敌,伪遁诱追者,而背手取馘如神。宋宣和初,有盗窃发,官民奔窜。大防毅然以身卫乡井,殄灭妖贼,乡井赖之。时所在盗贼充斥,朝廷遣使者发兵诛讨,乃檄大防摄行县事。会盗屯比境方岩上,大防因自奋效用,直捣贼巢,援兵失期,遂力战死。行间事闻,特赠武经郎,并以承信郎录其三子邂、迩、迪。"
>
> ………
>
> 予闻山川之英,韬奇蓄秀,积久而一发,虽豪杰之士,有不能以独当之,而必以俟夫有德者之遇,然后披豁轩露而无余遗。天爱道而地爱宝,迹其盖藏覆护,必有司其阖辟之权于冥冥默默之中者矣。槐师不知何以名,从其字音之近,题其庵曰"怀思",示不没其实也。谷城府君讳吉相,字迪卿,仕为典用监知事襄阳路谷城县尉。卒年四十八,怀奇负智,百不一试。有子承宗,既能礼葬府君,又能因义起礼,重祠五公,以系乡人之思焉,亦悉其为能子矣!
>
> 元盖字若晦,学于吾友白云先生许君谦。尊闻行知,而不懈于进修,蒋氏之宗,其有裕哉![1]

柳贯此文,重在介绍申屠大防其人,对申屠将军庙建造者蒋元,略有提及。

胡翰有《安乐窝记》,记蒋元子蒋康伯者筑安乐窝以事亲老。《安乐窝

---

① 同上书,第241—243页。

记》云：

> 东阳多大族，子孙能亢其宗者，有蒋氏焉。蒋氏居横城南溪间，而南溪之族，兄弟四人：长曰康伯，次曰仲启，曰叔夏，曰季高。其先君子晦父弃诸孤之日，貌焉皆幼也，惟母夫人延师教之。未几，皆踔踔能自树立。……今母夫人七十有余岁矣，……饮食起居晏晏然。于是，康伯规堂之西，为室于池水之上，取古之善事亲者，善事舅、姑与夫者，列而绘之室，以备监戒。既成，则奉其亲居焉。……遂名之安乐窝。①

胡翰在是记中，还交代了自己与横城蒋氏的交游关系："始余从文懿许（谦）公识伯康之先君子，沉厚长者，礼致儒师，方规为义塾，绍夏其先世之旧，有志不遂。及季高等黄文献（溍）公之门，余复见之，方著学问，然亦不遂。后先数十年，见其父子如此。而余亦遂老矣，何幸于兵燹之余，又见吾康伯之独亢其宗哉！恒欲周游两岘，访其故家余俗，过南溪谒吾康伯，尽发其先世藏书，以足吾平生所好。"②"而余亦遂老矣，何幸于兵燹之余，又见吾康伯之独亢其宗哉！"只此一句，即写尽元末兵燹屡发中婺州士子的生态和心态！陈樵故里亭塘，至正十九年（1359）被兵燹，使陈樵平生力作毁于一旦！宋濂避元兵燹至诸暨，戴良则远遁山林。而唯有横城蒋氏家族之后，还能独亢其宗哉，保其万卷藏书于不毁。这不得不令饱受兵燹之苦的胡翰，慨叹至极。

四、结论

结论之一：许谦之金华朱学为显学。

许谦之学为朱学的绪，许谦学术之贡献在于通过自己，以及其师友和弟子的坚守传播，使金华朱学成为当时之显学。这是许谦最大学术贡献所在。对此已史有定论，自不必多论。但对其之所以能成为元末婺州学界最具规

---

① 黄溍著，王颋点校：《黄溍全集》下册，天津古籍出版社 2008 年版，第 833 页。
② 同上书，第 834 页。

模和影响的学派，似有必要赘述之。究其成因，不外乎三。

一是许谦之学出自朱学嫡传。金华朱学，即北山四先生之学源于得朱学正统的黄榦，黄榦弟子众多，但流传的主要有三支：江右双峰学派、金华何氏北山学派和新安介轩学派。在这三支中，"黄勉斋榦得朱子之正统，其门人一传于金华何北山基，递传于王鲁斋柏，金仁山履祥，许白云谦。又于江右传饶双峰鲁，其后遂有吴草庐澄，上接朱子之经学，可谓盛矣"①。朱学在淳乾年间的婺州，并非处于主导。但经黄榦、何基、王柏、金履祥、许谦等人的传承发扬，得以日显。而元王朝对朱学的推崇，则是其根本原因所在。

二是作为吕学主要创建者和传承者的吕祖谦之弟吕祖俭，离婺入甬，也是一个不容忽视的原因。

吕祖俭对吕学不仅有继承，而且还有发展。金华吕学实系东莱大愚两人之力。真德秀曾云："东莱吕成公，淳熙中讲道婺之明招山，其季大愚实从学者，入则受业于长公，退即少公而切磋焉，四方之士赖以淑艾者甚众。"②淳熙九年（1173），吕祖俭受铨命赴四明任监仓之职。吕祖俭入甬任职，对整个吕学的发展，意义深远。对此何炳松有云："金华一支三家崛起之后产出一个吕祖俭，他把金华的史学第一次传到四明去，这都是我们研究浙东学术时必须注意的史迹。"③

吕祖俭讲学四明，全祖望《竹洲三先生书院记》有述：

> 其时忠公（吕祖俭）方为吾乡仓监，昕夕与端宪兄弟晤，顾公治在城东，还往为劳。有船场官王季和者，忠公友也，曰："是易耳。"乃以场木为制船。每忠公兴至，辄泛棹直抵湖上。端宪从水阁望见之，辄呼征君曰："大愚来矣。"相与出于岸上，或竟入讲堂，讨论终日，或同泛湖上。④

---

① 黄宗羲原著，全祖望补修，陈金生、梁运华点校：《宋元学案·双峰学案》，中华书局1986年版，第2812页。

② 真德秀：《东莱大愚二先生祠记》，《西山文集》卷二五。

③ 何炳松：《浙东学派溯源》，广西师范大学出版社2004年版，第160页。

④ 全祖望：《竹洲三先生书院记》，《全祖望集汇校集注》，朱铸禹汇校集注，上海古籍出版社2000年版，第2911页。

吕祖俭在甬，与当时"甬上四先生"杨简、袁燮、舒璘、沈焕相交甚切。一方面，他把婺州"史学"传统带到了明州。另一方面，他自己也受到了慈湖心学之影响。他在与朱熹书中曾云：

> 诲谕谓只于静坐处寻讨，却恐不免助长之病；或又失之，则一蹴而堕于释氏之见。某自顾涣散之久，近稍收拾，粗有静养工夫。然工夫浅薄，客虑犹多，虽未至便有此病，然亦岂敢不常自警省也。兼亦自觉未堕释氏之见者，盖释氏是从空处求，吾儒是自实处见，喜怒哀乐之未发，初非空无，寂然不动，本皆完具。释氏于此看得偏阙，所以随在生病。又元者，善之长底意思，释氏既不识元，绝类离群，以寂灭为乐，反指天地之心为幻妄，将四端苗裔遏绝，闭塞不容其流行。若儒者，则要于此发处认取也。①

可见，吕祖俭已经开始以"静坐"的功夫体验"喜怒哀乐之未发"，实与"象山心学"相去不远。因而朱熹批评他"一蹴而堕于释氏之见"，其用语与批评陆学时几相同也。随后，吕祖俭与慈湖心学似乎走得更近，他甚至教育弟子说："'心之精神是谓圣。'孟子仁人心也，人心即道，故舜曰：'道心日用，平常之心即道。'故圣人曰：'中庸，庸常也。'于平常而起意，始差，始放逸。"②几与慈湖一个口吻。"心之精神是谓圣"，乃慈湖学术要的。而此时的吕祖俭也动辄对弟子曰此，这不能说其为慈湖弟子，但说其是一个慈湖同调似不为过。

至少杨简自己已经把吕祖俭视其为同道。他在《奠吕子约辞》中云："哀哀子约，我心则同；问学虽略异，大致则同。所同谓何？其好善同；见义忘利同；学不以口而以心同。"③慈湖于此认为，吕祖俭与自己"心同"，学问大致同。主要体现在好善同，见义忘利同，学不以口而以心同。对此陈傅良不无担忧地对吕祖俭说：老兄年衰读书得趣，而门庭反狭；陈义愈高而意气略肆。

---

① 朱熹：《答吕子约》，载《晦庵集》卷四八，《景印文渊阁四库全书》，台湾商务印书馆 1986 年版。

② 杨简：《铭张渭叔墓》，《慈湖遗书》卷五，山东友谊书社 1991 年版，第 190 页。

③ 杨简：《奠吕子约辞》，《慈湖遗书》卷四，山东友谊书社 1991 年版，第 168 页。

夫门庭狭则风流不接，意气肆则士友不附。①

吕祖俭离婺入甬，原本就是对婺州吕学阵营骨干力量的削弱。加之其对慈湖心学的倾向，虽此不曾与吕学包融兼蓄之旨相悖，但对吕学的传承发展无疑是一种足以堪忧的取向。其结果是吕学在婺州日衰，而在明州也为慈湖心学所兼容。

三是吕祖谦续传，也多入考亭之学。其代表即是叶邽传人义乌徐侨。叶邽乃吕祖谦高足，由叶邽而传徐侨。而徐侨却又登朱子门。由此，原先出自吕学的文清学派，被《宋元学案》编者从《丽泽学案》中择出，而归入以传朱学为主的《沧州诸儒学案》。至元末，文清学派传人黄溍几流为文人；陈樵则承慈湖余绪，虽多有创建，却因其著述毁于兵燹而致其学不显。由此，元末明初之婺州学界，许谦朱学一家独大之格局即自然而成。

结论之二：许谦流于"章句训诂"，并非是金华朱学衰落的唯一原因。

许谦因流入"章句训诂"，而致金华朱学衰落。此说虽成学界定论，但似有可商榷处。

徐远和先生认为，许谦的"由传注以求经，由经以知道"之治学门径，虽有功于朱学的进一步彰显。但由于过分强调"句诵字求"而显得"支离烦琐"，有"因药生病"之嫌，从而使北山学派也因此而衰落。②

其实，黄幹后学流于"章句训诂"，并非始自许谦。黄幹之学中的饶鲁一支传至吴澄时，已不能保持其师说，思想上出现了宗朱还是宗陆的疑问。黄幹的另一支介轩学派渐渐流为训诂之学，"潘阳之学，始于程蒙斋、董盘涧、王拙斋，而多卒业于董氏。然自许山屋外，渐流为训诂之学矣"。③ 北山学派中的许谦也渐流入训诂之学，全祖望说："婺中之学（金华学派），至白云而求于道者，疑若稍浅，渐流于章句训诂，未有深造自得之语，视仁山远逊之，婺中学统之一变也。"④许谦开始，金华朱学已"流入章句训诂"，但"章句训诂"

---

① 陈傅良：《与吕子约》二，见《止斋集》卷三七，《景印文渊阁四库全书》，台湾商务印书馆 1986 年版。

② 徐远和：《理学与元代社会》，人民出版社 1992 年版，第 173 页。

③ 黄宗羲原著，全祖望补修，陈金生、梁运华点校：《宋元学案》卷八九《介轩学案》，第 4 册，中华书局 1986 年版，第 2970 页。

④ 黄宗羲原著，全祖望补修，陈金生、梁运华点校：《宋元学案》卷八二《北山四先生学案》，第 4 册，中华书局 1986 年版，第 2801 页。

以阐发义理为主,对朱学传播影响极大。

北山四先生对朱学的维护首先体现在文本方面,其行动肇始于对朱熹著作的阐释。他们认为,要巩固朱学正统地位,就必须不断完善朱熹等人的传注,以防异说扰乱视听。[①] 他们以朱熹建构其思想体系的《四书》为核心,旁及朱熹建立其哲学体系的《易》和周敦颐的《太极图》《通书》等重要理学作品。先是由《四书》学入经学,进而由经向史学领域扩展著述,乃至将这由博返约的义理之学探求付诸更广博的四部,这是他们对师传思想继承和验证的努力。何基有《大学发挥》《中庸发挥》《易启蒙发挥》《大传发挥》《通书发挥》《近思录发挥》(均佚)等。王柏有《论语通旨》《孟子通旨》《论语衍义》《鲁经章句》《太极衍义》《周子发遣三昧》《伊洛精义》《研几图》《涵古易说》《大象衍义》《涵古图书》等。金履祥认为经作有注就该有疏,著《大学疏义》对朱熹《集注》注疏,对《集注》做补充的《论孟集注考证》等。许谦有解说《集注》的《读四书丛说》。在解经方法上,他们转向注重考证、训诂之门径。许谦更是明确提出了"由传注以求经,由经以知道"的之学路径。[②]

许谦在《与赵伯器书》中说:

> 道固无所不在,圣人修之以为教,故后欲闻道者,必求诸经。然经非道也,而道以经存;传注非经也,而经以传显。由传注以求经,由经以知道,蕴而为德行,发之为文章事业,皆不倍乎圣人,则所谓行道也。传注固不能尽圣经之意,而自得者亦在熟读精思之后。尔今一切目训诂传注为腐谈,五代以前姑置勿论,则程张朱子之书,皆赘语尔?又不知吾子屏绝传注,独抱遗经,其果他有得乎未也?不然则梯接凌虚,而遽为此诃佛骂祖耳![③]

"由传注以求经,由经以知道",可谓许谦治学之门径。

许谦的主要著述《读四书丛说》20卷、《读书丛说》6卷、《名物钞》8卷、《春秋温故管窥》、《春秋三传疏义》等,几乎都与注疏有关。他的《读四书丛

---

① 高云萍:《北山四先生研究》,浙江大学 2007 年博士学位论文,第 16 页。

② 徐远和:《理学与元代社会》,人民出版社 1992 年版,第 175 页。

③ 许谦:《与赵伯器书》,《四库全书》《集部·别集类·金至元》《白云集》卷三,文渊阁本。

说》是围绕朱熹的《四书章句集注》而做的注释、发挥、阐述和考证,使《四书章句集注》更加通俗化,更加容易被人理解和接受,有利于在全国范围内传播。吴师道把许谦的《读四书丛说》视为通往朱子之学的必读之书,"欲通四书之旨者,必读朱子之书,欲读朱子之书者,必由许君之说,兹非适道之津梁,示学者之标的欤"①。黄溍说:许谦"读《四书章句集注》有《四书丛说》二十卷,敷绎义理,惟务平实"②。《四库全书总目》编撰者认为:"书中发挥义理,皆言简意赅,或有难晓,则为图以明之,务使无所疑滞而后已。其于训诂名物,亦颇考证,有足补《章句》所未备。于朱子一家之学,可谓有所发明矣。"③

许谦《诗集传名物钞》涉及的范围比较广,包括天文、地理、典章、制度、食货、刑法、字学、音韵、医经等方面。但此书主要是对朱熹《诗集传》中名物进行考证和解释。许谦对朱熹《诗集传》中涉及的礼仪、典制、史实、名物、律吕、历算等,都尽量做了补充。朱熹注为"或曰""未知孰是"或有两种说法的,或者经文中朱熹未曾注释的,许谦都网罗百家,尽量引用原始材料,以辨订故实;他对朱熹的某些矛盾失误处,也绝不委曲迁就,必加纠正而后已,都是在考证、训诂的基础上完成的,呈现出许谦本人以训诂解经、以史证经的求其是的解经方法,从而有别于理学家求其意的解经路数。《宋元学案》对其予以高度评价:"正其音释,考其名物度数,以补先儒未备,仍存其逸义,旁采远授,而以己意终之。"④

许谦又更多关注知识的客观性,主要表现在由传注以求"道"时,对训诂、考证等的注重,这在他现存著作中很明显。这样,"道"不仅不会由传注求得,反而容易与之剥离,存于别处,书本剩下的就是训诂和考证了。这是由传注以求"道"的必然结果。传注是朱熹思想中社会伦理道德纲常之理的集中体现,重视它即是对道德知识、如何做圣贤的追求,但一味重视而穷究下去,最终会落在求字义明的细微处,而与初衷有违。因而,出现了许谦的

---

①　吴师道:《读四书丛说序》,载《四库全书》《经义考》卷二五四,文津阁影印本。

②　黄溍撰、王颋点校:《黄溍全集》下册,天津古籍出版社 2008 年版,第 459 页。

③　纪昀等:《四库全书》《经部(八)·四书类》《读四书丛说》,文津阁影印本。

④　黄宗羲原著,全祖望补修,陈金生、梁运华点校:《宋元学案》卷八二《北山四先生学案》第 4 册,中华书局 1986 年版,第 2757 页。

这个看似矛盾之处。[①]

结论之三:金华朱学的相对衰落,许谦弟子为宋濂、王祎等吕学后续所压倒是直接原因。

许谦于东阳八华山讲学授徒,几四十春秋。学子多达千余,遍及大江南北,成为元代江南教育盛典。于元末明初确切地说是自许谦殁后,其弟子胡翰、许元(许谦子)、范祖幹、叶仪、朱廉等,虽也随宋濂、王祎、戴良等被朱元璋罗织入朝。但其实际地位,尤其在学术上的建树和影响方面,已无法与以振兴吕学为己任的宋濂、王祎辈相颉颃。正是基于这一事实,才有北山学派衰落之说。反之亦说明,许谦在世时金华朱学在婺地绝对是独领风骚的。

同时,许谦之注重"章句训诂"为学功夫,受到了当时婺中著名学者陈樵、宋濂的奋力反对和批评。陈樵对宋濂说:

> 秦汉而下,说经而善者不传,传者多不得其宗。淳熙以来,群儒之说尤与洙、泗、伊、洛不类。余悉屏去传注,独取遗经,精思至四十春秋,一旦神会心融,灼见圣贤之大指。譬犹明月之珠,失之二千年,上自王公,下至畎隶,无不伥伥日索之终不可致,牧竖乃获于大泽之滨,岂可以人贱而并珠弗贵乎?吾今持此以解六经,决然自谓当断来说于吾后云。[②]

可见,陈樵之为学功夫是"屏去传注,独取遗经",与许谦注重"传注训诂"截然不同。陈樵此说,深为宋濂所接受。宋濂在《元隐君子东阳陈公先生鹿皮子墓志铭》中云:"元统间,濂尝候君子洞中,君子步履出,速坐之海红花底,戒侍史治酒浆菹醢,亲执斝献酬,歌古词以为欢。酒已,君子慨然曰……。濂受其说以归,间尝质之明经者,或者曰:'近时学经者,如三尺之童观优于台下,但闻台上语笑声,而弗获见其形,所以不知妍媸,唯人言是信。'君子之论伟矣。"[③]由此可见,宋濂也明确主张"舍传读经",反对在章句

① 高云萍:《北山四先生研究》,浙江大学2007年博士学位论文,第105页。
② 宋濂著,罗月霞编:《宋濂全集》第1册,浙江古籍出版社1999年版,第400页。
③ 宋濂著,罗月霞编:《宋濂全集》第1册,浙江古籍出版社1999年版,第400—401页。

训诂上下功夫。他在为朱震亨所作的《表辞》中说:

> 夫自学术不明于天下,凡圣贤防范人心、维持世道之书,往往割裂掇拾,组织成章,流为哗世取宠之具。间有注意遗经,似若可尚,又胶于训诂之间,异同纷挐,有如聚讼。其视身心,皆藐然若不相关,此其知识反出于不学庸人之下。①

当时的婺中学者,唯陈樵、宋濂马首是瞻。可以想象,元末的金华朱学传人,自许谦殁后,哪个还敢出来与陈樵、宋濂理论。由此可见,至元以后的婺州学界,许谦为代表的金华朱学,真正的日趋衰落。这从发生于至正十年(1350)至至正十三年(1353)间的,由戴良引发的"天机流动"之辩的论战中,也可以看出端倪来。这场发生于元末的学术论战,是婺学史上少见的而影响深远的学术争辩。论战由戴良引发,宋濂学派的王祎、郑涛,以及宋濂自己也参加到论辩中来。陈樵则以一己之力,力排众议,由"易经神学"解"天机"。许谦弟子胡翰则以"天机"为庄子说而诺诺辩之。胡翰之论,远不及王祎、郑涛来得深刻(有关这场论辩详情,见本著第五章)。金华朱学传人,在至正年间的婺州学术地位已大不如以前。

尽管,金华朱学在元末明初日显衰落,但其对明代学术之影响却依然深远。朱元璋以儒学立国,早在其金华政权时期,他即网罗婺州宋濂、许谦二家学者,以充智囊。明王朝建立后,程朱理学成为官学。成为官学的"程朱理学",在其内容上决非北山学派所传之"金华朱学"。很大程度上,它是一种被宋濂、王祎整合改造过的朱学,至少它包含了吕学重"中原文献"的学术品格。因此,在明初,金华朱学只能以"程朱理学"的面目,在宋濂、王祎等担纲的学术舞台上,逐渐失去曾经的主角的地位。然而,"金华朱学"对后世的影响,还不断地在章懋、罗钦顺诸人的思想中找到影子。如章懋弟子应璋问章懋何为学,章懋曰:"勉斋真实心地,刻苦工夫,八字尽之矣。"②

章懋为婺兰溪人,不忘北山四先生之学似可理解。而与章懋同时于南

---

① 宋濂:《故丹溪先生朱公石表辞》,见宋濂著,罗月霞主编:《宋濂全集》,浙江古籍出版社1999年版,第2137页。

② 黄宗羲著,沈芝盈点校:《明儒学案》卷四五《诸儒学案(上三)》,中华书局2008年版,第1075页。

京为官的江西罗钦顺,也把许谦强调的"理一分殊"时时攥住。他云:"窃以性命之妙,无出'理一分殊'四字。盖一物之生,受气之初,其理惟一;成形之后,其分则殊。其分之殊,莫非自然之理,其理之一,常在分殊之中,此所以为性命之妙也。语其一,故人皆可以为尧、舜;语其殊,故上智与下愚不移。""若有恒性,理之一也;克绥厥猷,则分之殊者。隐然寓乎其间,成之者性,理之一也;仁者、知者、百姓者,分之殊也。天命之谓性,理之一也;率性之谓道,分之殊也。性善理之一也,而其言未及乎分殊,有性善有性不善,分之殊也,而其言未及乎理一。"①

---

① 黄宗羲著,沈芝盈点校:《明儒学案》卷四七《诸儒学案(中一)》,中华书局 2008 年版,第 1111 页。

陈樵之学:慈湖余绪姚江先导

第三章

陈樵(1278—1365),字君采。亭塘人。元末,隐居小东白山圁谷洞少霞洞。常着鹿皮衣,自号鹿皮子。性至孝,幼承家教,继师事李直方,受《易》《诗》《书》《春秋》之学。历 40 年恍然领悟,见解独到。樵不入仕途,专意著述。生平足迹未尝越出家乡,而声誉远达朝廷,知名人士多有投书谘访。年 88 卒,著述甚丰。①

赵香砂《述史传》云:"自朱吕倡学东南,学士承传之惟谨。迨元末,而精思力诣者各以所造自成学,若蜀资州黄泽、金华陈樵最显名。"②黄泽(1259—1346),字楚望,蜀资州人,师承程朱,作《易春秋二经解》《二礼祭祀述略》。赵汸为其及门弟子。《元儒考略》称:"近代覃思之学,推泽为第一。"③

陈樵能与黄泽并列,可见陈樵在元末学术界地位不低。

陈樵弱冠即博综群籍,精熟六经;以"屏去传注,独取遗经"之治学旨向,精探其理十数年;一旦神会心融,以为圣贤之大意断然而趣可识,片言而道可尽焉。于是隐居山野,著书 10 余种,终成一位独具创见的理学大家。陈樵以易学"神道设教"论为基点,强调"知觉"神性特质,把"性"放置于人心精神层面加以阐发,构建起以"谓神所知之谓智""心之精神曰性""良知得之自然"等论断为核心,以"神本"为特质的"良知"形上学说,超越了慈湖"心之精神是谓圣"心学境界,为阳明心学的最终完成提供了理论基础。是故清初大儒孙夏峰称其为"守先待后之儒";④纪昀等则称其"'谓神所知之谓智',实慈湖之绪余,而姚江之先导"。⑤

陈樵幼警敏,过庭受业,承父亲陈取青家学。后又从石一鳌弟子东阳李

①　党金衡主修,东阳市人民政府地方志办公室整理:《道光东阳县志》,西泠印社 2017 年版,第 430—431 页。

②　王崇炳著,应守岩点校:《金华征献略》卷五,赵一生主编:《东阳丛书》第 15 册,浙江古籍出版社 2014 年版,第 129 页。

③　冯从吾:《元儒考略》卷四《传记类三》,《四库全书·史部七》。

④　孙奇逢:《理学宗传(二)》,山东友谊书社 1989 年版,第 1257 页。

⑤　纪昀等:《四库全书总目》卷一六八《集部 21》《别集类 20》,文渊阁影印本。

直方游,受《易》《诗》《春秋》大义。陈取青与李直方皆为义乌大儒石一鳌弟子。石一鳌受朱学于同邑的徐侨,在义乌绣川湖边讲学授徒,门生有数百人。陈取青为蟠松高第弟子,史称"蟠松门人"。徐侨,字崇甫,义乌人。从学吕祖谦门人叶邽,复登朱熹之门。其学吕学兼之朱学。因卒后谥号文清,故学者称其为文清学派。冯云濠在《沧州诸儒学案(上)》中说,全祖望序《丽泽诸儒学案》云:"明招诸生,历元至明未绝。"亦兼指文清所传学派而言。①陈樵与黄溍皆为文清学派传人。

陈樵为慈湖私淑。

慈湖之学在甬上最盛,次淳安。婺州学者对慈湖心学的接受,则始自吕祖俭。

淳熙九年(1173),吕祖俭受铨命赴四明任监仓之职。吕祖俭离婺入甬,在把吕氏史学传统带入四明的同时,也深受甬上心学浸染。他与"甬上淳熙四先生"交游甚深,以致在"舒璘以宦游出"以后,取而代之,而忝列新"甬上淳熙四先生"。连朱熹都如此认为,他对将任鄞尉的滕德粹说,那个地方有杨简、袁燮、沈焕、吕祖俭,你可以与他们商讨交流学问。②

吕祖俭对四明学术的融入,不仅仅表现在讲学上,他在学术思想上也几乎接受了慈湖心学。他曾教弟子曰:"'心之精神是谓圣。'孟子仁人心也,人心即道,故舜曰:'道心日用,平常之心即道。'"③已经完全与慈湖一个调子。慈湖婺州弟子有叶秀发、傅大原等。另据记载,绍定三年(1230)前后任东阳县令的赵与篡,慈湖的弟子。据《宁波府志》载:"赵与篡,字德渊,太祖十世孙,初寓青田,嘉熙中,知平江府,郡中饥,分场设粥,以寓公方万里,董其事全活数万人,行饮射礼,于学宫广弦诵,以严教养学官子弟,为立生祠。慕杨文元公简,创道学于慈溪,不远千里,因从弟与明,诣门授业,得其心学,历官司农少卿,兼知庆元府,沿海制置副使,度地县(今宁波慈城)之湖北,创立慈湖书院,以崇祀之,遂自青田就居慈溪。累官至提举洞霄宫,赠

---

① 黄宗羲原著,全祖望补修,陈金生、梁运华点校:《宋元学案》第 3 册,中华书局 1986 年版,第 2263 页。

② 黄宗羲原著,全祖望补修,陈金生、梁运华点校:《宋元学案》卷五一《东莱学案》,中华书局 1986 年版,第 1681 页。

③ 杨简:《铭张渭叔墓》,《慈湖遗书》卷五,山东友谊书社 1991 年版,第 190 页。

少师,谥忠宪。"①

《光绪慈溪县志》载:宋宝庆间(1225—1227),慈湖书院,在县东一里,慈湖之滨,以祀乡先生杨文元公。嘉熙间(1237—1240),制置使赵德渊迁于湖中之沚②。陈樵与象山后绪李存门人张翥,交往甚深。延祐七年庚申(1320),由钱塘赴太原举试,陈樵赋诗送之。③ 陈樵还与至正二年(1342)任庆元路儒学教授的朱文刚(字明德,天台人。《至正四明续志》卷二有载)有交往。

关键是陈樵在自己学术思想中高度融入了慈湖心学之要的。陈樵"心之精神曰性"命题,④直接慈湖"心之精神曰圣"之要的,并创新发展了这一源自孔子的心学学说。陈樵及门弟子杨苐曰:"先生之学,以诚笃为主,以沉静为宗,左图右史,一室萧然,敛容危坐至数月不越牟限。"⑤可见,陈樵为学功夫确乎出自慈湖心学一路。因而,把陈樵看作慈湖私淑,似无异议。

陈樵学术在元末"确然自成一家言",而且有"守先待后"之影响,但由于他没有像许谦那样开门授徒,因此其及门弟子不多。有史可考仅杨苐、陈世恭、吴子善数人。

陈樵曾想招宋濂继承衣钵。宋濂曾三次拜见陈樵。第一次在元统元年(1333)。这一年,宋濂 24 岁,陈樵 56 岁。第二次是在"三年"以后即至元二年(1336)。据宋濂《吴子善墓铭》载:"后三年,再谒先生,复见子善时,先生年耄重听,或有所问,子善从旁书濂言以对。及濂辞先生还,子善送至山高水长处,坐石共语,依依弗忍去。"⑥这一年,宋濂 27 岁,陈樵 59 岁。

第三次相见大约在至正十七年(1357)前后。陈樵《答宋景濂书》书云:"樵湖上不约而获见颜色,甚恨不能伸所欲言,至今怏怏。不肖濒死,欲以授

①　周希哲、张彻时:《嘉靖宁波府志》,台湾成文出版社 1966 年版。

②　杨泰亨修,冯可镛纂:《光绪慈溪县志》,清光绪二十五年刊本。

③　陈樵:《送张仲举归晋阳举进士》,载《鹿皮子集·青村遗稿》,中华书局 1985 年版,第 42 页。

④　陈樵:《少霞洞答客问序》,载《东阳亭塘陈氏宗谱》卷之四,2006 年重修版,第 4—6 页。

⑤　杨苐:《元故鹿皮子陈先生行状》,载《东阳亭塘陈氏宗谱》,2006 年重修本,第 47—55 页。

⑥　宋濂著,罗月霞主编:《宋濂全集》第 1 册,浙江古籍出版社 1999 年版,第 95 页。

人,苦无所遇,今以其大意刻之千岩禅师碑阴矣。"①宋濂在《元隐君子东阳陈公先生鹿皮子墓志铭》载:(陈樵)复贻书于濂曰,"予濒死,吾道若无所授,子聪明绝伦,何不一来,片言可尽也"②。陈樵临死前恳切邀请宋濂前来受其学。宋濂以"忧患相仍,亦未及往",轻易搪塞过去。对此,孙夏峰、马平泉多有嗔怪宋濂之意。孙夏峰曰:"樵之学大有宗统,濂何靳一再往,以毕其说耶!"③马平泉曰:"陈君采生当元季,槁死穷岩,……所以惓惓于宋景濂者,悠然想见其为人。吾独怪景濂,何不一往,以毕其说,乃为世俗之言所阻。"④

至正十九年(1259),陈樵故里东阳亭塘遭兵燹。陈樵著述毁于一旦。由于陈樵大部分著作已佚,今人又缺乏对他的研究挖掘,以致其人其思想长期不为世人所知,几成冷门绝学。

但陈樵学术对阳明心学有深刻的影响。明初东阳学者卢格,与阳明父王华为同科进士。王华曾讲学东阳,由此阳明曾循迹东阳,留有诗作⑤。郑善夫受心学于阳明,他曾说"是虽未及先生(王阳明)之门,然窃念先生之恩,信与生我者同死不忘也"⑥。可见,郑善夫虽未及阳明之门,但对阳明传道之恩,生死不忘。他在《经世要谈》中介绍陈樵的学术时称:"元东阳鹿皮子谓:秦而下说经而善者,不传,传者多未善。……神所知之谓智,知天下殊分之谓礼,知分之宜之谓义,……鹿皮子却是独到之学。"⑦可见,郑善夫对陈樵之学颇为推崇。阳明之学以"良知即天理""知行合一""致良知"为主要内容,陈樵"良知得之自然""神之所知之谓智",直接影响了阳明心学。王阳明认为"夫心之本体,即天理也""天理之昭明灵觉,所谓良知也"⑧。心即天即天

① 宋濂著,罗月霞主编:《宋濂全集》第4册,浙江古籍出版社1999年版,第2562页。

② 宋濂:《元隐君子东阳陈公先生鹿皮子墓志铭》,见宋濂著,罗月霞主编:《宋濂全集》,浙江古籍出版社1999年版,第401页。

③ 孙奇逢:《理学宗传(二)》,山东友谊书社1989年版,第1255页。

④ 王梓材,冯云濠撰,张寿镛校补:《宋元学案补遗》卷七〇,四明丛书本。

⑤ 党金衡主修,东阳市人民政府地方志办公室整理:《道光东阳县志》,西泠印社2017年版,第796页。

⑥ 郑善夫:《上阳明先生》《少谷集》卷二〇,四库明人文集丛刊,上海古籍出版社1993年版,第261页。

⑦ 郑善夫著:《经世要谈》,《读书笔记及其他三种》,王云五主编:《丛书集成初编》,商务印书馆1939年版,第2页。

⑧ 王守仁:《答舒国用癸未》,载《王阳明全集》卷五,上海古籍出版社1992年版,第190页。

理即良知,即自然世界、人类社会和其他所有具体事物之间的规律、法则。这种影响在王龙溪那里显得更加明显。王龙溪说:"'良知是造化之精灵',吾人当以造化为学。"①造化乃"自然"之义也。"圣人所以为圣,精神命脉全体内用,不求知于人",可见王龙溪对陈樵之学多有接受。

"致良知",是王阳明心学体系的核心。"良知良能"说源于孟子,其含义是指天赋的道德意识与道德能力。"良知"之说,在陈樵这里,被以"良知得之自然"的精辟命题被提出来。牟宗三把王阳明的"良知说"与康德的"道德形上学"比较后认为:良知是"智的知觉""良知即天理"。②陈樵学术以"神之所知谓之智""知觉性之知""良知得之自然"等为核心,可见其"良知说"是以"神知"为理论基点,从"神知"而论及"智",又从"智"至"知觉"再进入"良知"论域,逻辑严密。从哲学角度分析,完全有理由认定:陈樵学术在内涵上开启了王阳明的"致良知"学说,为阳明心学的完成打下了基础。

陈樵所处的时代正是元朝理学发展的停滞期。③他以"山林穷经"纯学者身份,承家学渊源,私淑慈湖杨简,长期隐居山涧,潜心读书著述,终成一位独具创见的理学大家。稍长于陈樵的东阳乡贤许谦,是元代北山学派的理学大师,与当时的理学大师许衡并称"南北二许"。陈樵学术及其对后世影响均不亚于许谦,于元末婺州学术界以心学为长而确然自成一家言。

一、陈樵学术渊源

陈樵父亲陈取青,宋国学进士,为义乌石一鳌高足,石氏师文清徐侨,为朱学嫡传。陈樵幼警敏,过庭受业;又从石一鳌弟子李直方游,受《易》《诗》《春秋》大义。他弱冠即博综群籍,精熟六经;以"屏去传注,独取遗经"之治学趣向,精探其理十数年;一旦神会心融,以为圣贤之大意断然而趣可识,片言而道可尽焉。于是隐居山野,著书10余种,终成一位独具创见的理学大家。

---

① 王畿:《东游问答》,载王畿撰,贡安国辑,朱之珩点校:《龙溪会语》,槐枫书社2017年版,第98页。

② 牟中三:《心体与性体》第一部第二章(上册),上海古籍出版社1999年版,第69页。

③ 徐远和:《理学与社会元代》,人民出版社1992年版,第10页。

陈樵以易学"神道设教"论为基点，强调"知觉"神性特质，把"性"放置于人心精神层面加以阐发，构建起以"谓神所知之谓智""心之精神曰性""良知得之自然"三大论断为核心，以"神知—自然"为特质的"良知"形而上学说，超越了慈湖"心之精神是谓圣"心学境界，为阳明心学的最终完成提供了理论基础。

(一)幼承父亲陈取青之学

东阳亭塘陈氏家族，其先世自闽迁姑苏，后又由吴兴迁富阳。有陈洪字宽夫者，登宋进士除授东阳教授，遭特多艰，遂隐居县北二十五里甘泉乡小岭之阳；是为迁东阳亭塘陈氏始祖。陈洪从子陈元寿，字居龄，宋国子监助教，自小岭迁居(东阳)县北之七里长塘，凿池筑亭，引水灌花，以为暮年游艺之乐，邑人因有亭塘陈氏之称，而谱亦以世所称名焉。(亭塘现行家谱以陈元寿为始祖。)陈元寿玄孙陈镐，字京甫，宋嘉定乙亥(1215)应举贤良之诏，勅授枢密院主管文字，历官翰林，三任升礼部郎中转兵部侍郎；咸淳己巳(1269)升正奉大夫礼部尚书兼行兵部事。陈镐从子陈性，字取青(十世)，又名希舜，通《尚书》《周易》又《程氏传》，博学善文，工草隶。咸淳四年(1268)试艺，赋仁人心，得伊洛之旨，太学生累章极谏，宋亡不仕。元伯彦丞相览其奏，须将大用之，终不起，惟闭户著书，隐居教子以成名儒。晚号闲叟翁。陈取青，即为陈樵之父。[1] 从陈洪一世至十四世，亭塘陈氏家族共有34位出官，有进士7位，其中在宋朝为官人数达21人，可谓家世显赫。[2]

陈樵幼承父学，过庭受业。

《宋元学案》卷七〇《沧州诸儒学案下》载：

> 陈取青，东阳人。受学石一鳌，慷慨有志节。子樵。(百家记。)
>
> (云濠谨案：《东阳县志》载先生云："其先居睦之富春，宋中叶来徙邑之太平里。先生国学进士，与闻考亭之学，自号闲叟翁。[3]")

---

[1] 《亭塘陈氏宗谱》卷之四，2006年版，第26页。

[2] 顾旭明：《陈樵及其思想研究》，中国文史出版社2011年版，第68页。

[3] 黄宗羲原著，全祖望补修，陈金生、梁运华点校：《宋元学案》第3册，中华书局1986年版，第2356页。

杨荮《元故鹿皮子陈先生行状》载：

> （陈樵父亲）名性，字取青，宋国学进士，慷慨有大节，尝抗章诋
> 时宰贾似道欺君误国状，迨元朝取宋，丞相忠武王伯颜阅架阁得所
> 进章，壮其言，征而欲用之，不为出；韬晦终身，晚自号闲叟翁，娶郭
> 氏。初，乡先生盘松石公一鳌得徽国朱文公之学于徐文清公，侨之
> 门人讲道绣川上，及门之士无虑数百人。翁实为高第弟子。先生
> 幼警敏，过庭受业，父子自相师友，朝夕讲贯而切磨之间。又从里
> 儒师复庵李先生直方游，以受易、诗、春秋大义。比弱冠，博综群
> 籍，自六经以下至诸子百家之言，靡不研究，既而疑淳熙以来诸儒
> 之说经者，与洙泗伊洛之旨有所未合，乃悉屏去传注，独取遗经，精
> 探其理，如是者十数年。[①]

陈樵之父陈取青，曾抗章诋谏当时的宰相贾似道欺君误国，可谓大义凛
然矣。到了元朝时，丞相伯颜看见他所进奏章，十分赞赏，想征其为官，但被
其拒绝，一心培养教育儿子，父子自相师友，朝夕讲贯而切磨之，终于把陈樵
培养成为一代大儒。

陈取青师从义乌石一鳌。石一鳌，字晋卿，号蟠松，义乌人，为王世杰弟
子。所著有《周易互言总论》十卷[②]。石一鳌受朱学于同邑的徐侨（另有介
绍），在义乌绣川湖边讲学授徒，门生有数百人。陈取青为蟠松高第弟子，史
称"蟠松门人"。因其晚岁号"闲叟翁"，故而其学又称为"叟翁家学"。陈取
青"敬慎以自持，坚毅以自立，颖悟通敏。下帷发愤，沉潜反复，精彻《尚书》
及《周易》《程氏》。传有司嘉其才，补太学生。与乌伤王龙泽善，而君之学尤
龙泽之所畏也。自龙泽遭际后，君未一与通，陛是布衣交，朝夕往来亲厚。"

《宋元学案》卷六九《沧州诸儒学案（上）》载：

> 徐侨，字崇甫，义乌人。从学吕东莱门人叶氏邽。登淳熙进

---

①　杨荮：《元故鹿皮子陈先生行状》，见《亭塘陈氏宗谱》卷之四，2006 年版，第
47 页。

②　黄宗羲原著，全祖望补修，陈金生、梁运华点校：《宋元学案》第 3 册，中华书局
1986 年版，第 2345 页。

士。调上饶县簿。复登文公之门，文公称其明白刚直，以"毅"名斋。尝言："文公之书，比年满天下，不过割裂掇拾，以为进取之资，求其专精笃实，能得其所言者盖鲜。"由秘书正字、校书郎兼吴益王府教授。寻直宝谟阁、提点江东刑狱，以迕史弥远劾罢。端平初，迁秘书少监、太常少卿。凡经奏对累数千言，皆感愤剀切，剖析理欲，分别黑白。帝数慰谕之，顾见其衣履弊垢，愀然曰："卿可谓清贫矣。"赐以金帛，固辞。先生退而上疏，言所谓"贫者，乃邦本未建，疆宇日蹙，权幸用事，将帅非材；旱蝗相仍，盗贼并起；女谒、阉宦，蠹国膏肓，执政大臣，戕时蟊贼，比之于臣，未为贫也"。帝为之感动。经筵侍讲，复开陈友爱大义，皇子竑得复爵邑。又请从祀周、程、张、朱，以赵汝愚侑食，宁宗皆如其言。金使至，无国书，先生论宜馆之于外，近则相息。弓休，迁工部侍郎，奉内祠兼侍读。以疾申前请，改宝谟阁待制奉外祠。卒，谥文清。同邑叶由庚、朱中皆门人也。

（云濠谨案：梨洲《学案》原本，归文清弟子朱先生元龙于《东莱学案》。谢山《序录》于《丽泽诸儒学案》云："明招诸生，历元至明未绝。"亦兼指文清所传学派而言。顾文清卒业于晦翁，为朱门高弟，数传而后，如黄文献诸先生多称朱学，则文清学派宜入《沧洲诸儒学案》为是矣。）①

徐侨之学，承吕祖谦。他"从学吕东莱门人叶氏邽"，叶邽乃吕祖谦高足。后"复登文公之门"，徐侨后来又及朱熹之门。因此，其学应该是吕学兼之朱学。故而冯云濠解释道，黄宗羲《学案》原本，把文清弟子朱元龙归于《东莱学案》。全祖望《丽泽诸儒学案》云："明招诸生，历元至明未绝。"亦兼指文清所传学派而言。但文清学子黄溍因多称朱学，所以最后把文清学派归入了《沧洲诸儒学案》。

石一鳌，《宋元学案》卷七〇《沧洲诸儒学案（下）》载：

① 黄宗羲原著，全祖望补修，陈金生、梁运华点校：《宋元学案》第3册，中华书局986年版，第2262—2263页。

石一鳌,字晋卿,义乌人,秘书丞王世杰弟子。(云濠案:黄晋卿表先生墓云:"少受业于王君若讷,既又从秘丞游。")世杰则徐文清弟子也,覃思于《易》。所著有《周易互言总论》十卷。(梓材谨案:先生号蟠松,见王海日《许氏四傅堂记》。)①

义乌黄溍撰有《石先生(一鳌)墓表》一通。其《墓表》云:

先生石氏,讳一鳌,字晋卿,世为婺之义乌人。至大四年(1311),年八十有二卒。……先生宋景定甲子(1264)乡恭进士也。人或莫用为其称,而称之必曰先生者。先生学者之共尊,众人之同慕也。初,徐文清公倡道丹溪上,及门者或仕或不仕,皆时闻人。文清之学,盖亲得考亭,而秘书丞王君世杰,则有得于文清者也。

先生少受业于盐榷货务都茶场王君若讷,既又从秘书丞君游,学日以茂实,大而声远。负笈而至,执弟子礼者,无虑数百人。然自秘书丞君以来,惟用举子业相授受,故先生之门,名贤书升学馆者相望,其高第或据乙科,最后榷货君(王若讷)之孙龙泽,遂为咸淳甲戌(1274)进士第一(状元也)。国朝以材学显荣于时者,犹彬彬也。识与不识者,咸以为先生之盛。至其端绪之微,蕴奥之邃,世固未必尽知也。盖先生晚年覃思于《易》,著互言总论十卷。其为说,不皆本于徐氏。凡文清之教,曰命,曰性,曰心,曰中,曰诚,曰仁,微辞奥义,……

溍生也后,幸获执弟子礼,而不及与夫数百人者,群游并进,于先生十卷之书,复未能与闻焉。②

从黄溍墓表记述可知,石一鳌卒于至大四年(1311),年八十有二,其生于南宋绍定三年(1230)。石一鳌与陈樵之师东阳李直方者,卒于同一年。石一鳌少受业义乌状元王龙泽之祖王若讷,后又从徐侨高足王世杰游,晚年

①　黄宗羲原著,全祖望补修,陈金生、梁运华点校:《宋元学案》第3册,中华书局1986年版,第2345页。

②　黄溍撰,王颋点校:《黄溍全集》(下册),天津古籍出版社2008年版,第721页。

覃思于《易》，著《周易互言总论》10卷，为研解象数理学之作。所论多为程颐、朱熹所未言。其说象工，说理当。今佚。其学说与文清徐侨不尽相同。黄溍与陈樵之父陈取青，同登石一鳌之门。而黄溍自称，"于先生十卷之书，复未能与闻焉"。可见，黄溍未得石一鳌真传。

《道光东阳县志》《四傅堂》记有石一鳌讲学八华山之事。四傅堂，在八华山之林塘，由许允昭兄弟建。王阳明之父王华有《四傅堂记》云：

> 四傅堂者，昭仁许允昭兄弟为方蛟峰、石蟠松、李草阁、吴德基四先生而作也。允昭之先素重儒术，不靳厚币，延聘四方名贤为弟子师。如蛟峰先生则致自严陵，蟠松先生则致自乌伤，草阁先生则致自永康，德基先生则致自兰江。师友东南，相继而集，诚批一门之盛典也！故 则双门之士，从蛟峰游者，则有曰仲文，曰仲举，曰民瞻者，咸以政绩显于时。从蟠松游者，则有曰华甫，曰功甫，曰希章者，咸以德行见重于乡。而登吴、李之门，则有李礼、兑亨、升亨、大有、中孚诸君，各以文学见推于远近。虽其所就不同，均不失为当时名士。是则四先生之有功于许氏诚大矣。于是允昭兄弟思其先德之所自，而惧其泽之易湮也，乃相与卜地于林塘之上，沿溪垒石，构屋数椽，列以窗棂，前跨溪流，别为水阁，左右环阑干，可通来往，凭观眺。溪外园墙，垣开小门。群弟子而肄业于中。扁其正堂曰"四傅"，使常目在之，知四先生之教为不可一日忘也。①

许允昭乃许谦后裔，因方蛟峰、石蟠松、李草阁、吴德基四先生曾经先后至八华山讲学，教育许氏后裔，即建"四傅堂"纪念之。从蛟峰游的许氏弟子，则有曰仲文，曰仲举，曰民瞻者，咸以政绩显于时。从蟠松游的许氏弟子，则有曰华甫，曰功甫，曰希章者，咸以德行见重于乡。登吴、李之门的许氏弟子，则有李礼、兑亨、升亨、大有、中孚诸君，各以文学见推于远近。因此，四先生之有功于许氏诚大矣。可见，石一鳌曾讲学东阳八华山。

---

① 党金衡主修，东阳市人民政府地方志办公室整理：《道光东阳县志》，西泠印社2017年版，第636页。

陈取青与义乌王龙泽友善,而且其学问"尤龙泽之所畏"。王龙泽(1246—1294),字极翁,一字潜渊,号静山,宋末婺州府义乌县赤岸(今义乌市赤岸镇青口村)人,他是宋朝第一百一十八个即宋朝最后一个状元,也是义乌历史上唯一的状元。王龙泽师从义乌名士石一鳌,与黄溍和陈取青同为其弟子,后入太学。南宋度宗咸淳十年(1274),王龙泽29岁,中甲戌科春榜状元。[1] 同年七月,度宗病逝,其子赵㬎即位,年仅4岁,是为恭帝。时元大将伯颜挥师南下,面对内忧外患,国势日危的局面,恭帝君臣回天无术,计无所施,正如当时京城民谣所言:"龙在泽,飞不得;万里路,行不得;幼而黄,医不得。"其中的"龙在泽"即指王龙泽,"万里路"即指榜眼路万里,"幼而黄"即指探花胡幼黄。王龙泽在中状元后,官授承事郎签书、昭庆军节度判官厅公事。德祐二年(1276),元军进攻临安(今杭州),恭帝君臣投降,宋朝遂告灭亡。元世祖忽必烈对南宋旧臣及士人较注意笼络,王龙泽是宋朝状元,忽必烈对其自是更为器重。十多年以后,于至元二十八年(1291),由前宋朝丞相留梦炎推荐,忽必烈特委之以江南行台监察御史之职,并差人备马亲去青口村相请,如是近十次。王龙泽感于元太祖之真诚,遂出山为官。王龙泽到任后,尊贤敬老,剪除豪强。时适逢蝗灾和旱灾,百姓苦不堪言。他带头捐俸赈恤,使灾民赖以生存。虽然王龙泽仕元后颇有治绩,但陈取青非势利之人,断然与其绝交——"未一与通"也,耿介独立之操行凌然可见。这大约也是陈樵淡泊名利,甘居寂寞之品行养成之根源。

归纳陈取青之学,史家有两种说法。一是杨苻和宋濂的"源自朱学"说。杨苻说:"初,乡先生盘松石公一鳌得徽国朱文公之学于徐文清公,侨之门人讲道绣川上,及门之士无虑数百人。翁实为高第弟子。"[2]也就是说,石一鳌在徐侨处得受朱子学,再由石一鳌传至陈取青。宋濂说:"(陈樵)父取青,国学进士,从乡先生石公一鳌与闻考亭之学。"[3]所谓"考亭之学"[4],即朱学也。二是"源于二程"说。《宋元学案》把"蟠松家学"归为"刘、李五传",把"叔翁

---

① 《义乌县志》,浙江人民出版社1987年版,第269页。

② 杨苻:《元故鹿皮子陈先生行状》,见《亭塘陈氏宗谱》卷之四,2006年版,第47页。

③ 宋濂:《元隐君子东阳陈公先生鹿皮子墓志铭》,见宋濂著,罗月霞主编:《宋濂全集·銮坡前集卷之四》,浙江古籍出版社1999年版,第402页。

④ 建阳考亭为朱熹父朱松生前选定的居住地。熹承父志,自绍熙三年(1192)至庆元六年(1200)定居于此并建考亭书院讲学,故名。

家学"归为"刘、李六传"。① 刘、李也者,即刘绚、李吁也。《宋元学案·刘李诸儒学案序录》将其归为"二程门人",全祖望案曰:"程子弟子最著者,刘、李诸公以早卒故,其源流未广。"《宋元学案》《博士刘质夫先生绚》条载:刘质夫"少通《春秋》,祖于程氏,专以孔、孟之言断经意,作传未就"。"先生殁,伊川哭之曰:圣学不传久矣!"《宋元学案》《校书李端伯先生吁》条载:"朱子《伊洛渊源录》曰:李校书尝记二程先生语一编,号《师说》,伊川称之,而祭文亦有传道之说。"②因此,从陈取青之学术传承脉络看,其"源于二程"是比较可信的。故而《东阳亭塘陈氏家谱》(上图藏本)称:"陈性字取青,有名希舜,通《尚书》《周易》又《程氏传》,博学善文,工草隶。咸淳四年试艺,赋仁人心,得伊洛之旨。"因此,陈樵之学《宋元学案》称之为《舣翁家学》,为"刘、李六传"。

(二)师李直方受《易》《书》《诗》《春秋》大义

《宋元学案》卷七〇《沧洲诸儒学案(下)》载:

> 李直方,字德方,东阳人。少以世业治《尚书》,举进士不第,退治伊洛之学。宋末,隐居教授。其受业弟子陈樵与胡减、陈士允皆以文学知名。③

宋濂称:"君子(陈樵)幼学于家庭,继受《易》《书》《诗》《春秋》大义于李公直方,其于天下之书无不读,无不解,学成而隐,邈然不与世接。"④陈樵门人杨苪称:"(陈樵)从里儒师复庵李先生直方造以受《易》《诗》《春秋》大义"。⑤ 李直方在为陈取青写的行状中也说:"樵,尝受业予门,号鹿皮子,君

① 黄宗羲原著,全祖望补修,陈金生、梁运华点校:《宋元学案》第 3 册,中华书局1986 年版,第 2352、2356 页。

② 黄溍撰,王颋点校:《黄溍全集》下册,天津古籍出版社 2008 年版,第 1064—1066页。

③ 黄宗羲原著,全祖望补修,陈金生、梁运华点校:《宋元学案》第 3 册,中华书局1986 年版,第 2353 页。

④ 宋濂:《元隐君子东阳陈公先生鹿皮子墓志铭》,见宋濂著,罗月霞主编:《宋濂全集·銮坡前集卷之四》,浙江古籍出版社 1999 年版,第 402 页。

⑤ 杨苪:《元故鹿皮子陈先生行状》,见《亭塘陈氏宗谱》卷之四,2006 年重修版,第47 页。

采其字也。文学德行,表为缙绅所重。"①

据隆庆《东阳志》载:"先生(李直方)一名幼直,字良佐。为人沈毅方介。""其所著书百余篇,皆未竟,惟《易象数解》为全书。至元中,录故上书言宋丞相者,至其家,则焚且久矣。"学者称其"复庵先生",因之陈樵又史称"复庵门人"。②

《亭塘陈氏宗谱》卷之四载有陈樵所撰的《复庵先生李公行状》,其行状云:

> 先生讳直方,字德方,东阳人,故宋正节侯蕲州府君之从诸孙也。先生沈毅方介有识度,小以世业治《尚书》,新义进士称其工,然心陋之弗务,举进士不第,退而治河洛之学,六艺之文、律历、度数、地理、边防水利之说,无遗业,而学必本于经济。咸淳中,丞相总万机,而居室樊襄且陷,天下将乱,大臣弗以告台谏百执事无异辞,而天子犹以为治也。先生尤(忧)之曰:礼乐行政自大臣出,君天下而不与焉。泯泯乎名号之示骧也,景定而后夫焉取帝制乎?天下将乱,在位弗言,议朝弗及直方也,敢忘恤纬之诗,漆室之叹乎!德祐初,会上求直言则抗疏,阙下不报有司,自京师以先生归。先生赋山有枢而返学兵书焉,盖逾年而国亡。至元中,皇帝录故上书,言宋丞相者起家至执政天下,望风景附先生羞称之,至访其遗书则焚且久矣,然家藏其书焉。科举废,始大肆其力于学,盖程子殁门人死,天下无传业其书存习矣,而不行天下无知,言执文中义又从而忖度之,言或似而义大乖讲师之蔽也。先生之学知然后行其行也,安行然后言其知也,审故于诸子之书,讲习论辩无遗焉。曰孔子之道存于方策,非是书之谓欤?斯道也,程张而下诸子之所尽心也,其无已则笔之于书焉。记问训诂云乎哉,不施之以身,而记问训诂之为,习其于河洛之学,不几于毫厘千里者未之有也。夫我则不然,六艺之文,易、春秋为难知,易不明于此,春秋先天下之

---

① 李直方:《清四府君行状》,见《亭塘陈氏宗谱》卷之四,2006年重修版,第40页。
② 黄宗羲原著,全祖望补修,陈金生、梁运华点校:《宋元学案》第3册,中华书局1986年版,第2435页。

义晦于象象。先生于书之通,春秋之正名,诗之理义,礼之庄,乐之和,无不悉达而邃于易易,于圣人之无不究,而潜心于伏义,稽之象数推之以理,照照也。曰数以定象,象以明理,象数达而理在其中也。程子之理,邵子之象数,易之义于是始判矣。孰能一之?一则易之为道,其犹示诸掌乎!然后业成行尊而家益贫,始与其子偶耕于南山之下,以终身焉。至大四年(1311),以终家于七十有二年矣。其所著书百余篇,皆未成,惟易、象数为全书云。

门人陈樵谨述①

陈樵此行状,把李直方家世、生平、学术渊源及特色交代得比较详备。

李直方乃宋正节侯蕲州李诚之从孙也。李诚之为吕祖谦高足,曾与叶适守蕲州,满门死士,芦烈可嘉。其家族东阳十香李氏,家学渊源深厚。祖辈皆登吕祖谦、朱熹之门。故而,其小时,则以世业治《尚书》,为王安石新学的所谓"新义进士"所赏识,然而,李直方心陋之弗务。后来,举进士不第,退而治河洛之学,六艺之文,律历、度数、地理、边防水利之说,无遗业,而学必本于经济。可见,其学术为永嘉经制之学。

咸淳中(约1269年前后),李直方居樊襄。咸淳九年(1273,元至元十年)正月,元军陷樊城。李直方十分担忧,大声疾呼:"天下将乱,在位弗言,议朝弗及直方也,敢忘恤纬之诗,漆室之叹乎!""恤纬之诗,漆室之叹",是两个典故,皆有"位卑未敢忘忧国"之意。可见,李直方与其祖先一样,忧国忧民之心甚切!陈樵之遗民心态,可能直接受其影响。李直方上疏朝廷,可是人家不理他,只得唱着《山有枢》这首有讽刺意味的歌,回到东阳。

元初,科举被废70余年,江南学术一片萧条。李直方则开始"大肆其力于学",认为"孔子之道存于方策,非是书之谓欤?斯道也。程张而下诸子之所尽心也,其无已则笔之于书焉"。这是旗帜鲜明地反对北山学派高扬的"《四书》学"。并视"记问训诂"之为学方法于不屑:"记问训诂之为,习其于河洛之学,不几于毫厘千里者未之有也。"他强调"知然后行其行也,安行然后言其知也"的为学功夫。重视读诸子之书,对学生讲习论辩无遗。这便是陈樵主张"屏去传注,独取遗经"的为学之道的渊源。可见,李直方的学术门

---

① 《亭塘陈氏宗谱》卷之四,2006年重修版,第117—119页。

径和功夫,对陈樵影响极大。

"秦汉而下,说经而善者不传,传者多不得其宗。淳熙以来,群儒之说尤与洙泗伊洛不类。余悉屏去传注,独取遗经,精思至四十春秋,一旦神会心融,灼见圣贤之大指。譬犹明月之珠,失之二千年,上自王公,下至皂隶,无不伥伥日索之终不可致,牧竖乃获于大泽之滨,岂可以人贱二珠弗贵乎? 吾今持此以解六经,决然自谓当断来说于吾后云。""吾以九畴为六府、三事,而《图》《书》为《易象》者不可诬。以片言统万论,而天下古今无疑义。以庸言释经子,而野人君子无异词。"①

可见,陈樵确以"屏去传注,独取遗经"为学术进路。陈樵的学术进路至少有两点必须引起重视。第一点是不重当时学者为阐释儒家经典所做的传注。"传注之学"者,主要是淳熙以来由朱熹《四书章句集注》所开创的学术之风。

所谓传注之学是指传注经典的治学态度与治学途径。中国古代学者往往以注解、阐述传统经典的方式而著书立说。"传""注"其实是两种不同的功夫与体例。"传,从人",是由经师、博士在口头讲习等过程中"展转引申"其义,向人阐发经典之微言大义;"注"则是"犹如水灌入田地里",是由学者通过对经典文本研究而进行的注疏。② 两者之不同源于注解对象的不同,其实质是经学史发展所历经的两个阶段,即传阶段与注阶段;也是经学传承的两种方式,及依靠人传承的方式与依靠文本传播的方式。先秦以降,这种崇圣人尚经典重传注的学术取向,成为中国学者的治学路径及方法。传注之学兴盛,注疏之作迭出。出现一部经典往往被不同时期、不同学者一再注解,甚至注上作注,称之为义疏;注疏本太多,又有了集注、集解之类。以《易经》为例,仅据《四库全书总目提要》著录的传注及有158部、1757卷,存目317部、2371卷。③ 此次,学术活动几成注解和阐述经典的功夫。

南宋传注学之盛,当推朱熹的《四书章句集注》刊刻。朱熹尽毕生精力

---

① 宋濂:《元隐君子东阳陈公先生鹿皮子墓志铭》,见宋濂著,罗月霞主编:《宋濂全集·銮坡前集卷之四》,浙江古籍出版社1999年版,第402页。

② 陈绪平:《郑玄与传注学的新范式》,《中华文化论坛》2013年第1期,第41—44页。

③ 史向前:《传注之学与文化传统》,《寻根》2001年第1期,第35—39页。

研究《四书》,并致力为其注疏,终于淳熙九年(1182)首次将《论语集注》《大学章句》《中庸章句》及《孟子集注》合为一集而于婺州刊刻行世。这不仅使"四书"单独演化成为一门学问,且渐被官方接受指定为当时国标教材和科举范本,以至为广大学校和学生奉为圭臬。① 其实这四部孔孟经典著作,秦汉以降就有人为注疏,只是它们为人们所重视程度不尽相同。其时,《大学》《中庸》尚未独立于《礼记》,《论语》于汉中期才列入经书类,《孟子》一书至隋唐还是一直视为子书。宋初,四书才为广大学者所广泛重视,且时有注疏。横渠、二程,以及二程后学杨时、谢良佐辈尤重《论语》《孟子》,并析《大学》《中庸》于《礼记》,使之独立成篇,于是,四书遂成之。朱熹则在张、程的基础上写成《四书章句集注》。《四书章句集注》流行于后世,前创后因,久则为律。② 尽管广大学者怀着浓厚的继承发扬传统文化之情结,热衷于对经典的注疏,并借此述己之新义,以"旧瓶装新酒"的路子各种发挥自己的见解和思想。这种过于依赖经典解释和阐述的活动,毕竟给学者的思维视野带来局限性,导致学术研究和学术思想长期难脱经学窠臼,少有体系严密的理论著作出现,缺乏学术创新之精神。

陈樵则于传注之学盛行的宋元时代,特立独行,以自己鲜明的个性和无所畏惧的精神,"悉屏去传注,独取遗经",又静心研究,以悟圣贤之大指。表现出一个学者应有的学术精神和理论勇气。实可为后世效矣。陈樵是一个极具"怀疑精神"的学者,敢于对权威发疑。他在 20 岁左右即博综群籍,自六经以下至诸子百家之言靡不研究;研究之后,就发现"淳熙以来诸儒之说经者与洙泗伊洛之旨有所未合",于是即隐居圁谷太霞洞 40 春秋,著书立说,纵横辨博,以一洗支离穿凿之陋。

当然,所谓的"怀疑精神"或"疑古派"都是近代才出现的,怀疑主义则是西方哲学学派。但考之史书,"疑经"之学术风气自宋即有。汉代传注之学大兴,宋儒即持批判态度,陆游曾说:"自庆历后,诸儒发明经旨,非前人所及。然排《系辞》、毁《周礼》、疑《孟子》、讥《书》之《胤征》《顾命》,黜《诗》之序,不难于议经,况传注乎!"③尽管宋儒们在这次以"疑经"为基调的思想解

---

① 朱汉民、肖永明:《宋代〈四书学与理学〉》,中华书局 2009 年版,第 4—5 页。
② 永瑢、纪昀等:《四库全书总目》卷三五,《序论》,中华书局 1965 年版,第 289 页。
③ 徐元和:《理学与元代社会》,人民出版社 1992 版,第 146 页。

放运动中表现出一些理论创新精神，从而创立了理学并使之发展，但由于他们并没有完全放弃对传注学的留恋，主要是朱熹以《四书章句集注》为代表的《四书》学一旦被政府确定为官学，并为学者校肆奉为圭臬之后，这种与传注之学还存有"割不断，理还乱"关系的理学，随之失去创新之活力而把自己送上日益衰落趋向。这种现象在北山学派的身上极为明显地表现出来。北山学派中以王柏的疑经思想最为突出，他对《尚书》《诗经》《论语》《孟子》等都提出过怀疑。他怀疑《诗经》是否为周孔之旧，竭力主张删去其中 32 篇"淫诗"；(《诗疑》卷一)认为《论语》是"古《家语》之精语也"。① 《孟子》是其"自著之书"。② 他甚至怀疑朱熹的《四书章句集注》，认为"苟有证据，不妨致疑于期间"。③ 值得注意的是，在北山学派中，一方面持宋儒一贯的疑经态度，另一方面自何基、王柏至金履祥、许谦又皆崇朱熹《四书章句集注》之学，对传注之学恋恋不舍，如金履祥把传注之学的方法移至《四书章句集注》，提倡为其再行注疏；许谦则进一步提出"由传注以求经，有经以知道"的治学路径。最终把北山学派送上归途而致朱学衰落，为明朝心学兴盛启开了另一扇门。

陈樵的怀疑态度与北山学派有根本之区别，陈樵的治学态度和路径与许谦"由传注以求经"截然不同。陈樵是"悉屏去传注，独取遗经"，他怀疑的仅仅是后人对经典做出的传注，而对先儒们的经典则持十分尊重的态度，独遗经而取之，并十分认真地潜心研读之。

受父亲陈取青和尊师李直方的影响，陈樵自延祐元年（1314）乡闱不中后，即隐归山林，毕生不仕。而且在他的诗歌中强烈地表现出一种宋遗民心态。这种遗民（或说爱国情怀）心态集中体现在他的《题建炎遗诏》《宣和滕奉使茂实》等诗上。

题建炎遗诏

解下涂金滕上衣，怱怱命将墨淋漓。

图中吴楚无端拆，月里山河一半亏。

---

① 王柏：《家语考》，《鲁斋集》卷九，《四库全书》本。
② 王柏：《朱子读书法》，《金华王鲁斋先生正学编》卷下，《率祖堂丛书》本。
③ 王柏：《答叶通斋》，《鲁斋集》卷八，《四库全书》本。

> 银汉经天都是泪，杜鹃入洛不如归。
>
> 黄衣传诏三军泣，不是班师诏岳飞。

诗中谴责了南宋君臣的逃跑、投降主义，山河破碎，风雨飘摇，军民痛哭流涕，是惋惜抗金英雄岳飞，充满了国破家亡的深悲剧痛。"更是对元末战乱时局的深沉感慨。"①邓绍基《元代文学史》评曰："这首诗批评南宋君臣逃跑政策的错误，诗意明畅，手法却较含蓄。"②绍兴十年（1140），金撕毁条约，率兵南下，占领开封、洛阳、归德三城，分兵进入陈州（今河南省淮阳县），并向河南、陕西进军。南宋朝廷此时连发诏令催促岳飞做好相应的军事准备。是年六七月间，岳飞以其严密的战略部署和惊人的军事能力先后收复颍昌（今河南许昌）、淮宁府（今河南淮阳县）、郑州、洛阳等地。岳飞捷报频频传向南宋朝廷。这其实是违背了赵构及秦桧的议和之计的，于是，南宋朝廷以十二道诏令催促岳飞班师，另一方面，令张俊、王德率所部班师回庐州。张俊、王德的班师令岳飞处于孤军奋战、后备不济的窘境，无奈之下，只得选择从颍昌班师回朝，于是颍昌、淮宁、蔡、郑诸州皆复为金人所取，岳飞收复河朔的计划及努力自此也彻底地随之付诸东流。

据《建炎以来系年要录》载：湖北京西宣抚使岳飞自郾城班师。飞既得京西诸郡，会诏书不得深入，其下请还，飞亦以为不可留，然恐金人邀其后，乃宣言进兵深入，逮敌已远，始传令回军。……（飞）奏曰：臣闻汉有韩信，项羽投首；蜀有诸葛，二主复兴。臣虽不才，所望比此。乞与陛下深入敌境，复取旧疆，报前日之耻。伏望陛下察臣肝胆，表臣精忠。表到，秦桧大怒，忌侯功高，常用闲谋于上，又与张俊、杨沂中谋，乃遣台官罗振奏兵微将少，民困国乏，岳飞若深入，岂不危也？陛下降旨，且令班师，将来兵强将众，粮食得济，兴师北征，一举可定，雪耻未晚，此万全之计。时侯屯军于颍昌府、陈、蔡、汝州、西京、永安，前不能进，后不能退。忽一日诏书十二道令班师赴阙奏事。按罗汝楫此时为殿中侍御史，传所谓台官，乃汝楫也。③

---

① 周惠泉、杨佐义：《中国文学史话》（辽金元卷），吉林人民出版社 1998 年版，第 560 页。

② 邓绍基：《元代文学史》，人民文学出版社 1991 年版，第 508 页。

③ 李心传：《建炎以来系年要录》卷一三七，《丛书集成初编》，商务印书馆 1935 年版，第 2203 页。

《宋史》亦云：方指日渡河，而桧欲画淮以北弃之，风台臣请班师。飞奏："金人锐气沮丧，尽弃辎重，疾走渡河，豪杰向风，士卒用命，时不再来，机难轻失。"桧知飞志锐不可回，乃先请张俊、杨沂中等归，而后言飞孤军不可久留，乞令班师。一日奉十二金字牌，飞愤惋泣下，东向再拜曰："十年之力，废于一旦。"飞班师，民遮马恸哭，诉曰："我等戴香盆、运粮草以迎官军，金人悉知之。相公去，我辈无嗟类矣。"飞亦悲泣，取诏示之曰："吾不得擅留。"哭声震野，飞留五日以待其徙，从而南者如市，亟奏以汉上六郡闲田处之。① 岳飞"取诏示之"之"诏"疑即陈樵所题之遗诏。"黄衣传诏三军泣"，形象地写出了接到诏书后包括岳飞本人在内的军民的悲泣、愤惋。

然而，这封遗诏历来不知所终，史书中无载。可以证明赵构有班师诏书的决定性的证据，就是赵构的诏书：

> 得卿十八日奏，言措置班师，机会诚为可惜。卿忠义许国，言词激切，朕心不忘。卿且少驻近便得地利处，报杨沂中刘锜共同相度，如有机会可乘，约期并进。如且休止，以观敌衅，亦须声援相及。杨沂中已于今月二十五日起发，卿可照知。遣此亲札，谅宜体悉。

可见，岳飞确实收到过一封赵构于八日左右发出的措置班师诏书。至于那封诏书的最终去向，秦桧是脱不了干系的。

刘体信《苌楚斋随笔》卷九中言：元陈樵撰《鹿皮子集》四卷，中有《题建炎遗诏》诗云："银汉经天都是泪，杜鹃入洛不如归。黄衣传诏三军泣，不是班师诏岳飞。"《寒食词》云："绵火上攻山鬼哭，霜华夜入桃花粥。重湖烟柳高插天，犹是咸淳赐火烟。"时距宋之亡几至百年，其志犹拳拳赵氏。语见阳湖蒋彤《丹棱文钞》中《书鹿皮子集后》文中。声木谨按：鹿皮子志洁行芳，眷念赵宋，至百年之久，必其祖若父忠于赵宋。鹿皮子慎终追远，念念不忘若此，可谓忠孝兼尽，洵宋代之完人。②

---

① 脱脱等：《宋史》卷三六五，中华书局 1977 年版，第 11391 页。

② 刘声木撰，刘笃龄点校：《苌楚斋随笔续笔三笔四笔五笔》续笔卷九，中华书局 1998 年版，第 430—431 页。

蒋彤《丹棱文钞》中《书鹿皮子集后》案:《元史·隐逸传》无鹿皮子姓名,乃史臣之失。若鹿皮子者,真隐逸也。观其《题建炎遗诏》云:"银汉经天都是泪,杜鹃入洛不如归。黄衣传诏三军泣,不是班师诏岳飞。"《寒食词》云:"绵火上攻山鬼哭,霜华夜入桃花粥。重湖烟柳高插天,犹是咸淳赐火烟。"距宋之亡几至百年,其志犹拳拳赵氏,或谓其避乱不仕者,未为得之也。①

蒋彤与刘体信都从《题建炎遗诏》《寒食词》等咏史怀古诗中读出了陈樵忠于赵宋的遗民情结,刘甚至赞陈樵为"忠孝兼尽,洵宋代之完人"。

宣和滕奉使茂实

鸭绿少年骄不舞,大梁花石春无主。

天与诏人十四州,四海九州非汉上。

汉使相看堕节毛,乌鸟黑头羝不乳。

旧时别赠杨柳枝,插向云中今十围。

滕茂实,字秀颖。东阳东门外滕(陈)宅街人。宋靖康初奉命出使金国,被拘留在云中郡,并逼令换饰金国服装,茂实竭力抗拒,请从旧主俱行,金人不许,忧愤成疾而逝。临殁令以黄幡裹尸,刻书"宋使节东阳滕茂实墓"。金人念其忠贞,将遗体安葬在台山寺下,按时祭祀。朝廷追赠为龙图阁直学士。《宋史》卷四四九有传。

宋濂《滕奉使赞》中写道:

> 东阳滕茂实,当宋靖康初,以太学正与金书路允迪奉使于金,议割三镇、太原。寻奉密诏据城不下,金人怒,囚之云中。钦宗北迁,茂实谒见,涕泣请从行,主者不之许。其后允迪南归,茂实独留雁门,终身不再仕。②

---

① 蒋彤:《丹棱文钞》卷二,光绪中武进盛氏雕本。

② 宋濂:《滕奉使赞》,宋濂著,罗月霞主编:《宋濂全集》,浙江古籍出版社1999年版,第49—50页。

接着用对比手法,同样以黄门侍郎出使金国的宇文虚中则"改节易行,反面事房",突出了滕茂实"不事二君"的忠义之举。最后赞曰:

> 汉有苏武,奉使不屈。滕公配之,有声烈烈。黄幡裹尸,以全臣节。如璧之白,弗缁弗缺。其人虽亡,而神不灭。上游帝所,凌厉日月。降臣见之,肝碎胆裂。敢述赞辞,勒在贞碣。①

陈樵的诗同样赞颂了滕茂实的忠贞节义,"天与辽人十四州"大概指的就是"议割三镇、太原"。"汉使相看堕节毛,乌乌黑头羝不乳。"也即宋濂所谓"汉有苏武,奉使不屈。滕公配之,有声烈烈",同汉代苏武牧羊差可比肩。《汉书·李广苏建传》云:"乃徙武北海上无人处,使牧羝,羝乳乃得归。……杖汉节牧羊,卧起操持,节旄尽落。"②诗结尾虚写,赠别时的杨柳枝插地而活,今已十围,暗用桓温"木犹如此,人何以堪"之典,表达了崇敬与思念之情。

至大四年(1311),李直方以七十二岁的寿命,卒于家。由此推定,李直方应该生于宋嘉熙四年(1240)。其所著文百余篇,皆未成书,只有《易》《象》数为全书。一位颇具开创性的学术巨匠,就这样湮没在元代这个动荡的社会里。他对陈樵的影响是巨大的,而陈樵之学,则因宋濂不肯承接,其学术著作又毁于至正十八年(1358)兵燹,而鲜为人知。文清学派续传中的两位最具创新精神的学者,其学术几成绝学。

据《宋元学案》《宋濂全集》《道光东阳县志》《东阳亭塘陈氏宗谱》等资料,陈樵学术流源如图 3-1。

由此可见,陈樵之学源于二程。他系于"程子弟子最著者"刘绚、李吁学脉,为"刘李六传"子弟。同时,他又是文清学派传人,直肇婺学创始人吕祖谦;与宋濂、王祎、戴良、陈基、刘涓等属同门师友,因此有人将陈樵《鹿皮子集》与刘涓之《青村遗稿》合为一书出版,也概念其同门[同学为朋,同门(同志)为友]者也。

---

① 宋濂:《滕奉使赞》,宋濂著,罗月霞主编:《宋濂全集》,浙江古籍出版社 1999 年版,第 50 页。

② 班固撰,颜师古注:《汉书》,中华书局 1962 年版,第 2463 页。

胡惑　陈士允

李直方

石定子

徐侨 → 王世杰 → 石一鳌 → 陈取青 → 陈樵 → 杨苐　吴子善

朱元龙　叶由庚　朱中

黄溍

宋濂　王祎　戴良　陈基　刘涓　蒋允升　高明

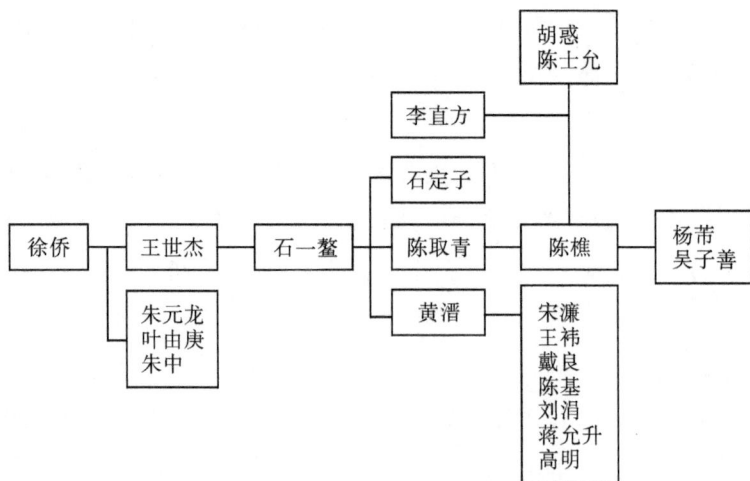

图 3-1　陈樵学术流源图

（三）私淑慈湖杨简

杨简（1141—1226 年），字敬仲，号慈湖，慈溪人。乾道五年（1169）进士。曾任富阳主簿、乐平知县、温州知府等，以耆宿大儒膺宝谟阁学士，谥号"文元"。致仕后筑室德润湖（后更名慈湖），世称慈湖先生。其著述主要有《慈湖遗书》18 卷，又续集 2 卷；《慈湖诗传》20 卷；《杨氏易传》20 卷；《五诰解》等。

慈湖任富阳主簿时，曾受陆九渊亲炙，兹后"忽觉此心澄然清明"，遂拜象山为师，沉潜于心学。慈湖与舒璘、沈焕、袁燮、韩宜卿、蒋存诚、沈文彪、汤建、叶秀发、韩度为友，往复切磋，形成了自己的心学体系。又于甬上兴学授徒，遂成"慈湖学派"（又称四明学派）。慈湖与袁燮、舒璘、沈焕等，世称"甬上淳熙四先生"。全祖望在《同谷三先生书院记》中云："吾乡前辈，于朱、吕、陆三家之学并有传者，而陆学最先杨、袁、舒、沈，江右弟子莫之或京。杨、袁尤多昌明之功。"[①]慈湖之学把"心"作为哲学最高范畴，发挥象山"本心"说，认为"人心即道，自灵自明"。[②] 又以易理阐明其宗旨，认为"易者，己也。……以易为天地之变化，不以易为己之变化不可也。天地，我之天地；

---

① 黄宗羲原著，全祖望补修，陈金生、梁运华点校：《宋元学案》卷七四《慈湖学案》，第 3 册，中华书局 1986 年版，第页。

② 杨简：《慈湖先生遗书》卷一〇，山东友谊书社 1991 年版，第 538 页。

变化,我之变化"。"天者,吾性中之象。地者,吾性中之形。故曰在天成象,在地成形,皆我之所为也。"①"天地之心,即道,即易之道,即人之心,即天地,即万物,即万事,即万理。"②把"道""性""仁"万事万物万理等皆归结于人"本心"之中。慈湖学派与朱学吕学后绪的北山学派、文清学派等并盛于浙东,成为象山"心学"向阳明"心学"发展的中间环节。

慈湖弟子众多,如袁甫、冯兴宗、史弥忠、钱时、洪梦炎、陈损、桂力荣、童居易、舒铣、舒衍、郑节夫、顾平甫、傅太原、薛疑之、真德秀、刘宰、史蒙卿、王扬、郑五、赵访、陈苑、桂彦良、黄震、赵僧等者。全祖望在《石坡书院记》云:

> 慈湖弟子于大江以南,《宋史》举其都讲为融堂钱氏。予尝考之,特以其著述耳。若其最能昌明师门之绪者,莫如鄞之正肃袁公、蒙斋侍郎陈公、习庵及慈之桂公石坡。顾袁、陈以名位著,而桂稍晦。……桂氏自石坡以后,世守慈湖家法,明初尚有如容斋之敦朴,长史之深醇,古香之精博,文修之伉直,声闻不坠,至今六百余年,犹有奉慈湖之祀者,香火可为远矣。③

可见,慈湖之学在甬上最盛。元际石坡先生桂万荣建石坡书院以传慈湖心学,其后绪世守慈湖家法。宋元之际,朱学入甬,且慈湖甬上弟子史蒙卿等皆由陆入朱。黄百家有云:"四明自杨、袁、舒、沈从学于象山,故陆氏之学甚盛。其时传朱子之学者有二派:其一史果斋(史蒙卿),从辈氏入;其一余正君,从辅氏入,故为四明朱门一、二两案。又王深宁从学于王埜,埜从学于真文忠公,亦出自朱门詹体仁者也。"④其时甬上朱学盛行,渐有压倒慈湖心学之势。逮元末,有宝峰先生赵偕"固慈湖之余习",挽四明心学之颓势,

———————

①　杨简:《慈湖先生遗书》卷七《家记一·己易》,山东友谊书社1991年版,第291—292页。

②　同上书,第328—329页。

③　黄宗羲原著,全祖望补修,陈金生、梁运华点校:《宋元学案》卷七四《慈湖学案》,第3册,中华书局1986年版,第2491页。

④　黄宗羲原著,全祖望补修,陈金生、梁运华点校:《宋元学案》卷八七《静清学案》,第4册,中华书局1986年版,第2910页。

出现中兴之局。① 赵偕之学以究明本心为要的,其为学功夫主张"反观如道"以见"是心之光"。② 其重视的是一种直觉体验。

赵偕之后,又有桂彦良、乌本良、向寿诸君继之。全祖望与郑南溪论《明儒学案》事目云:"杨文元公之学,明初传之者尚盛。其在吾乡,桂文裕公彦良、乌先生春风、向献县朴,其著也,是为慈湖四传之世嫡。"③桂彦良、乌本良、向寿诸君,将慈湖心学带入明初学术舞台,使洪武时期的理学包容了心学。《宋元学案》卷九三《静明宝峰学案》载:

> (彦良)每侍帝(朱元璋),必以二帝三王为本,而折衷于孔、孟,要以明圣学,格君心为务。至于历代治忽,启迪不倦,诚意恳至。凡所言,无一不当帝心,至书其语揭便殿。复谓诸大臣曰:"此彦良与朕论治王于此,汝寺宜景炙儒者。"……帝曰:"江南儒者,惟卿一人。"对曰:"臣不如宋濂、刘基。"帝曰:"濂,文人耳。基峻隘,不如卿也。"先生至晋,制《格心图》献王。后更王府官制,改左长史。朝京师,上万世太平治要十二策。帝曰:"彦良所陈,通遑事体,有裨治道。世谓儒者泥古不通今,若彦良,可谓通儒矣。"④

可见,慈湖四传之桂彦良于学术方面,在朱元璋的心里竟在宋濂、刘基之上。屡被朱元璋称为"江南儒者惟卿一人""若彦良,可谓通儒矣"。而集吕学之大成的大儒宋濂,在朱元璋眼里只是一介"文人"而已。

慈湖心学之传,其次是淳安。淳安钱时,字子是,乃慈湖高足。钱时之后,则有夏希贤(字自然)、吴暾(字朝阳)继之。《宋元学案》卷七四《慈湖学案》《修撰吴朝阳先生暾传》载:"严陵自融堂讲学后,弟子极盛。入元,则夏自然为大师,而先生(吴暾)接之而出。"⑤吴暾弟子最盛,郑玉曾随其受业三年。

---

① 徐远和:《理学与元代社会》,人民出版社 1992 年版,第 236 页。

② 乌斯道:《周皓斋墓志铭》,载《春草斋文集》卷一〇。

③ 黄宗羲原著,全祖望补修,陈金生、梁运华点校:《宋元学案》卷九三《静明宝峰学案》,第 4 册,中华书局 1986 年版,第 3098 页。

④ 同上书,第 3110 页。

⑤ 黄宗羲原著,全祖望补修,陈金生、梁运华点校:《宋元学案》卷七四《慈湖学案》,第 3 册,中华书局 1986 年版,第 2514 页。

慈湖心学在婺州,则始自吕祖俭。全祖望在《宋元学案》卷七三《丽泽学案》云:"明招学者,自成公(吕祖谦)下世,忠公(吕祖俭)继之,由是递传不替,其与岳麓之泽,并称克世。"①可见,吕祖俭是与其兄吕祖谦同创吕学。淳熙九年(1173),吕祖俭受铨命赴四明任监仓之职。这是一件不仅对吕祖俭本人学术思想,甚至对整个"浙东学派"发展,皆影响深远的事情。对此,何炳松曾指出:"金华一支三家崛起之后产出一个吕祖俭,他把金华的史学第一次传到四明去,这都是我们研究浙东学术时必须注意的史迹。"②吕祖俭离婺入甬,在把吕氏史学传统带入四明的同时,也深受甬上心学浸染。全祖望在《吕忠公祠堂碑文》中云:"忠公以明招山中父兄中原文献之传,左右其间,其功无所见于官守,而见之讲学。"③对吕祖俭在四明讲学情况,《宋元学案》卷五一《东莱学案》载:

> 时明州诸先生多里居,慈湖开讲于碧沚,沈端宪讲于竹洲,洁斋则讲于城南之楼氏精舍,惟舒文靖以宦游出。先生以明招山中父兄中原文献之传,其于诸讲院,无日不会也。甬上学者遂以先生代文靖,亦称为四先生。而滕德粹为鄞尉,朱文公语之曰:"彼中有杨、袁、沈、吕,可与语也。"④

可见,吕祖俭与"甬上淳熙四先生"交游甚深,以至于在"舒璘以宦游出"以后,取而代之,而名列新"甬上淳熙四先生"。连朱熹都如此认为,他对将任鄞尉的滕德粹说,那个地方有杨简、袁燮、沈焕、吕祖俭,你可以与他们商讨交流学问。吕祖俭对四明学术的融入,不仅仅表现在讲学上,他在学术思想上也几乎接受了慈湖心学。吕祖俭在与朱熹书中曾云:

> 诲谕谓只于静坐处寻讨,却恐不免助长之病;或又失之,则一蹴而堕于释氏之见。某自顾涣散之久,近稍收拾,粗有静养功夫。

① 黄宗羲原著,全祖望补修,陈金生、梁运华点校:《宋元学案》第3册,中华书局1986年版,第2434页。

② 何炳松:《浙东学派溯源》,广西师范大学出版社2004年版,第160页。

③④ 黄宗羲原著,全祖望补修,陈金生、梁运华点校:《宋元学案》第2册,中华书局1986年版,第1681页。

然功夫浅薄,客虑犹多,虽未至便有此病,然亦岂敢不常自警省也。兼亦自觉未堕释氏之见者,盖释氏是从空处求,吾儒是自实处见,喜怒哀乐之未发,初非空无,寂然不动,本皆完具。释氏于此看得偏阙,所以随在生病。又元者,善之长底意思,释氏既不识元,绝类离群,以寂灭为乐,反指天地之心为幻妄,将四端苗裔遏绝,闭塞不容其流行。若儒者,则要于此发处认取也。[①]

此信提倡以"静坐"的功夫体验"喜怒哀乐之未发",与慈湖心学已相去不远。还对朱熹批评他"一蹴而堕于释氏之见"之语,做了辩解。认为"元者,善之长底意思,释氏既不识元,绝类离群,以寂灭为乐,反指天地之心为幻妄,将四端苗裔遏绝,闭塞不容其流行。若儒者,则要于此发处认取也"。其实,吕祖俭此处不仅仅是为自己做辩护,更为整个四明心学做辩护。其后他似乎走得更远,议论间其心学意味更浓,甚至教弟子说:"'心之精神是谓圣。'孟子仁人心也,人心即道,故舜曰:'道心日用,平常之心即道。'故圣人曰:'中庸,庸常也。'于平常而起意,始差,始放逸。"[②]已经完全是心学口吻,故杨简在《奠吕子约辞》中直接视其为同道学者:"哀哀子约,我心则同,问学虽略异,大致则同。所同谓何?其好善同;见义忘利同;学不以口而以心同。"[③]

吕祖俭入甬后的学术思想转变,对婺中学者还是有一定影响的。因为,此时的吕学弟子,还是视吕祖俭为吕学大纛。如李诚之就曾跑到四明去见吕祖俭。乔行简在丞相任上,就推举过慈湖淳安高第钱时,"丞相乔行简荐之,授秘阁校勘"。[④]

慈湖婺州弟子有史可考的仅叶秀发、傅大原二人。

《宋元学案》卷五一《东莱学案》之《知军叶南坡先生秀发传》载:

---

① 朱熹:《答吕子约》,《晦庵集》卷四八,《景印文渊阁四库全书》,台湾商务印书馆1986年版。

② 杨简:《铭张渭叔墓》,《慈湖遗书》卷五,山东友谊书社1991年版,第190页。

③ 杨简:《奠吕子约辞》,《慈湖遗书》卷四,山东友谊书社1991年版,第169页。

④ 黄宗羲原著,全祖望补修,陈金生、梁运华点校:《宋元学案》卷七四《慈湖学案》,中华书局1986年版,第2485页。

叶秀发，字茂叔，金华人。师事东莱。以进士为庆元府教授。著《论语讲义》以训诸弟子，一时巨儒皆相器重，愿与之交，而杨慈湖简问难尤详，谓得所启发。后知高邮军。

（云豪谨案：宋景濂为先生传，言："其师事吕东莱、唐说斋，极深性理之学。以余为文，辄擢庆元丙辰进士第。弟子慕之，从其学者，岁至数百人。"又言："其教授庆元时，与之交者，慈湖而外，则楼攻媿、史独善、楼迂斋、郑安晚、袁絜斋也。"又言："学者尊之曰南坡先生。所著有《易说》《周礼说》及《论语讲义》等书。"）①

可见，叶秀发学出吕东莱、唐仲友，后因为庆元府教授，便与慈湖，以及楼攻媿、史独善、楼迂斋、郑安晚、袁絜斋交游，而与慈湖"问难尤详，谓得所启发"，遂成慈湖弟子。宋濂《叶秀发传》亦云："除服，转庆元教授。秀发尝著《论语讲义》，发越新意，以诲诸弟子，且曰：'圣门授业之源，无过此书。然义理无穷，倘一切沿袭旧说，吾心终无所得。若欲见诸行事，是犹假他人之器以为用，用之于己且惝惝焉不以为便，况欲假人乎哉？'时巨儒楼钥、史弥巩、娄昉、郑性之、杨简、袁燮皆器秀发，与之交。而于问难尤切，每至日昃忘食，简自谓有所启发，得边、詹、顾、叶四子为喜。叶盖指秀发也。"②

傅大原者，盖傅寅之子。据《宋元学案》卷六〇《说斋学案》载："先生（傅寅）诸子，大东承其家学，敦悫有父风，而大原从慈湖杨先生游，从子定学于朱门。一家之中，旁搜博採，不名一师。"③《宋元学案》卷七四《慈湖学案》，列傅大原于"慈湖门人"。④　可见，傅大原为傅寅次子，慈湖及门弟子。傅寅祖籍义乌，后至东阳表亲吴葵家吴氏书院讲席。"杏溪先生傅寅者，说斋上座弟子，而先生（吴葵）之外弟也，忘年事之如师。杏溪家贫，先生

---

①　黄宗羲原著，全祖望补修，陈金生、梁运华点校：《宋元学案》卷七三《丽泽学案》，中华书局1986年版，第2439页。

②　宋濂著，罗月霞主编：《宋濂全集》第4册，浙江古籍出版社1999年版，第2037—2038页。

③　黄宗羲原著，全祖望补修，陈金生、梁运华点校：《宋元学案》卷六〇《说斋学案》，中华书局1986年版，第1963页。

④　黄宗羲原著，全祖望补修，陈金生、梁运华点校：《宋元学案》卷七四《慈湖学案》，中华书局1986年版，第2505页。

为之纪理其家,相与终身,不失尺寸。""晚益贫,太守孟猷闻而叹曰:'不可使贤者饥饿于我土地。'乃捐俸以倡,诸好义者为买田筑室于东阳之泉村。"①可见,傅寅后来居东阳泉村。因此,傅大原也可视作慈湖东阳籍唯一弟子。另据东阳现存村落记述考证,在东阳江北离陈樵故里不远有小傅陈村,为傅陈两姓合居。据介绍,傅姓者,为傅寅之后裔;陈姓者,则为陈樵之后裔。

陈樵与象山后绪,亦多有交往。如张翥。张翥,字仲举,晋宁人,《宋元学案》卷九三《静明宝峰学案》列其为"侯庵(李存)门人"。李存则为静明陈苑弟子,属"象山五传"。李存(1281—1354),字明远,更字仲公,学者称侯庵先生,饶州安仁人(今江西余江)。建竹庄书院,讲授陆学。主张"本心说",认为格物穷理即穷格本身之心。有《侯庵集》20卷。《宋元学案》卷九三《静明宝峰学案》有记。

其载云:

> (张翥)受业于江东大儒李存先生,得其道德性命之说。薄游扬州,学者及门甚众。至元末,以隐逸荐。至正初,召为国子助教,分教上都。寻退居淮东,起为翰林编修,与于宋、辽、金三史。累迁至侍讲学士,以侍讲兼祭酒。勤于诱掖后进,绝去崖岸,不徒以师道自尊,学者乐从之。有以经义请问者,必历举众说,为之折衷,厌其所得而后已。②

延祐七年(1320),张翥34岁,由钱塘赴太原举试,李存、陈樵等有诗送之。李存《侯庵集》卷十六《送张仲举明春秋经归就试太原序》谓"国家以科举取士,士之选,必由于其乡。延祐七年春,张仲举将由钱塘归就试太原"。陈樵作《送张仲举归晋阳举进士》六首,其一云:"籍甚张公子,词华众所推。门闾千里望,天地一编诗。花落山公宅,云寒杵臼祠。看君归晋日,翻作别

---

① 黄宗羲原著,全祖望补修,陈金生、梁运华点校:《宋元学案》卷六〇《说斋学案》,中华书局1986年版,第1963页。

② 黄宗羲原著,全祖望补修,陈金生、梁运华点校:《宋元学案》卷九三《静明宝峰学案》,中华书局1986年版,第3119页。

家时。"①可见两人关系密切。

陈樵还与至正二年(1342)任庆元路儒学教授的朱文刚(字明德,天台人。《至正四明续志》卷二有载)有交往。朱文刚卸任庆元路儒学教授赴休宁就典史,陈樵作有《送朱明德休宁典史(二首)》,其一云:"今日休宁县,犹驱吏鞅尘。直存吾道在,清任此生贫。灯火千家夜,桑麻百里春。因君重参赞,民俗竟还淳。"

关键是陈樵在自己学术思想中高度融入了慈湖心学之要的。他在《少霞洞答客问序》中云:

> 淳熙以前,言洙泗伊洛之学者,若曰心之精神曰性,神者性命之本,体言动性之用,知觉性之知,喜怒哀惧爱恶性之情,饮食男女性之欲,仁义礼性之所知。知不待学,知天下之分曰礼,知事理之宜曰义,知与天地万物本为一体曰仁,而智者知此之谓也。良知得之自然,曰天之所命,率循天性之所知。②

陈樵"心之精神曰性"命题,直接慈湖"心之精神曰圣"之要的,并创新发展了这一源自孔子的心学学说。陈樵及门弟子杨芾曰:"先生之学,以诚笃为主,以沉静为宗,左图右史,一室萧然,敛容危坐至数月不越牟限。"③可见,陈樵为学功夫皆出心学一路。四库馆臣认为陈樵"所称'神所知者谓之智',实慈湖之绪余,而姚江之先导"。④ 由此而论,把陈樵看作慈湖私淑,是不会有问题的。

(四)交游黄溍、杨维桢、宋濂等

陈樵与出仕的黄溍交往甚密。留有《黄晋卿见过却归乌伤》六首,《送

---

① 陈樵:《送张仲举归晋阳举进士》,载《鹿皮子集》,中华书局1985年版,第42页。
② 《东阳亭塘陈氏宗谱》卷之四,2006年重修版,第4—6页。
③ 杨芾:《元故鹿皮子陈先生行状》,载《东阳亭塘陈氏宗谱》,2006年重修本,第47—55页。
④ 永瑢、纪昀等著:《四库全书总目》卷一六八,台北艺文印书馆1969年版,第3343页

黄晋卿之任》一首,《次韵黄晋卿见寄之什》（又一首）二首。① 黄潜也诗寄陈樵。

寄陈君采　黄潜

江淹文采碧云消,潘岳才华玉树凋。

后尔千年开捷钥,森然作者见风标。

琪花夕日辉相并,金匮名山路未遥。

剩欲倾心数往还,高期无使竟萧条。②

喜赵继道至,有怀陈君采　黄潜

匆匆聚散定何常？耿耿心期故未忘。

草木关情人事异,云霄回首路歧长。

交游历落银河隔,制作纷纶瑞锦张。

为语何时共倾倒？秋床风露已生凉。③

　　黄潜长陈樵3岁。元延祐二年(1315),满腹经纶、才气横溢的黄潜廷试中选。但读卷官以黄潜"词近激"为由,张榜时仅为三甲末第,赐同进士出身,授将仕郎。同年4月22日,授官台州路宁海县丞。黄潜任州县官,历时20余年。至顺二年(1331),黄潜应召进京入朝,调任翰林应奉、同知制诰兼国史院编修官,后升翰林直学士。至正元年(1343),黄潜任江浙等处儒学提举。至正三年(1343),朝廷命黄潜编修辽、金、宋三史,但因母亲病故未赴。守孝满后,以中顺大夫、秘书少监致仕。至正六年(1346),中书右丞相朵尔直班和中书左丞相太平力荐,黄潜拜为翰林直学士、知制诰同修国史。至正八年(1348),黄潜官升侍讲学士、知制诰同知经筵事。这一年,他受命编修《后妃功臣列传》,为总裁官。从陈樵的《黄晋卿见过却归乌伤》(六首)诗里看,应该于黄潜任州县官期间,两人相见。"岁中升进士""君为万家县",这二句诗表明黄潜刚中进士升任县官不久,应该是元延祐二年(1315)至至顺

---

① 《鹿皮子集·青村遗稿》卷二,《中华书局》1985年版,第42—43页。

② 黄潜著,王颋点校:《黄潜全集》,天津古籍出版社2008年版,第59页。

③ 同上书,第67页。

二年(1331)期间的事。而此时,陈樵已入圃谷隐居:"不才岩石下,回首望光荣。"从诗的标题透露出的信息看,黄溍应该是从外地回家乡义乌,顺便至东阳看望陈樵的。而《送黄晋卿之任》一首,大约是在至顺二年(1331)黄溍应召进京入朝,调任翰林应奉时所作。

杨维桢在《鹿皮子文集序》中云:

> 予与鹿皮子同乡浙之东,而未获识其人,其子年持文集来,且将其命曰:"序吾文者,必会稽杨维桢也。"[1]

可见,陈樵与杨维桢生前好像交往不多,杨维桢甚至称"未获识其人"。但这可能与事实不甚相符。

杨维桢又在《玉笥集叙》中云:

> 泰定、天历来,予与睦州夏溥、金华陈樵、永嘉李孝光、方外张天雨为古乐府,史官黄溍、陈绎曾遂选于禁林,以为有古情性,梓行于南北,以补本朝诗人之缺。一时学者过为推,名余以铁雅宗派。派之有其人曰昆山顾瑛、郭翼、吴兴郯韶、钱塘张暎、嘉禾叶广居、桐庐章木、余姚宋禧、天台陈基,继起者曰会稽张宪也。宪通《春秋》经学,尝以文墨议论从余断史,余推在木、禧之上,其乐府歌诗与夏、李、张、陈辈相颉颃,而顿挫警拔者过之。
> ......[2]

可知,陈樵为铁崖诗派干城,与杨维桢交往不可谓不切。陈樵又有《上虞魏氏精舍图》《和杨廉夫买姜歌》诗二首。上虞魏氏精舍是铁崖诗派经常聚集之所,陈樵也应邀前往。杨维桢买了一个小姜,本是小事一桩,但陈樵却和了杨诗一首。可见,两人关系之切。

宋濂《元隐君子东阳陈公先生鹿皮子墓志铭》曰:

---

[1] 李修生主编:《全元文》第 41 册,凤凰出版社 2004 年版,第 223—224 页。
[2] 同上书,第 308—309 页。

元统间,濂尝候君子洞中,君子步屦出,速坐之海红花底,戒侍史治酒浆菹醢,亲执斝献酬,歌古词以为欢。酒已,君子慨然曰:"秦汉而下,说经而善者不传,传者多不得其宗。淳熙以来,群儒之说尤与洙、泗、伊、洛不类。余悉屏去传注,独取遗经,精思至四十春秋,一旦神会心融,灼见圣贤之大指。譬犹明月之珠,失之二千年,上自王公,下至皂隶,无不伥伥日索之终不可致,牧竖乃获于大泽之滨,岂可以人贱而并珠弗贵乎?吾今持此以解六经,决然自谓当断来说于吾后云。"濂乃避席而问曰:"其意云何?"君子曰:"吾以九畴为六府三事,而《图》《书》为《易象》者不可诬。以片言统万论,而天下古今无疑义。

……。①

宋濂曾三次见拜见陈樵。第一次在元统间(1333—1335)。"元统间,濂尝候君子洞中,君子步屦出,速坐之海红花底,戒侍史治酒浆菹醢,亲执斝献酬,歌古词以为欢。"假定是元统元年(1333),那么这一年,宋濂 24 岁,陈樵 56 岁。第二次是在"三年"以后即至元二年(1336)。据宋濂《吴子善墓铭》载:"初,濂谒先生太霞洞中,先生曳杖微笑出迎,坐濂于海红花下。俄呼酒酌濂,先生自歌古诗,奋袖起舞。子善侍先生侧……。后三年,再谒先生,复见子善时,先生年耄重听,或有所问,子善从旁书濂言以对。及濂辞先生还,子善送至山高水长处,坐石共语,依依弗忍去。"②这一年,宋濂 27 岁,陈樵 59 岁。这与"先生年耄重听,或有所问,子善从旁书濂言以对"明显矛盾。耄耋之年,当在八九十岁矣。因而,宋濂此处的"后三年"或是记有误,或是一个大概的时间。又吴子善死于至正十一年(1351)。这一年宋濂 42 岁,陈樵 74 岁。因此,可以推断宋濂第二次拜见陈樵应该是至正十一年(1351)稍前几年的事。尽管如此,70 岁左右的陈樵似乎也不可能"年耄重听"。

《宋濂全集》载有陈樵《答宋景濂书》书云:

① 宋濂著,罗月霞主编:《宋濂全集》第 1 册,浙江古籍出版社 1999 年版,第 400 页。

② 同上书,第 94—95 页。

"四月四日陈樵顿首，再拜景濂殿元集贤左右：樵湖上不约而获见颜色，甚恨不能伸所欲言，至今怏怏。不肖濒死，欲以授人，苦无所遇，今以其大意刻之千岩禅师碑阴矣。盖本旨不过片言，若能贯串千经万论于片言之上，方为一贯尔。石刻之外又有经解，已刻在婺州，非久当以板本奉纳。樵偶留邑，下领手教，甚慰。辱惠家范，阅家传，知景濂看《史记》《前汉》精熟，不止词赋赡丽而已，但未知散文为何如？他日见示未晚也。草草奉复，不宣。樵再拜。"①

从信中透露出的信息分析，此时陈樵尚居圁谷："今以其大意刻之千岩禅师碑阴矣。盖本旨不过片言，若能贯串千经万论于片言之上，方为一贯尔。石刻之外又有经解，已刻在婺州，非久当以板本奉纳。"说明陈樵此时，已经完成《经解经》，且已经在金华印刻出版。这应该在至正十九年（1359）亭塘兵燹之前。从中也透露出宋濂与陈樵曾第三次相见："湖上不约而获见颜色，甚恨不能伸所欲言，至今怏怏。"但相见之地点和时间，无法考实。"湖上"，哪个湖面上？"不肖濒死，欲以授人。"陈樵 88 岁而终，82 岁时亭塘遭兵燹，故而可以推出，此信于陈樵 80 岁左右，即至正十七年（1357）前后时所写。

宋濂在《元隐君子东阳陈公先生鹿皮子墓志铭》载：（陈樵）复贻书于濂曰"予濒死，吾道若无所授，子聪明绝伦，何不一来，片言可尽也"。忧患相仍，亦未及往，而天下日趋于乱。这并非宋濂托词。至正十七年（1357）前后的宋濂的确是忙得焦头烂额的。一是文事繁忙。至正十二年（1352）前后，宋濂拜访胡助（古愚），且有书信往来。宋濂在《复博士相公书》一信中说：浦江吴立夫先生负绝伦之才，不能少见于世以死，濂尝受业其门，恶得不深伤之，所幸遗稿俱在，虽死犹不死也。②原来浦江吴莱去世了，宋濂正忙着整理他的文稿，并请胡助作《浦江渊颖吴先生（莱）文集序》。二是忙于躲避兵燹。至正十八年（1358）3 月，朱元璋军队取睦州，宋濂遣家人入诸暨勾无山，已

---

① 宋濂著，罗月霞主编：《宋濂全集》第 4 册，浙江古籍出版社 1999 年版，第 2562 页。

② 徐永明：《宋濂年谱》，载《元代至明初婺州作家群研究》，中国社会科学出版社 2005 年版，第 393 页。

则独留未行。著《诸子辩》，6 月 15 日脱稿。18 日，朱元璋攻取浦江。宋濂遂避兵诸暨勾无山吴宗元(长卿)、陈堂(宅之)家。① 三是忙做官。至正十九年(1359)四处躲灾避兵的宋濂忽然官运亨通。是年 1 月 27 日，朱元璋聘宋濂为婺州郡学五经师，戴良为学正，吴沉、徐原为训导。《明史·宋濂本传》："踰十余年，太祖取婺州，召见濂。时已改宁越府，命知府王显宗开郡学，因以濂及叶仪为五经师。"这一年，陈樵大难临头，十八亭塘及绵绵圊谷溪涧被胡大海付之一炬，化作灰烬，同时被毁的还有陈樵 130 多卷用毕生心血写成的著作。兵燹之后，亭塘陈氏作鸟兽散。陈樵只得到蒋村女婿王为家避难。而宋濂似乎对陈樵遭此大难一无所闻，只管做稳了自己官，还以"浦江当戎马之冲不可居"为由，把家从浦江迁还金华潜溪故居。至正二十年(1360)宋濂赴京。以李善长荐，朱元璋遣樊观奉书币来征。3 月 1 日，宋濂、刘基、章溢、叶琛至应天。②

清代大儒孙奇逢，对宋濂这番行径大有微词。其嗔曰："樵之学大有宗统，濂何勒(不肯)一再往以毕其说耶！"③马平泉对宋濂的行为也提出批评：

> 陈君采生当元季，槁死穷岩，孙夏峰称为"守先待后之儒"。余观其生平绪论及其酒醮欢歌，所以惓惓于宋景濂者，悠然想见其为人。吾独怪景濂，何不一往，以毕其说，乃为世俗之言所阻，厥后，幸际休明，学殖浅薄，无大建竖于世，有以哉？夫以君采之学，不获奋翻云衢，为世羽仪，欲寄一线于来者，亦卒不可得。天之不相道与，何斯人之多穷也？④

清代蒋彤更是对宋濂在编辑《元史》不录陈樵之传，提出诟病：

> 《元史·隐逸传》无鹿皮子姓名，乃史臣之失。若鹿皮子者，真隐逸也。观其《题建炎遗诏》云："银汉经天都是泪，杜鹃入洛不如归。黄衣传诏三军泣，不是班师诏岳飞。"《寒食词》云："绵火上攻

---

① 同上书，第 403 页。
② 同上书，第 408 页。
③ 孙奇逢：《理学宗传(二)》，山东友谊书社 1989 年版，第 1255 页。
④ 王梓材、冯云濠撰，张寿镛校补：《宋元学案补遗》卷七〇，四明丛书本。

山鬼哭，霜华夜入桃花粥。重湖烟柳高插天，犹是咸淳赐火烟。"距宋之亡几至百年，其志犹拳拳赵氏，或谓其避乱不仕者，未为得之也。而其所长，盖尤在治经，其自题《鹿皮子墓》云："江南春草年年绿，又向他生说郑玄。"足知其命志所在。郑善夫《经世要言》称其经学为独到，良非虚誉。惜其没不传耳。①

陈樵还与同郡许谦高第李裕、李序等交往唱和。

二、陈樵学术思想及特色

陈樵之学"以诚笃为主，以沉静为宗，左图右史一室萧然，敛容危坐至数月不越牟限"。当然，陈樵之所以能超乎常人地做到寂寞静心，是由其人生价值观和态度决定的。陈樵素来"操履清介，行止端方"，能"痛洗膏粱纨绮之习，恶衣菲食"，善于于"人所弗堪处之自适，视纷华盛丽事漠然"。这样的操行为陈樵成为一位纯粹的学者打下了品格基础。但陈樵这种清高隐士操行的养成也是有外部条件的。倘若没有亭塘陈氏殷实的家底，水色一天的十八亭塘，以及世外桃源一般的闇谷园林景区，陈樵的隐居生活必将缺少山水之娱乐，而陡增一时之忧，于学术研究和论著不能判断有多少影响，而于诗歌创作则必将大打折扣。

陈樵之倾心学术，潜心著述，主要表现在以下几方面。

一是他没有胡助似的热衷仕途。陈樵于延祐元年（1314）参加乡试，撰有《太极赋》一篇为证，未中。继而有伯颜者因慕其才而保举，也不出。之后，也欲投于幕。在其给当时御史台（检察院）的诗中有："不才污盛府，吾子意何如"（《投宪幕上下》（六首））之句，似见其入幕之心。但究竟没有似同乡同年胡助那样为仕途奔波于朝。

二是他也没有似许谦虽绝仕途却主持书院而授徒四方。许谦之八华书院，读书研究交流之人近千，声势十分浩大。陈樵据可考之门徒仅杨芾、吴中、陈世恭数人而已。他没有开馆授徒，没有四处讲学，也很少学术交流。这种作为学者十分必然的交流，也仅限于与黄溍、杨维桢、宋濂之间，而宋濂

---

① 蒋彤：《丹棱文钞》卷二《书鹿皮子集后》，光绪中武进盛氏雕本。

似乎是上门拜访的。陈樵唯有隐居閬谷,尽管那里是"花绕亭台水绕门,壶中别是一乾坤",但总不免有些许"眼中有句无人道,投老抛书衣鹿皮"的寂寞和凄凉。而伴随凄凉增长的不仅仅是陈樵的年龄,还有他的学识和水平。在太霞洞的余晖里,陈樵纵横辨博,一洗支离穿凿之陋;晚年更加以斯道为己任,操觚靡昼夜,书成合数百卷。终于成为一代名儒。

陈樵以其超绝之资,旷视千古若一旦暮之学术视野,以及不徇偏曲、不尚诡随之理论勇气,以"屏去传注,独取遗经"治学路径,从《易》《尚书》《诗》《春秋》等六经入手,精探其理如是者 40 年;一旦神会心融,以为圣贤之大意片言道以可尽。直指淳熙以下群儒,认为他们的学说与洙泗伊洛不类。本着"悉屏去传注,独取遗经"学术态度和路径,陈樵的学术之路注定要比别人多付出心血而多经受寂寞。好在陈樵是一个十分耐得住寂寞的学者,他在閬谷太霞洞中冷析凳一坐就是 10 春秋,且一旦神会心融,使灼见圣贤之大指,著书立说于世。

(一)"心之精神曰性":直接慈湖之余绪

陈樵在《少霞洞答客问序》中说:"心之精神曰性。神者性(命)之本,体言动性之用,知觉性之知,喜怒哀惧爱恶性之情,饮食男女性之欲,仁义礼性之所知。"①从学理上看,陈樵这里对"性"提出比较完整的定义。"性"之内涵为"心之精神",外延包括性之本、用、知、情、欲、所知等。陈樵把性定义为"心之精神",极具创新意义,可谓出宋元心性之学之新。

陈樵"心之精神曰性"这一命题,溯其源则出自慈湖杨简之"心之精神是谓圣"。

《宋元学案》卷七四《慈湖学案》载:

> 杨简,字敬仲,慈溪人。乾道五年(1169)进士,调富阳主簿。尝反观,觉天地万物通为一体,非吾心外事。陆象山至富阳,夜集双明阁,象山数提本心二字,先生问:"何谓本心?"象山曰:"君今日所听扇讼,彼讼扇者,必有一是,有一非。若见得孰是孰非,即决定为某甲是,某乙非,非本心而何?"先生闻之,忽觉此心澄然清明,亟

---

① 《亭塘陈氏宗谱》卷四,2006 年版,第 4 页。

问曰:"止如斯邪?"象山厉声答曰:"更何有也?"先生退,拱坐达旦,质明纳拜,遂称弟子。①

可见,慈湖乃象山高足。而"心之精神是谓圣",则是慈湖为学要旨。南宋陈振孙曾云:"慈湖之学,令主乎'心之精神是谓圣'一语。"②清四库馆臣纪昀等也认为,慈湖"以'心之精神是谓圣'一语,为道之主宰"。③

而慈湖之学,几可以此概括。慈湖高足万桂荣尝问道慈湖,慈湖告以"心之精神是谓圣"④。慈湖对高足邹梦遇兄弟曾说:"心之精神是谓圣,百姓日用而不知。邹氏二子,其殆知之者乎?"⑤新昌张渭叔、张清叔兄弟不远数百里问学慈湖。慈湖告之曰:"心之精神是谓圣,孟子'仁,人心也'。人心即道,故舜曰道心。日用平常之心即道,故圣人曰中庸。庸,常也。于平常而起意,始差始放逸。"⑥慈湖对赵德渊说:"心之精神是谓圣,人皆有是心,心未尝不圣,何必更求归宿。求归宿,乃起意,反害道"。德渊乃奉教终身。⑦

在《申义堂记》中,慈湖又说:

> 孔子曰:人者天地之心。又曰:心之精神是谓圣。孟子亦每道性善。又曰:仁,人心也。大哉斯言! 启万世人心所自有之灵,人孰不爱敬其亲? 有不爱敬其亲者,非人也。人孰不知徐行后长? 有不后于长者,非人也。此心,人所自有也。不学而能也,不虑而知也。心之精神是谓圣,果如吾圣人之言也。其有不然者,非其心之罪也。惟民生厚因物有迁感于物,而昏也。心之精神,无方无体,至静而虚明,有变化而无营(阙)。禹曰:安女止明,其本静止

---

① 黄宗羲原著,全祖望补修,陈金生、梁运华点校:《宋元学案》第3册,中华书局1986年版,第2466页。

② 陈振孙:《直斋书录解题》,上海古籍出版社1987年版,第284页。

③ 纪昀等:《钦定四库全书总目》,中华书局1997年版,第809页。

④ 黄宗羲原著,全祖望补修,陈金生、梁运华点校:《宋元学案》第3册,中华书局1986年版,第2490页。

⑤ 同上书,第2495页。

⑥ 同上书,第2497页。

⑦ 同上书,第2506页。

也。舜曰：道心明，此心即道也。夫孝，天之经，地之义，人之事，亲
事长，乃天地之心。列圣之道，可不自知，可不自敬乎！①

在嘉定二年(1209)撰写的《昭融记》中，他又说：

孔子曰："心之精神是谓圣。"此心无体虚明，洞照如鉴，万象毕
见。其中而无所藏，惟动乎意则始昏，作好作恶，物我樊墙，是非短
长，或探索幽邈，究源委彻渊底，愈乖张。故孔子谆谆曰：毋意，毋
必，毋固，毋我。所以箴学者之膏肓，敛其雾雾，出其昭明，融一
之光。②

"心之精神"一语出自孔子。《尚书大传·略说》中有"子曰，心之精神是
谓圣"③。这句话在《孔丛子·记问》中明确记载是孔子答子思之语："子思问
于夫子曰：'物有形类，事有真伪，必审之，奚由？'子曰：'由乎心。心之精神
是谓圣。推数究理不以疑，周其所察，圣人难诸。'"④《孔丛子》一书传为孔子
后裔、秦末儒生孔鲋所作，实为后人所伪托。但"有《尚书大传》之'心之精神
是谓圣'一语以印证，说它是孔子之语，依然可信"⑤。

慈湖为何要拈出"心之精神是谓圣"一语，而强调"心之精神"呢？他在
释《易·咸》九四卦辞时云："初拇、二腓、三股、五脢、上辅颊舌，九四居中，正
当心象，爻辞亦言心之所为，而不明曰心者何也？心非气血，非形体，谁有虚
明，而亦执以为己私，若一物然。故圣人去心之名，庶乎己私之释，而虚之神
著矣。"⑥慈湖这里以九四卦辞为"圣人去心之名"，以著明心"虚之神"，是要
消解人拘执于心之形体、气血之私，视之"若一物"，强调心(道德主体)的超

---

① 杨简：《慈湖先生遗书》卷二《申义堂记》，山东友谊书社 1991 年版，第 63—64
页。

② 杨简：《慈湖先生遗书》卷二《昭融记》，山东友谊书社 1991 年版，第 74 页。

③ 皮锡瑞：《尚书大传疏证》，《续修四库全书》第 55 册卷七，上海古籍出版社 1995
年版，第 790 页。

④ 程荣：《汉魏丛书》，吉林大学出版社 1992 年版，第 334 页。

⑤ 李锐：《仁义礼智圣五行的思想渊源》，《齐鲁学刊》2005 年第 6 期，第 21—27 页。

⑥ 杨简：《杨氏易传》卷一一，《四库全书》，文渊阁影印本。

越性,实即"无限心"之义。① "无限心"为牟宗三先生提出的概念。牟先生说"吾人由道德开无限心,由无限心说智的直觉,故本体界可朗现"。② 杨祖汉认为宋儒关于无限心的讨论,有以胡宏和陆象山为代表的两种不同进路:胡宏由心知可成性处,即本心仁体主宰天地万物,使天地之性得以具体彰显的意义来规定心的遍在性;象山则从道德实践上体会心同理同,此理充塞宇宙,道德本心遍于万物而不遗,从而肯定其绝对普遍性。③ 慈湖以"心之精神是谓圣"指示道德心的普遍义,与象山属同一进路。⑤

这里"心之精神"这一概念是关键。何谓"精神"? 现代对"精神"一词的哲学解释是"指人脑对客观物质世界的反映",接近意识。《易·系辞》说:精义入神以致用也。《管子·内业》解释说:"定心在中,耳目聪明,四肢坚固,可以为精舍。精也者,气之精者也。敬除其舍,精将自来。精想思之,宁念治之。严容畏敬,精将至定。"《汉典》尹知章注道:"心者,精之所舍。"在先前儒家的论述中,精神一词以相对于形骸而言的如精气、元神、意识等形上义使用,如《吕氏春秋·尽数》中说:"圣人察阴阳之宜,辨万物之利,以便生,故精神安乎形,而年寿得长焉。"这里的"精神"还只是"精气""元神"之义。《史记·太史公自序》中说:"道家使人精神专一,动合无形,赡足万物。"王充《论衡·订鬼篇》说:"精神为之。"王符《潜夫论·卜列》:"夫人之所以为人者,非以此八尺之身也,乃以其有精神也。"此"精神"即有意识的含义了。而关于"精神"之说二程皆有高论。程颢谓"精义入神",他说"穷神知化,化之为妙者,神也"。刘宗周就此评论道:"神更不说体。精义入神,以致用也。"⑥ 程颐则把"精"与"神"二词合来起说:"故得之于精神之运,心术之动,与天地合其德,与日月合其明,然后可以谓知易也。"⑦

"精神"之说可谓儒家"心性之学"的核心所在。牟宗三等认为"人的心性与天道的合一是儒家的信仰,内在超越是儒家的精神追求。在这种信仰与精

---

① ⑤ 赵灿鹏:《"心之精神是谓圣":杨慈湖心学宗旨疏解》,《孔子研究》2013 年第 2 期,第 76—86 页。

② 牟宗三:《现象与物自身》,台北学生书局 1984 年版,第 21 页。

③ 杨祖汉:《儒家的心学传统》,台北文津出版社 1992 年版,第 287—305 页。

⑥ 黄宗羲原著,全祖望补修,陈金生、梁运华点校:《宋元学案》卷一三《明道学案》《语录》,中华书局 1986 年版,第 549 页。

⑦ 程颢、程颐著,王孝渔点校:《二程集》上《河南程氏遗书》卷二,中华书局 1981 年版,第 668 页。

神追求中,体现了儒家思想和中国文化的超越性宗教情感。因此,如果'以为中国文化中莫有宗教性的超越感情,中国之伦理道德思想,都是一些外表的行为规范的条文,缺乏内心之精神生活上的根据。这种看法,却犯了莫大的错误'。此处所谓'内心之精神生活上的根据',指的就是儒家的心性之学。"①相对于无极、太极的超验存在进路,心性之学更多注重世界对人所呈现的意义,从心性的视域考察世界,意味着联系人自身的存在以理解世界。心性之学对意义的追寻,并不限于化对象世界为心性之域的存在。以心性为出发点的意义追寻所进一步指向的,是精神世界的建构和提升。如张载认为儒家就应该"为天地立心,为生民立道,为往圣继绝学,为万世开太平"②。张载的观点既体现了对理想的追求,又包含了内在的使命意识。作为精神世界的具体形态,境界更多地与个体相联系,并以个体的反省、体验等为形式。对理学而言,理想意识与使命意识总是具体化为对待人和世界的意向及态度。在以"为天地立心,为生民立命"等自勉的同时,张载还提出了"民胞物与"之说:"乾称父,坤称母,予兹藐焉,乃混然中处。故天地之塞,吾其体;天地之帅,吾其性。民吾同胞,物吾与也。"③这里既包含着对人的价值关切,又渗入了人与天地万物为一体的观念。类似的看法亦见于程颢。程颢曾以与物同体为其仁学的中心思想:"学者须先识仁。仁者,浑然与物同体。"④万物一体观念进一步引申,往往导向内外两忘之境。这里体现出人文关怀与仁道原则相统一的儒学道统。

学者多以陆象山"收拾精神,自作主宰"之义,来解读慈湖的"心之精神"⑤。象山谓"精神"云:"谦则精神浑收聚于内,不谦则精神浑流散于外。谁能辨得吾一身所以在天地间举错动作之由,而敛藏其精神,使之在内而不在外,则此心斯可得而复矣。"⑥"有一段血气,便有一段精神。有此精神,却不

---

① 余秉颐:《儒家心性之学在中国文化中的价值——重读〈为中国文化敬告世界人士宣言〉一议》,见《孔子研究》2012 年第 6 期,第 58—64 页。
② 张载:《张载集》,中华书局 1978 年版,第 376 页。
③ 同上书,第 62 页。
④ 程颢、程颐著,王孝渔点校:《二程集》上《河南程氏遗书》卷二,中华书局 1981 年版,第 16 页。
⑤ 蒙文通:《古学甄微·理学札记》,巴蜀书社 1987 年版,第 103 页。
⑥ 陆九渊:《年谱》,《陆九渊集》卷三六。

能用,反以害之。非是精神能害之,但以此精神,居广居,立正位,行大道。"①
蒙文通认为,陆象山"收拾精神"一语的谛旨,即"心之精神就是心力"②。

慈湖则认为:"心之精神,无方无体,至静而虚明,有变化而无营(阙)。"③
"精神无体质,无际畔,无所不在,无所不通。"④慈湖认为"心之精神,无方无
体"。其思想渊源,出自《易·系辞》"神无方而易无体"之说。慈湖说:"心之
精神是谓圣,曰心曰精神,虽有其名,初无其体,故曰'神无方,易无体',非神
自神,易自易,心自心也。是三名,皆有名而无体,莫究厥始,莫执厥中,莫穷
厥终。"⑤"斯妙也,自古谓之心,又谓之神。孔子曰'心之精神是谓圣'。"⑥

在慈湖心学论域里,"心""神""精神",称谓不同,然意则一,并与"易"
(易体)相等,具有本体地位。慈湖因此有"神心"之说:"神心之无体无方,无
所不通。"⑦"神心"可以说是"心之精神"一语的缩写。慈湖说:"以形观人,则
人固可见;以神观人,则人固不可见也。神者,人之精;形者,人之粗。孔子
曰'心之精神是谓圣',神无方无体,范围天地,发育万物,无所不通,无所不
在。"⑧"神"与"形"相对,人之"形"是气血之质,是物质存在、自然存在,是人
的粗迹;神、精神以心为表征,是形而上超越的存在,也是人的本质。此人心
之精神,慈湖亦以"机"名之:

　　益信人心自灵妙莫执,人神定名号。此机不动万象沉,此机一
发靡不到。此机不属上下中,此机非西南北东。此机无远亦无近,
此机至正而大公。此机夫人之所有,何不自贵自善守。⑨

既然以"心无质体,惟有变化"(《先圣大训》卷一),称心之精神为"机"

---

①　陆九渊:《语录下》,《陆九渊集》卷三五。
②　蒙文通:《古学甄微·理学札记》,巴蜀书社1987年版,第10页。
③　杨简:《慈湖先生遗书》卷二《申义堂记》,山东友谊书社1991年版,第64页。
④　杨简:《慈湖先生遗书》卷二《临安府学记》,山东友谊书社1991年版,第86页。
⑤　杨简:《杨氏易传》卷一,《四库全书》,文渊阁影印本,第74页。
⑥　杨简:《慈湖先生遗书》卷二《昭融记》,山东友谊书社1991年版,第74页。
⑦　杨简:《杨氏易传》卷一,《四库全书》,文渊阁影印本。
⑧　杨简:《慈湖先生遗书》卷九《家记三》,山东友谊书社1991年版,第445页。
⑨　杨简:《慈湖先生遗书》卷六《奏檄往哭象山复会葬及归自金溪留宿本县仙乐观
归而作是诗》,山东友谊书社1991年版,第256页。

（神机），即心之精神即为心之变化（心体发用）之所由。①

何谓"圣"？《尚书大传·洪范五行传》中说："次五事曰思心，思心之不容，是谓不圣。"郑玄注道："容，当为睿。睿，通也。心明曰圣，孔子说'休征'曰：圣者，通也。兼四而明，则所谓圣。圣者，包貌、言、视、听而载之以思心者，通以待之。君思心不通，则臣不能心明其事也。"②《白虎通·圣人》《说文解字》均以"通"释圣；《春秋繁露·五行五事》也有"思曰容"。《论语·季氏》有孔子之语，表明孔子对于"思"很重视。"孔子曰：'君子有九思：视思明，听思聪，色思温，貌思恭，言思忠，事思敬，疑思问，忿思难，见得思义。'"③概而言之，所谓"圣"就是"思心"而通之。"思心"也者，即"思虑"。《孟子·告子上》说："心之官则思，思则得之，不思则不得也。"张载说："圣者，至诚得天之谓；神者，太虚妙应之目。""圣不可知谓神。"④张载把"圣"与"神"联系了起来。而神乃变化也；"惟神为能变化，以其一天下之动也。人能知变化之道，其必知神之为也。"翁祖石解曰："变化即神也。圣人存神而达化。"⑤程颐说："惟圣人善通变。"⑥

慈湖曰："人有圣贤之异，道无圣贤之异。孔子曰心之精神是谓圣。此心初无圣贤庸愚之间，百姓日用此心之妙而不自知。禹曰：安女止本之不动。文王缉熙敬止即不动，孔子为之不厌，岂未觉而为哉。"⑦"孔子语子思曰：心之精神是谓圣。圣亦无所不通之名，人皆有此心，此心未常不圣。"⑧"圣者，无所不通之谓。"⑨可见，慈湖所谓"心之精神是谓圣"之"圣"，是"无所不通"之义。《说文》："圣，通也。""通"正是"圣"字的本义也。也即牟宗三先

---

① 赵灿鹏：《"心之精神是谓圣"：杨慈湖心学宗旨疏解》，《孔子研究》2013 年第 2 期，第 76—86 页。

② 皮锡瑞：《尚书大传疏证》，《续修四库全书》第 55 册卷四，上海古籍出版社 1995 年版，第 745 页。

③ 唐满先译注：《论语今译·季氏第十六》，江西人民出版社 1982 年版，第 175 页。

④ 黄宗羲原著，全祖望补修，陈金生、梁运华点校：《宋元学案》卷一七《横渠学案》，中华书局 1986 年版，第 672 页。

⑤ 同上书，第 687 页。

⑥ 程颢、程颐著；王孝渔点校：《二程集（下）》《河南程氏遗书》卷二，中华书局 1981 年版，第 1272 页。

⑦ 杨简：《慈湖先生遗书》卷二《永嘉郡学永堂记》，山东友谊书社 1991 年版，第 101 页。

⑧ 杨简：《慈湖先生遗书》卷二《临安府学记》，山东友谊书社 1991 年版，第 85—86 页。

⑨ 杨简辑注，郑光弼、俞汝辑订：《先圣大训》卷四，山东友谊书社 1990 年版。

生所说的"无限心""自由无限心"。①

陈樵在批判淳熙群儒的心性之学的同时,把慈湖"心之精神是谓圣"的命题,发展成"心之精神曰性"。这是陈樵最著名、最具有创见的心学命题。

心性作为哲学问题,并非始于宋明。在中国哲学史上,《尚书》"人心惟危,道心惟微,危微精一,允执厥中"乃肇其开端,被后世称作儒家"十六字心法"。孔子称颜回"其心三月不违仁"(《论语·雍也》),又自谓"七十而从心所欲,不逾矩"(《论语·为政》)皆不离事谈心。孟子最先注重"心"的作用,他大谈心性,认为"心"具有先验的道德属性,"恻隐之心,仁也;羞恶之心,义也;恭敬之心,礼也;是非之心,智也"。孔子所谓"仁",归根结底是人之心,"仁,人心也"。《孟子·告子上》曰:"生之谓性。"孟子认为"性"根源于"心",人性的仁、义、礼、智四端都蕴含于人心中,"君子所性,仁义礼智根于心"。(《孟子·告子上》)由于性根源于人心,因此尽心便能知性,"尽其心者,知其性也;知其性,则知天矣"。(《孟子·尽心上》)人性是人类的本性或本然之性、天然之性。人性根源于人之天,故称作"天性"。然人性并非只是人的天性,亦是人之所以为人的表现和确证。人之为人,并非天生即是人,更在于后天的教化、养育、习得才使人真正成为人。这类见解,确立了儒家心性之学的基本理念。此后经过历代儒家学者的传承和发展,形成了传统儒家心性之学的主流思想。

南宋时期,心性问题被提到了相当突出的地位。从哲学的层面看,心性问题涉及多重理论维度;理学的不同阐释者对心体与性体也各有侧重。从总体上看,较之对天道的形上追问,心性之学更多地指向人自身的存在。以心性为关注之点,理学既从内在的层面反思人的实然形态(人是什么?),及应然形态(人应当成为什么?),并从人与对象的关系维度考察和理解世界,二者从不同的方面展示了对意义的追寻。② 横渠、二程对心性之学均有发挥。到南宋朱熹手上则是"会萃濂、洛之说,以上达洙、泗之传"。

张载首倡把气范畴引进心性之学,他以"气本论"为立论基础,对其性论做了深入论述,开宋明理学心性之学之先河。二程禀受于天谓之性的思想

----

① 赵灿鹏:《"心之精神是谓圣":杨慈湖心学宗旨疏解》,《孔子研究》2013 年第 2 期,第 76—86 页。

② 杨国荣:《心性之学与意义世界》,《河北学刊》2008 年第 1 期,第 43—46、50 页。

是对张载性论的改造。他们又提出"性即理"的命题。"又问:'性如何?'曰:
'性即理也。所谓理,性是也。天下之理,原其所自,未有不善。喜怒哀乐未
发,何尝不善? 发而中节,则无往而不善。凡言善恶,皆先善而后恶;言吉
凶,皆先吉而后凶;言是非,皆先是而后非。'"①在此,程颐并非旨在论证"性"
为何是"理",而是试图说明"性"所以是"善"的,乃因为"性即理";既然"性即
理",而"天下之理"又"未有不善",则"性"也就"本善"。

朱熹不仅高度赞扬伊川"性即理"一句"便是千万世说性之根基",而且
明确要求学生们论性先要明白伊川所说,真正认识"性即理"。"曰:'论性,
要须先识得性是个甚么样物事,程子'性即理也',此说最好。"②由于朱熹对
伊川的"性即是理"说高度重视,积极予此说以多方面的阐释,使得"性即理"
说在朱熹的阐释中变得更为清晰与周全,并在此基础上提出了"理在气先"
这一命题,从而使自己的学说独步南宋学界而成为集大成者。

陈樵认真研读六经原典并比较淳熙群儒之说,对朱熹之"理在气先"说
提出十分尖锐的批判:"淳熙以来,说经者纷更之。曰仁义礼智出乎天地成
形之先,夫是之谓理生金木水火土之气,人得气以为形为心为神。……而受
命之初,气中有理,故得木为仁,得火为礼,得金为义,得水为智,土生意而
流。……万物受命以生而得其理之体,与所谓物生于理,理存气中者,以天
下所无之言,言天下所无之义,而言不成辞也。曰理,曰生气,曰理动静,曰
气多则理多,气少则理少者,天下所无之理也。曰此也此也,曰所以如此者,
辅之以形语,而鸿儒故老亦莫之喻者也。诬告予孟子以言理言气,枉前言以
符己意者也。良知良能出于性,何理气之有哉!"③陈樵这段话里至少有两层
意思:一是朱熹们认为"仁义礼智出乎天地成形之先,理生金木水火土之气"
的"理在气先"论,是以"天下所无之言,言天下所无之义",而不能成立的。
因为在先儒们的学说中只有心性、性命之说,而没有理气之说。因为洙泗伊
洛之学认为"天地万物浩然为性""天之所命,率循天性之所知""知与天地万
物本为一体曰仁"。二是淳熙群儒告诉我们说孟子曾经"言理言气"的。这

---

① 程颢、程颐著,王孝鱼点校:《二程集(上)》《河南程氏遗书》卷一八,中华书局
1981年版,第292页。

② 朱熹撰,黎靖德编,王星贤点校:《朱子语类》卷四,中华书局1986年版,第191
页。

③ 陈樵:《少霞洞答客问序》,见《亭塘陈氏宗谱》,2006年版,第5页。

是在矫枉前人之言以符合自己的理论表述和意思。良知良能皆出自于性，哪里有理气之说！陈樵此说值得商榷。

韩国学者金容沃在他的著作《中庸——人类最高的智慧》中对朱熹与子思的学说进行比较分析，也认为朱熹在其《中庸章句》中以伦理二元论的视域，将道心定义为"性命之正"，将人心定义为"形气之私"；以扬弃人心，从道心的角度审视《中庸》中"天命之谓性"，它对确立"宋朝新兴士大夫阶级的伦理体系而使用近代方略，它也许十分清晰且有用，不过对于判断它究竟是否为孔子和子思的本意，我们不能不有所保留"[①]。金氏之话似有朱熹为了构建自己的理学体系，而歪曲了孔子和子思的心性之说原意的隐喻在里面。这里也有二层意思可以引起我们重视的，一是认为孔子、子思有心性之说；二是朱熹"道心、人心"伦理二元论，不是孔子、子思的本意。子贡曾说："子之言性与天道，不可得而闻也。"（《论语·公冶长》）然而，金容沃却从这样的否定式陈述中，发现"不可得而闻也"背后的隐喻：没有听到孔子说性与天道，并不能说明孔子不说这些儒学范畴；或许当时"性与天道"之说及思想业已成风或成熟。倘若果真如此，那么子思《中庸》开篇之句"天命之谓性"，则是直接来自子贡的"性与天道"。因此，"与其说是子思创新了孔子时代不曾有过的学说，还不如重新解释为是子思（孔子的孙子）将孔子时代业已普遍化、理念化的学说的潜在态，变成明晰的、有组织的思想性体系，并（通过《中庸》）在他那个时代揭示了出来。"[②]在郭店竹简（1993年10月，在湖北省荆门市郭店村，郭店一号楚墓M1发掘出竹简，共804枚，为竹质墨迹。其中有字简730枚，共计13000多个楚国文字，楚简包含多种古籍，其中两种是道家学派的著作，其余多为儒家学派的著作，如《性自命出》《性》、《成之闻之》《教》、《六德》《六位》和《尊德义》等。大多数文献为首次发现。）出土的《性自命出》一篇有这样的表述："凡人虽有性，心亡奠志，……喜怒哀悲之气，性也。及其见于外，则物取之也。性自命出，命自天降。道始于情，情生于性。"[③]这里给出了性的定义：性是喜怒哀悲之气。《大戴礼记·文王官人》载："民有五性，喜、怒、欲、惧、忧也……五气诚于中，发形于外，民情不隐

---

① （韩）金容沃:《中庸——人类最高的智慧》,海南出版社2012年版,第28页。

② 同上书,第25页。

③ 彭浩:《性自命出》,《中国古籍全录》(http://cache.baiducontent.com/c? m＝)。

也。"说喜怒欲惧忧五气藏于中为"性",发形于外为"情"。这里的"气"非物质性之气,而应泛指人之精神力、生命力。[1] 由此,可见性应该是由人的心产生出来的先天具有的"喜怒哀悲"之气,指人之精神力、生命力。性来自命,命降自天;性又生情,情则生道。由此,天、命、性、道之关系进路为:天—命—性—情—道。

从以上的分析来看陈樵关于"心之精神曰性"的定义,确是最接近孔子、子思的心性之学原义的。陈樵把"性"直接定义为"心之精神",把握住了儒家心性之学的实质性内涵,极具创新和史学意义。牟宗三等认为"内心之精神生活上的根据",指的就是儒家的心性之学。[2] 因为,中国文化超越性的宗教精神基于内在而超越的儒家心性之学。"内在超越"的核心理念是:人内在的心性与天道是一致的,人的行为中的不善来源于后天的污染、蒙蔽,人的心性只要不断超越这种污染、蒙蔽,就可以实现人性与天道的完美结合。这种理念表明,人的心性与天道的合一是儒家的信仰,内在超越是儒家的精神追求。在这种信仰与精神追求中,体现了儒家思想和中国文化的超越性宗教情感。

把性直接定义为"心之精神",体现了儒家内圣学之根本。以心性之学与内圣追求的交融为内涵,理学将存在意义的领悟与存在价值的体认提到了引人瞩目的地位,空前地突出了人性的自觉,内在地表现了走向人性化存在的历史意向。然而,从心性的视域出发考察存在的意义及精神境界,同时也包含了对自身的限定。[3] 儒学从心性维度理解世界,也从心性层面体悟存在之意,这一进路在一定程度上扬弃了对世界的超验构造,也从另一个方面表现了对人自身存在价值的独特关注。作为意义世界的表现形式之一,精神之境蕴涵了对存在的体与悟,同时又凝结并寄托着人的"在"世理想。与存在及"在"的探寻相联系,境界表现了对世界与人自身的一种精神的把握,这种把握体现了意识结构的不同方面(包括理性与情意等)的综合统一,又构成了面向生活实践的内在前提。就人与世界的关系而言,境界展示了

---

① 刘昕岚:《郭店楚简〈性自命出〉篇笺释》,见武汉大学中国文化研究院编,《郭店楚简国际学术研讨会论文集》,湖北人民出版社,2000 年 5 月。

② 余秉颐:《儒家心性之学在中国文化中的价值——重读〈为中国文化敬告世界人士宣言〉一议》,《孔子研究》2012 年第 6 期,第 60—66 页。

③ 杨国荣:《心性之学与意义世界》,《河北学刊》2008 年第 1 期,第 43—46、50 页。

人所体验和领悟的世界图景;就人与内在自我的关系而言,境界又表征着自我所达到的意义视域,并标志着其精神升华的不同层面。

需要特别指出的是,纪昀等曾在《四库全书》中认为陈樵"'所称神之所知谓之智',实慈湖之绪余,而姚江之先导"①。尽管从思想史进路看陈樵与慈湖找不到传承关系,但若从哲学进路看其思想论域的确与慈湖学派杨简十分接近。在杨简(1141—1225)的心学思想体系里,心与道是两个最重要的范畴。他认为心、道、道心,名称虽有所不同,但实际它们就是一回事。杨简自称,他在 32 岁时,从陆九渊那里领悟到"心之即道"这个道理。他说:"人之本心即道,故曰道心。孔子曰:心之精神是谓圣。孟子曰:仁,人心也。某年三十有二而省此心之即道。"②杨间还多次对他的弟子提起"心之精神是谓圣",如曾对邹梦遇说:"心之精神是谓圣,百姓日用而不知。"③把心、道视为一物,是杨简哲学的逻辑起点。但陈樵之"心之精神曰性"决非从杨简那里简单传承过来。因为从学源上分析,陈樵是慈湖私淑。上文已经论及陈樵学术源于徐侨、王世杰、石一鳌、陈取青、李直方、黄溍一路,《宋元学案》中称其为"刘、李"六传。而"刘、李"则为"二程再传"。因此,陈樵学术从师承渊源上主要归于吕祖谦的金华吕学一脉。从哲学进路分析,陈樵对神的论述颇有精彩处:如"神者性命之本""知觉性之知""良知得之自然""神之所知之谓智"。陈樵这些思想直接源于二程。而且陈樵素以"淳熙群儒之说与洙泗伊洛不类"为治学基点,以这样的治学进路陈樵断断不会简单地去继承一个属于"淳熙群儒"的学说。陈樵的"心之精神曰性"是一个创新性论断,他不似杨简仍停留在先儒"心之精神是谓圣"的层面上,而裹足不前。

(二)"良知得之自然":肇阳明心学之先导

若说陈樵之"心之精神曰性"为理学心性之学精彩之论,那么他的"良知得之自然""神所知之谓智"等命题,理所当然地为心学之妙论。

陈樵在《少霞洞答客问序》中说:"神者性命之本,体言动性之用,知觉性之知,喜怒哀惧爱恶性之情,饮食男女性之欲,仁义礼性之所知。知不

---

① 永瑢,纪昀等:《四库全书总目提要》1999 年版,第 873 页。
② 杨简:《杨氏易传》,《四明丛书本》卷五,《小畜》。
③ 黄宗羲原著,全祖望补修,陈金生、梁运华点校:《宋元学案》卷七四《慈湖学案》,中华书局 1986 年版,第 2495 页。

待学,知天下之分曰礼,知事理之宜曰义,知与天地万物本为一体曰仁,而智者知此之谓也。良知得之自然。"①陈樵门人杨苃也有记载,陈樵云:"神者性命之本,言动性之用,知觉性之知,喜怒哀惧爱恶性之情,饮食男女性之欲,仁义礼智性之德。又曰神之所知之谓智,知天下殊分之谓礼,知分之宜之谓义,知天地万物一体之谓仁,礼复则和之谓乐。"②宋濂也说,陈樵云:"神所知之谓智,知天下殊分之谓礼,知分之宜之谓义,知天地万物一体之谓仁,礼复则和之为乐。"③陈樵在这里从"神者性命之本"这一命题出发,推及"知觉""知"而至"智",最后得出"良知得之自然"之结论,可谓创儒家心学之新论,实为开王阳明"致良知说"的创设之先导。

考据经典,在先秦儒家那里确乎找不到"良知得之自然"这样的直接命题。

关于知觉,孟子认为"先知觉后知","先觉觉后觉"。④ 朱熹注曰:"知,是谓识其事之所当然;觉,谓悟其理之所以然。"⑤程颐继承孟子的说法,提出"知是知此事,觉是觉此理"。⑥ 程颐的知觉说只是把孟子知觉的二阶段论做了强调概括,即"知"是观察事物,认识事物;"觉"是把观察认识事物基础上获得的感性认识,通过归纳概括上至理性认识。朱熹发挥了二程的这种思想,但朱熹又说:"心之虚灵知觉,一而已矣。"(《中庸章句·序》)朱熹认为知觉乃"心之虚灵",而陈樵则认为知觉是"性之知"。两者明显有区别。一是朱熹把"心"作为知觉之根基,陈樵则认为知觉出自"性"。二是朱熹认为知觉是一种"虚灵"的东西,陈樵则把知觉界定于"知"。

"良知良能"一词,《孟子·尽心上》载:"人之所不学而能者,其良能也;所不虑而知者,其良知也。"孟子所谓良知良能,是指天赋的道德意识和道德能力,他讲的道德内容主要指四善:仁、义、礼、智。他认为这四善道德是天赋的,人生固有的,不是外加的。但这种天性只是萌芽状态,是"端",称为

---

① 陈樵:《少霞洞答客问序》,见《亭塘陈氏宗谱》,2006 年版,第 4—6 页。

② 杨苃:《元故鹿皮子陈先生行状》,见《亭塘陈氏宗谱》,2006 年版,第 47—55 页。

③ 宋濂:《元故处士鹿皮子陈先生墓铭》,见罗月霞主编《宋濂全集》第 1 册,浙江古籍出版社 1999 年版,第 400 页。

④ 杨伯峻:《孟子译注·万章上》,中华书局 2008 年版,第 173 页。

⑤ 《孟子集注万章》,转引自《唐宋心理思想研究》,湖南人民出版社 1987 年版,第 289 页。

⑥ 程颢、程颐:《二程集上》,中华书局 1981 年版,第 196 页。

"四端"或"四善端",需要加以扩充,才能发展成四善,又要不断抵制、排除欲望的障蔽,才能顺利发展。孟子良知良能说对后代有很大影响。北宋张载说:"诚明所知,乃天德良知。"①"圣不可知者,乃天德良能,立心求之,则不可得而知之。"②而这良能似又有"天之良能"与"人(物)之良能"之分,"神化者,天之良能,非人能"。③"声者,形气相轧而成。两气者,谷响、雷声之类;两形者,桴鼓、叩击之类;形轧气,羽扇、敲矢之类;气轧形,人声、笙簧之类。是皆物感之良能,人皆习之而不察者尔。"④然而,"天之良能"与"人(物)之良能"又是一致的,因为"天性在人,正犹水性在冰,凝释虽异,为物一也"。高宪忠解释说:"天良能本吾良能,顾为有我所丧尔!"⑤程颢说:"良知良能皆无所由,乃出于天,不系于人。"⑥程颐也讲"知见"和"真知",他说:"如眼前诸人,要特立独行,煞不难得,只是要一个知见难。人只被知见不通透。人谓要力行,亦只是浅近语。人既能知见,岂有不能行!"黄宗羲在此案道:"伊川先生已有知行合一之言矣。"⑦程颐又说:"盖真知虎者也。学者深知,亦如此。觉者须是真知。才知得,便是泰然行将去也。某年二十时,解释经义与今无异,然思今日,觉得意味与少时自别。"刘宗周便评论说:"古人只说真知,更稳似良知。"⑧程颢在《识仁篇》中说:"学者须先识仁。仁者,浑然与物同体,义、礼、智、信皆仁也。识得此理,以诚敬存之而已,不须防检,不须穷索。……《订顽》(《横渠西铭》,旧名《订顽》)意思,乃备言此体,以此意存之,更有何事。'必有事焉而勿正,心勿忘,勿助长',未尝致纤毫之力,此其存之之道。若存得,便合有得。盖良知良能,元不丧失。"⑨朱熹在《孟子集注》中

---

①　黄宗羲原著,全祖望补修,陈金生、梁运华点校:《宋元学案》卷一七《横渠学案》,中华书局 1986 年版,第 690 页。

②　同上书,第 687 页。

③　同上书,第 686 页。

④　同上书,第 690 页。

⑤　同上书,第 692 页。

⑥　黄宗羲原著,全祖望补修,陈金生、梁运华点校:《宋元学案》卷一三《明道学案》,中华书局 1986 年版,第 559 页。

⑦　黄宗羲原著,全祖望补修,陈金生、梁运华点校:《宋元学案》卷一五《伊川学案》中华书局 1986 年版,第 603 页。

⑧　黄宗羲原著,全祖望补修,陈金生、梁运华点校:《宋元学案》卷一五《伊川学案》,中华书局 1986 年版,第 602 页。

⑨　同上书《明道学案》,第 540 页。

说:"良者,本然之善也。"又引程子曰:"良知良能,皆无所由,乃出于天,不系于人。"本然,指本来自然,不是人为加工的,而是天赋的。出于天,也是指天赋,意为自然天成。宋代对良知良能的理解是基本一致的。

王阳明把这个词借用来赋予更丰富的内涵,指某个肉体器官能知觉、能思维的灵明之"心"。人的良知,是天地万物的良知。他说:"天命之性,粹然至善,其灵明不昧者,皆其至善之发见,乃明德之本体,而所谓'良知'也。"①"盖天地万物与人原是一体,其发窍之最精处,是人心一点灵明。风雨露雷日月星辰,禽兽草木山川土石,与人原只一体。"②人心即天地万物之心,所以人心良知能造化天地万物。"良知是天植灵根",③是上天赐予人的"天理"的根蒂,"良知之在人心,不但圣贤,虽常人亦无不如此",④而且良知"亘万古,塞宇宙,而无不同"是不变的。王阳明是心学集大成者,他以儒家思孟学派为根基,又汲取了佛教禅宗思想和道家思想,从陆九渊哲学出发,构造了完备的、首尾一贯的心学体系,其核心在于他的良知说。⑤

而"良知"一词,在陈樵那里却以"良知得之自然"这样的精辟命题被精准地提了出来。其实在陈樵"神之所知之谓智"的命题中,已然包涵了良知的意义。牟宗三在将王阳明的良知说同康德的道德形而上学进行比较之后认为:良知是"智的知觉"。⑥用牟宗三这一结论,来分析陈樵的"神之所知之谓智""知觉性之知""良知得之自然"等三个命题,就会发现陈樵之"良知说"是以"知"为理论基点,从"知"出发而论及"智",又从"智"到"知觉",再进入"良知"这一论域,这是一条十分严密的逻辑链。从哲学角度分析,完全有理由说陈樵的观点的确开启了王阳明的"致良知"学说,为阳明心学的确立打下了基础。

---

① 王守仁著,徐枫等点校:《王阳明全集》第3册《大学问》,天津社会科学出版社2015年版,第40页。

② 同上书,第1册,第92页。

③ 同上书,第1册,第87页。

④ 同上书,第1册,第63页。

⑤ 刘泽亮:《中国的心学传统》,《湖北大学学报(哲学社会科学版)》1991年第3期,第23—28页。

⑥ 牟宗三:《从陆象山到刘蕺山》,台湾学生书局1979年版,第225页。

王阳明还说过"本心良知""良知，心之本体"。① 牟宗三认为，"本心"是"超越的道德本心"，②"本体"是具有"形而上的实体的意义③"。良知确实有形而上的超越的意义，但似乎不能理解为实体。中国哲学所说的"本体"，只是本根、根源之意，是从生长的意义上说的，并不是从实体与现象的意义上说的。正如王阳明所说，良知即仁，"譬之木，有根方生，无根便死"。④ 而这里的"本体"之义，似乎能从陈樵的"神者性命之本"这一命题中找到印证。陈樵认为，"智"是神之所知，而"神"也者，为性命之本。也就是说，"良知"本自性、命，也即所谓"得之自然"也！

因此，杨维桢也认为陈樵"精神坚完""志虑纯一"。杨维桢说："盖公生于盛时，不习训诂，文而抱道大山长谷之间，其精神坚完，足以立事；其志虑（精神；思想。《周礼·考工记·弓人》："凡为弓，各因其君之躬志虑血气。"郑玄注："又随其人之情性。"三国蜀诸葛亮《前出师表》："侍中、侍郎郭攸之、费祎、董允等，此皆良实，志虑忠纯，是以先帝简拔以遗陛下。"宋叶适《陈叔向墓志铭》："君既与魏益之游，每恨志虑昏而无所明，记忆烦而不足赖。"）纯一（心学），足以穷物；其考览博大，足以通乎典故，而其超然所得者，又足以达乎鬼神，天地之宜，其文之所，就可必行于人，为传世之器无疑也。"⑤

陈樵"神之所知之谓智"这一论断，继承了《易经》和孟子关于认识论中"妙"和"神"的原义，从而强调了"知"和"知觉"中的"直觉"性。

何为认识论意义上的"神"？《说文》解释："神，天神，引出万物者也。从示、申。"《左传·庄公三十二年》说："神，聪明正直而壹者也。"《易·说卦》："神也者，妙万物而为言者也。"⑥《孟子》："大而化之之谓圣，圣而不可

---

① 王守仁著，徐枫等点校：《王阳明全集》第 1 册《传习录（中）》，天津社会科学出版社 2015 年版，第 58 页。

② 牟宗三：《从陆象山到刘蕺山》，台湾学生书局 1979 年版，第 221 页。

③ 同上书，第 223 页。

④ 王守仁著，徐枫等点校：《王阳明全集》第 1 册《传习录（上）》，天津社会科学出版社 2015 年版，第 32 页。

⑤ 杨维桢：《鹿皮子文集序》，见《四库全书·集部·别集类·金至元·东维子集》卷六。

⑥ 王弼、韩康伯注，陆德明音义，孔颖达疏：《周易注疏》，中央编译局 2012 年版，第 412 页。

知之之谓神。"①邵雍认为,所谓神即复归于性之状态也,他说:"神无方而性则质也",又说:"神无所在,无所不在,至人与他心通者,其本一也。道与一,神之所强名也"。②周敦颐则以行为最初极微之动机为幾,而以诚、几之间自然中节之作用为神。他说:"寂然不动者诚也,感而遂动这神也,动而未形于有无之间者几也。诚精故明,神应故妙,几微故幽,诚神几谓之圣人。"③从这些论说中可以对认识论意义上的神概括出这样的含义:一是有神秘的意思,是"妙万物而为言者",是"圣而不可知之"的东西。二是与气、性又关系,神为"阳之精气",是"复归于性之状态"。三即聪明,神即"聪明正直而壹者也",《左传》的解释最能揭示认识论意义上的所谓"神",而周敦颐的"以诚、几之间自然中节之作用为神",则更加把神的认识论意义推进了一步。而张载却喜欢提"神化",他说:"神化者,天之良能,非人能。故大而位天德,然后能穷神知化。神天德,化天道。德其体,道其用,一于气而已。""一物两体,气也。一故神,(两在故不测。)两故化,(推行于一。)此天之所以参也。"④因此朱熹评价说:"'神化'二字,虽程子说得亦不甚分明,惟是横渠推出来。"⑤

由此可见,神是"感而遂动",是对处于"寂然不动"与"动而未形"之间的状态的一种把握。这样的把握的确相当玄妙,真正可谓之神。这样的把握才是"圣而不可知之",而对"圣而不可知之"之认识和把握,体现了人类的最高智慧,也就是陈樵的所谓"神之所知之谓智"。有论者从《黄帝内经》入手,用"心""神"概念解析人类精神意识构成,认为"神是寄于心,牵引心,给心以法则,使心认识本体。神就是宇宙万物正常运行的法则。心和神,就像月球和地球,相互影响,相互牵引。构成了我们人类的精神意识"。韩国学者金容沃认为儒家学说中的"天"具有"人格神"的意义。⑥"天"的这种"人格神"的意义经过周朝周公的人文革命,而具有了人文精神的含义,即具有了"人

---

① 杨伯峻:《孟子译注》,中华书局 2008 年版,第 264 页。

② 黄宗羲原著,全祖望补修,陈金生、梁运华点校:《宋元学案》卷九《百源学案(上)》,中华书局 1986 年版,第 380 页。

③ 转引自蔡元培《中国伦理学史纲》,第 174 页。

④ 黄宗羲原著,全祖望补修,陈金生、梁运华点校:《宋元学案》卷一七《横渠学案》,中华书局 1986 年版,第 686、674 页。

⑤ 同上书,第 685 页。

⑥ 〔韩〕金容沃:《中庸——人类最高的智慧》,海南出版社 2012 年版,第 29 页。

性"的意义。而孔子则集周之人文精神之大成,并确切地构建起中国文化之人文框架。这是"人类任何古代文明均前无先例,即便是当今的美国文明,也远达不到周朝的精神文明水平"①。在子思时代,"天"的神性与人性、超越性与内在性、宗教性与人文性、人格性与自然性之间冲突、共存、融合,形成了《中庸》的语言深度与多样性。"天命之谓性",这里"性"是人"在于天地交涉中,逐渐形成的过程中性倾向",从而又具备了"自然"属性。因此,陈樵把"神"界定为"性命之本",是直肇孔子、子思之学说,并具有高度的概括意义,把"性"具有的"神性与人性""人格性与自然性"等内涵都揭示了出来。

心学的本质则全在于强调直觉,重心灵领悟,而轻文字传授。重直觉的传统是心学的合理内核之一。② 正如柏格森在《形而上学导言》中所说:"所谓直觉,就是一种理智的交融,这种交融使人们自己置身于对象之内,以便与其中独特的,从而无法表达的东西相符合。"③无论是孟子的存心养气,禅宗的机锋、棒喝,还是陆王的静坐、存养,都是为了达到一种直觉的境界;儒家的"天人合一""心物合一"的圣人境界,禅宗的"心物归寂"的涅槃境界都是直觉的结果。其实,综观陈樵之治学路径,也可谓一以"直觉"贯之。陈樵隐居圆谷太霞洞中,"屏去传注,独取遗经,精思至四十春秋,一旦神会心融,灼见圣贤之大指"便"著书十余种。其言宏博而约之,于至理微词奥义,多有先人之所未经道者"。潜心静气精思四十春秋,一旦神会心融,而灼见圣贤之大指。这也是一种直觉过程。在太霞洞潜心学术的过程中,陈樵很少与他人交流,甚至没有与人发生过什么诸如"鹅湖之会"之类似的辩论和交锋,更没有像黄潽、许谦这样大量收授弟子或开馆教授。陈樵只是静静地于六经古文本中与先儒们交流,在圆谷诸多亭台楼阁中与自然交融,并在这样的交流和交融中不断地"自我直觉,自我体验,自我提升",以实现自我超越,以超越有限而达到无限,体现了一种"良知的超越性意义"④。陈樵这种"完全依赖与人自身的无限的内在潜力及其展开"的直觉性超越,尽管不同于陆王的静坐、存养,更不类似禅宗的"心物归寂"涅槃。但与王阳

---

① 同上书,第 30 页。

② 刘泽亮:《中国的心学传统》,《湖北大学学报(哲学社会科学版)》,1991 年第 3 期,第 23—28 页。

③ [法]柏格森:《形而上学导言》,商务印书馆 1963 年版,第 4 页。

④ 蒙培元:《良知与自然》,《哲学研究》1998 年第 3 期,第 75—80 页。

明之"龙场悟道"颇为接近,都体现了一种"良知的超越性意义"。但单凭陈樵一句"神之所知之谓智",就把其学说归入心学体系,实缺乏足够的理论和史学依据。可是陈樵的"良知得之自然"一说,却不自觉地担当起"导姚江之先"的角色。

(三)"国家天下一枳"而已的"理一分殊"观

"理一分殊"是理学最为重要的核心观念之一。理学家们在思考世界的部分与整体之关系,以及事物的多样性和统一性诸问题时,其论旨与《易·睽卦》昭示的"同异"辩证性,以及《论语》所谓的"一贯"之道,均有某种延续性或者重叠感①。宋儒通过重新思考人伦道德和宇宙自然之间的关系,以解释社会秩序与道德理想的形而上根据问题,开启了一种天道性命之学的新境界。特别是程颐借着对《西铭》的诠解,道出了儒家道德宇宙本体论和人生价值根源论的关键所在,用"理一分殊"的道理较好地发挥了天人合一的思想,为理学的人生观和价值观找到了较有说服力的宇宙论依据和本体论证明。后续的理学家们继续阐证和发挥扩大了"理一分殊"之论域,深化了其理论的内涵。

"理一分殊"这个命题源于孔子,发于《西铭》,彰于程朱。孔子在《易·系辞传下》中说:"天下何思何虑?天下同归而殊涂(途),一致而百虑"②。"何思何虑",言何为乎思,何为乎虑也。以途既殊,则虑不可不百,虑百则不执一也。《系辞·传》是孔子对《易》整体论角度的阐释,它使《易》不仅止于占卜,而且上升到哲学高度。孔子的"殊途同归""一致百虑"思想,从宇宙本体论出发,考察自然界"日月相推""寒暑相生""龙蛇之蛰"的天道变化,概括推及至"精义入神"的"以致用""以崇德"的认识价值和人伦道德。它体现了天人合一的儒家天道性命之学的核心思想,是"理一分殊"学说的理论源头和基石。

程颐在与其弟子杨时讨论张载的《西铭》时,"理一分殊"这一命题才被

---

① 景海峰:《"理一分殊"释义》,《中山大学学报》(社会科学版)2012年第3期,第125—138页。

② 李楠:《中国经典传统文化普及读本——易经》,远方出版社2004年版,第350—352页。

清晰地提了出来。① 张载在《西铭》里说:"乾称父,坤称母,予兹藐焉,乃浑然中处。天地之塞,吾其体;天地之帅,吾其性。民吾同胞,物吾与也。"②张载以乾坤为天地万物之父母,万有一体、民胞物与的思想,揭示出了人性的形而上根据,将宇宙天地和人伦道德有机地融合为一体,实现了社会的自然化和自然的人性化。它是对孟子"仁民爱物"说的新的论证和表达。钱穆评价说:"《西铭》从万物一体之结论下来阐说人生政教大原与心性修养,特与先秦陈义更加接近,乃特受二程之赞赏。"③《宋史·道学传(二)》载:"关西张载尝著《西铭》,二程深推服之,时疑其近于兼爱,与其师颐辨论往复,闻理一分殊之说,始豁然无疑。"④程颢说:"《西铭》某得此意,只是须得他子厚有如此笔力,他人无缘做得。孟子以后,未有人及此。得此文字,省多少言语。"程颐则说:"《订顽》之言,极纯无杂,秦汉以来学者所未到。""醇然无出此文也,自孟子后,盖未见此书。"⑤

程颐的弟子杨时(1053—1135)在读《西铭》时颇有疑问,便写信给程颐说:"《西铭》之书,发明圣人微意至深。然而言体而不及用,恐其流遂至于兼爱。"意思是认为张载只讲"乾父坤母",而没有论及于血亲之父母,脱离了仁爱的具体性,与墨氏讲的"兼爱"没有多少区别。杨时认为这种思想与墨子的"兼爱"思想相近,程颐断然否定了杨时的怀疑。程颐在《答杨时论〈西铭〉书》一文中说:"《西铭》之为书,推理以存义,扩前圣所未发,与孟子性善养气之论同功,岂墨氏之比哉?《西铭》明理一而分殊,墨氏则二本而无分。分殊之蔽,私胜而失仁;无分之罪,兼爱而无义。分立而推理一,以止私胜之流,仁之方也。无别而迷兼爱,至于无父之极,义之贼也。子比而同之,过

---

① 陈来:《宋元明哲学史教程》,生活·读书·新知三联书店 2010 年版,第 169—171 页。

② 张载:《西铭》,见黄宗羲等《宋元学案》卷一七《横渠学案(上)》,中华书局 1986 年版,第 665 页。

③ 钱穆:《中国学术思想史论丛》(五),生活·读书·新知三联书店 2009 年版,第 67—68 页。

④ 脱脱等:《宋史》第 36 册,中华书局 1977 年版,第 12738 页。

⑤ 程颢、程颐著,王孝鱼点校:《二程集》第 1 册《河南程氏遗书》卷二上,中华书局 2004 年版,第 39、22 页。

矣。且谓言体而不及用。彼欲使人推而行之,本为用也,反谓不及,不亦异乎?"①程颐在这里阐明了"分"与"无分"的道理。"分"是人的具体性,是个体生命的自然境况,与血亲之系、欲望之私连在一起,私而失仁,则人禽莫辨,故必推之于义理,上升到一种道德的普遍性,才能够确立人之为人的根本,这就是理一。"无分"则从根本上抹杀了人之存在的具体性,使得爱无从挂搭,必使之沦为漫无边际的无义之人。所以《西铭》讲的"乾父坤母",并没有割弃人的具体性,而是将人性论方面的"用"和"体"联系起来了,这与墨氏的"兼爱"有根本上的不同。程颐用"理一分殊"的道理来解释《西铭》之旨,以区别儒、墨,并对儒家的道德本体论做了精妙的发挥。经过伊川的启发之后,杨时"始豁然无疑,由是浸淫经书,推广师说",遂成为洛学大宗。在程颐的思想里,"理一分殊"是个伦理学范畴的命题,"理一"是指万物一体,"分殊"是指义务不同。于是,"理一分殊"就正式作为一个命题而成为宋明理学的核心概念。

朱熹把这一思想发挥得更加清楚了:

> 道夫言:看《西铭》,觉得句句是"理一分殊"。曰,合下便有一个"理一分殊",从头至尾又有一个"理一分殊",这是逐句恁地。又曰,合下一个"理一分殊",截作两段,只是一个天人。②
>
> 或问《西铭》"理一而分殊"。曰:今人说,只说得中间五六句"理一分殊"。据某看时,"乾称父,坤称母",直至"存吾顺事,墨吾宁也",句句皆是"理一分殊"。唤作"乾称""坤称",便是分殊。如云"知化则善述其事",是我述其事,"穷神则善继其志",是我继其志。又如"存吾顺事,没吾宁也"。以自家父母言之,生当顺事之,死当安宁之,以天地言之,生当顺事而无所违拂,死则安宁也,此皆是分殊处。逐句浑沦看,便是理一,当中横截断看,便见分殊。③
>
> 一之问《西铭》"理一而分殊"。曰:西铭自首至末皆是"理一而

---

① 程颢、程颐著,王孝鱼点校:《二程集》第 2 册《河南程氏文集》卷九,中华书局 2004 年版,第 609 页。

② 朱熹著,黎靖德编,王星贤点校:《朱子语类》卷九八,中华书局 1999 年版。

③② 朱熹著,黎靖德编,王星贤点校:《朱子语类》卷九八,中华书局 1999 年版。

分殊"。乾父坤母固是一理;分而言之,便见乾坤自乾坤,父母自父母,惟"称"字便见异也,又问:自"恶旨酒"至"勇于从而顺令",此六圣贤事,可见理一而分殊乎? 曰:"恶旨酒","育英才",是事天,"顾养"及"锡类"则是事亲,每一句皆存两义,推类可见。②

《宋元学案》关于朱熹"理一分殊"之论述:

治国、平天下,与诚意、正心、修身、齐家,只是一理。所谓格物致知,亦曰如此而已矣。此《大学》一书之本指也。今必以治国平天下为君相之事,而学者无与焉,则内外之道,异本殊归,与经之本旨正相南北矣。禹、稷、颜回同道,岂必在位乃为为政邪!③

夫道之极致,物我为一矣。然岂独物我之间验之,盖天地、鬼神、幽明、隐显、本末、精粗,无不通贯而为一。④

天地生物,有有血气知觉者,人曾是也;有无血气知觉者,草木是也。……是虽其分之殊,而其理则未尝不同。⑤

天下只有一理,此是即彼非,此非即彼是,不容并立。故古之圣贤,心存目见,只有义理,都不见有利害可计较。⑥

既谓之"同体",则上面便着"人欲"两字不得。此是义理本原极精微处,不可少差。试更子细玩索,当见本体实然只一天理,更无人欲。故圣人只说克己复礼,教人实下功夫,去却人欲,便是天理,未尝教人求识天理于人欲汩没之中也。若不能实下功夫,去却人欲,则虽就此识得未尝离之天理,亦安所用乎?⑦

《正蒙》之旨,诚不外是。然圣贤言之则已多矣,《正蒙》之作,复何为乎? 恐须反复研究其说,求其所以一者而合之,于其所谓一

---

③　黄宗羲原著,全祖望补修,陈金生、梁运华点校:《宋元学案》卷四八《晦翁学案(上)》,中华书局 1986 年版,第 1558 页。

④　同上书,第 1566 页。

⑤　同上书,第 1567 页。

⑥　黄宗羲原著,全祖望补修,陈金生、梁运华点校:《宋元学案》卷四九《晦翁学案(下)》,中华书局 1986 年版,第 1563 页。

⑦　朱熹:《答吴斗南》,见黄宗羲原著,全祖望补修,陈金生、梁运华点校:《宋元学案》卷四九《晦翁学案(下)》,中华书局 1986 年版,第 1564 页。

者,必铢铢而较之,至于钧而必合,寸寸而度之,至于丈而不差,然后为得也。孟子曰:"博学而详说之,将以反说约也。"正为是尔。今学之未博,说之未详,而遽欲一言探其极致,则是铢两未分而亿料钧石,分寸未辨而目计丈引,不惟精粗二致,大小殊观,非所谓"一以贯之"者,愚恐小差积而大谬生,所谓钧石、丈引者亦不得其真矣。此躐等妄意之蔽,世之有志于为己之学而未知其方者,其病每如此也。《明道先生行状》云:"先生教人,自致知至于知止,诚意至于平天下,洒扫应对至于穷理尽性,循循有序。病世之学者舍近而趋远,处下而窥高,所以轻自大而卒无得也。"此言至矣!①

朱熹认为《西铭》通体是一个"理一分殊",即总合天地万物的理,只是一个理,分开来,每个事物都各自有一个理,然而千差万殊的事物都是那个理一的体现。朱熹没有停留于程颐伦理学意义上的"理一分殊",而是把它扩大到本体论意义上。"理一分殊"道出了人伦道德的宇宙自然依据,解释了道德秩序及其理想的形而上根据问题,实现了儒家道德哲学从宇宙论论证走向本体论叙事的重大转折。其论域的基点是事物的多样性和统一性,以及部分与整体的关系。②

"理"在朱熹的思想体系中非常重要,他经常谈论它,赋予它各种含义。第一,理是宇宙与万物存在的依据和原因,亦即"所以然之故"。他说:"未有天地之先,毕竟也只是理。有此理,便有此天地;若无此理,便亦无天地,无人无物,都无该载了! 有理,便有气流行,发育万物。"③天地是理的产生,万物是任何具体事物也都以理为自身存在的依据。"若无是理,则亦无是物矣。"第二,理是理想原则,亦即所谓"当然之则"。他说:"既有是物,则其所以为是物者,莫不各有当然之则,具于人心而自不容已。是皆得于天之所赋,而非人之所能为也。"④事物一旦按照其所依据的理存在了,它必须尽可

① 朱熹:《答江彦谋》,见黄宗羲原著,全祖望补修,陈金生、梁运华点校:《宋元学案》卷四九《晦翁学案(下)》,中华书局 1986 年版,第 1566 页。

② 景海峰:《"理一分殊"释义》,《中山大学学报》(社会科学版)2012 年第 3 期,第 125—138 页。

③ 朱熹撰,黎靖德编,王星贤点校:《朱子语类》卷一,中华书局 1986 年版。

④ 朱熹:《朱熹集》卷二,四川教育出版社 1996 年版,第 592 页。

能完全地体现该理。当然,便包含了标准和理想原则的意义。这种原则和标准虽然存在于人心之中,人用来衡量事物,但却不依人的意志为转移,它得自己于天赋,绝不是主体的标准,不是个人的意志的表现,从而使当然之则与所以然之理,规律之理与理想之理统一起来。第三,理是"一"。朱熹说:"天地之间,理一而已。"这样的理具有统率万物的作用。他说:"一统而万殊,则虽天下一家,中国一人,而流于兼爱之弊;万殊而一贯,则虽亲疏异情,贵贱异等,而不牿于为我之私。"①一理具有主宰和统率作用。一统多,共性主宰个性。万事万物之理虽多,却并不紊乱,自有一理统率。他说:"理固是一贯。"这种统率作用就是"一贯"。理虽散为万事万物之理,但是各个具体的理必须符合"一贯"之理,所以一理对万事万物之理便具有统摄作用。这种统率作用之所以能够发挥是因为这个理是不可分割的,散于万事万物之中的理都是一样的理。朱熹说:"释氏云:'一月普现一切水,一切水月一月摄。'这是那释氏也窥见得这些道理。"②一理如天上之月,万事万物之理如地上万川之映月,形象地说明了一与多的关系。理与天理的不同主要在于"天"。天理的"天",按照朱熹的理解有两重含义。首先,这天不是上帝不是神灵,它是一种物质性的存在,具有自然而然运动变化,永恒存在的性质。朱熹说:"苍苍之谓天。运转周流不已,便是那个。而今说天有个人在那里批判罪恶,固不可;说道全无主之者,又不可。"③这显然是指自然界物质的天,它运动不已,永恒存在着,但是它并非因为具有人格力量而成为对人间是非善恶的批判与主宰,同时它又具有主宰作用,这种主宰即支配着宇宙万物,但却又不具有神格或人格。这种主宰力量就是自然规律与宇宙法则,也就是天理,它是理的总和。他说:"须知天理只是仁义礼智之总名,仁义礼智便是天理之件数。"④"天"强调的是浑然一体的意义,因其中自有条理,所以称之为"天理"。浑然总括着宇宙万物之理与人间社会伦理。理是天理在具体事物中的体现,所以各自事物的理是不能相互混淆的。浑然还可能理解

---

① 朱熹:《西铭解》,见《张载集》附录,中华书局 1978 年版,第 410 页。

② 朱熹著,黎靖德编,王星贤点校:《朱子语类》,中华书局 1986 年版,第 398—399 页。

③ 朱熹著,黎靖德编,王星贤点校:《朱子语类》卷一,中华书局 1986 年版,第 5 页。

④ 朱熹:《朱子全书》,《朱文公文集》卷四〇,上海古籍出版社、安徽教育出版社 2002 年版,第 1838 页。

为未发之时的天然状态,是体的特点,当发而为用时则表现为各种具体事物的规则,这就是仁义礼智等伦理条目与天理之间的关系,也是天理与理之间的关系。朱熹还用佛家的"月印万川"加以比喻,天上的月亮只有一个,但它散落在江湖,则随处可见。

陈樵的"理一分殊"说既是本体论意义上的,又是伦理学意义上的。陈樵关于"理一分殊"的论述,在现存史料中较为多见。在《太极赋》中就这么说:"人道配天,有仁有义,天去人其几何?虽殊分而一理,无始之真吾其性,五气之精吾其体,故道至察于鸢鱼,气可塞于天地也。"[1]直接出现了"殊分而一理"的表述。

陈樵在《经解经》中说:

> 礼重于食,何哉?言仁者。先上口,礼乃殊,失其故则乱大伦,一体者不可复。颜子归仁,为当世之盛,而非礼之外无余辞也,非仁失求之理欤?吾闻之,尧舜孔子之仕,一枳实而已也。圣人之视国家天下,若枳之在几,举而裂之。枳必有穰,为穰者,十敛之十复,为一则已,焉尔有教为,何哉?人十而心亦十也,人各有心,则下夺上凌毁人益己,而民大乖,顾果之一,已不可复见,彝伦致矣。圣人起而正之,使甲复于甲,乙复于乙,叙伦复礼,求其故地而处之,画其地而绳之,一发不出其位,伦明礼立,则宜人宜己,徒义而和乐生,乐生一发逾其分,则犬牙相入者,失其故也。龃龉而复合,故人事无小,必尽其分。而礼之尽者,而乐之所自生,家之心一,则齐欤国人之心一,则治欤天下之心一,则天下平,而五经诸子皆复礼之术,归人之训传也。[2]

在陈樵门人杨萧的记述中是这样表达的:

> 知天下殊分之谓礼,知分之宜之谓义,知天地万物一体之谓仁,礼复则和之谓乐。圣人之道在仁义礼乐而邹鲁蔽之曰仁,仁者

---

① 陈樵:《太极赋》,见《鹿皮子集·青村遗稿》,中华书局 1985 年版,第 2—3 页。
② 陈樵:《经解经》,见《亭塘陈氏宗谱》卷之四,2006 年版,第 6—8 页。

与天地万物为一而天下和；求仁者尽分以复礼，合宜以徙义，使复归于一体之仁，而人已安，似则家齐国治而天下平矣。①

而宋濂的记述更为翔实：

> "知天下殊分之谓礼，知分之宜之谓义，知天地万物一体之谓仁，礼复则和之为乐。谓天地万物一体，经子之会要，一视万物，则万殊之分正，家齐国治而天下平矣。"濂未达，请复问其祥。君子曰："国家天下一枳也。枳一尔而穰十焉，枳有穰而一视之，其于人则仁也；发而视之，穰有十，则等有十，其于人则君臣父子长幼之等夷，刑赏予夺之殊分，所谓礼也。视十为十者，礼之异；视十为一者，仁之同。分愈异则志愈同，礼愈严则仁于笃者，先王之道也。分愈异志愈同，故合枳之穰，反求其故地，枚举而铨次焉者，差之铢，则人己无别。犬牙交错而不齐，敛之不合而一不可一见。礼愈严者则仁愈笃，故治国家天下者不以礼则论败。礼乐废而仁亡，是故洙泗伊洛朝夕之所陈者，天下万殊之分，视听言行之宜。所操者，礼之柄耳，故学圣人必始于礼焉。故一体万殊者，孔子之一贯，于洙泗伊洛无不统也。理一分殊之义废，则操其枝叶而舍其本根，洙泗伊洛之会要不可见。章句析而附会兴，遗经不可识矣。"②

陈樵对朱熹的"理一分殊"直接提出了批判。他认为，淳熙以前的学者在探讨"理一分殊"时强调的是"知与天地万物本为一体曰仁，知天下之分曰礼，人已各尽其分，宜人宜己而人己安和，则万物为一，家齐国治天下平"③。因此，"为天道之大原兮，有物混沦，大不知其外有兮，细又入于无伦。长上古以为生兮，阅万世而长存。怀道体之大全兮，命元气以为凭。天人于是乎成性兮，裂积气而标形"。强调"人道配天，有仁有义，天去人其几何，虽殊分

---

① 杨苾：《元故鹿皮子陈先生行状》，见《亭塘陈氏宗谱》卷之四，2006 年版，第 47—55 页。

② 宋濂：《元隐君子东阳陈公先生鹿皮子墓志铭》，见《鹿皮子集·青村遗稿》，中华书局 1985 年版，第 1—4 页。

③ 陈樵：《少霞洞答客问序》，见《亭塘陈氏宗谱》卷之四，2006 年版，第 4—6 页。

而一理"①。而淳熙以下学者在讲"理一分殊"时,把"仁义礼智"看成形于天地之先,把"性"看作恻隐羞恶性之情,要求人们遵循仁义礼智之性;把"礼"则看作是礼仪乐声音。这样的言论虽然简约,却与洙泗伊洛之学的宗旨相左。从陈樵的分析看,淳熙以前的学者与淳熙以后的学者在"理一分殊"的认识上主要区别在于"理气"观不同。前者认为"仁义礼智"成形于天地之后,而后者则相反。宇宙论重构是宋儒学的重要工作,通过周敦颐的《太极图说》、张载的《西铭》及程颐对"理一分殊"的诠释,儒家的自然本体观越发精细;但到了淳熙以后的学者却认为"理生金木水火土之气,得气以为形,为心为神",把天在人先、天在"理"先、"天人合一"的"自然本体观"本末倒置,陈樵不得不叹"何其言之乱也"。因为"谓天地万物一体,经子之会要,一视万物则万殊之分正,家齐国治而天下平矣"。"一体万殊"的观点,是孔子一以贯之的学说,是洙泗伊洛之学的会要和根本。在这里最值得注意的是,陈樵认为在"理一分殊"上朱熹与程颐的观点不同。在中国哲学史中,习惯把朱熹与程颐合为一系,如蔡元培认为"由伊川而递演之,则为晦庵"。牟宗三在"宋明儒之发展三系"论中也把他们划为一系即"伊川朱子系"。但何炳松却认为,南宋以后我国学术思想可分为由佛家思想脱胎出来的陆九渊心学派、由道家思想脱胎出来的朱熹道学派及"继承儒家正宗思想而转入史学的程颐一派"②。可见,认为朱熹与程颐之学有不同的始于陈樵。当然,这样的划分尚存商榷之处。

陈樵还从伦理学的角度提出了著名的"枳"学说。"尧舜孔子之仕,一枳实而已也。圣人之视国家天下,若枳之在几举而裂之,枳必有穰,为穰者十敛之十复为一则已"。他说:"国家天下,一枳也。枳一而穰十焉,其于人则仁也,废而视之,穰有十,则等有十……。视十为十者,礼之异,视十为一者仁之同。"③就是说,天地万物、国家天下就好像一个枳,这个枳就是仁,就是"理一";枳只有一个,而穰有十片,就是义、礼、智、信等,是"分殊"。这些穰虽然有差异,但志向一致,如果它们能整齐地排列一起就能合成为一个枳,如是犬牙交错地排列,就很难合在一起,这个"一"就不见了。陈樵的"枳"

① 陈樵:《太极赋》,见《鹿皮子集·青村遗稿》,中华书局 1985 年版,(正文)第2—3 页。

② 何炳松:《浙东学派溯源》,岳麓书社 2011 年版,第 4 页。

③ 陈樵:《经解经》,见《亭塘陈氏宗谱》卷之四,2006 年版,第 6—8 页。

说,比朱熹的"月印万川"论贴切生动,使人对"理一分殊"的解读更加明了深刻。

(四)"人道配天"的太极说

什么是太极? 所谓太极即是阐明宇宙从无极而趋向太极,以至万物化生的过程。无极即道,是比太极更加原始更加终极的状态,《易·系辞上》:"易有太极,是生两仪,两仪生四象,四象生八卦。"孔颖达疏:"太极谓天地未分之前,元气混而为一,即是太初、太一也。"

《易经》是总结我国古人经验和智慧的百科全书,它对中国哲学与文化的影响至深至远,在很大程度上奠定了中国哲学发展的方向。它是中国哲学与文化的母胎,其后二千多年的中国哲学,特别是作为中国哲学根本问题的"天人合一",就是从这一母胎中孕育成长起来的。这就是《易经》所以能够成为"群经之首"而在中国文化中享有最高地位的原因所在。心理学家荣格对于《易经》思维给予极高评价,并把它命名为"同步原理"思维。他说:"《易经》中的科学根据不是因果原理,而是一种我们不熟悉因而迄今尚未命名的原理,我曾试图把它命名为同步原理。""这种根据同步原理的思维,在《易经》中达到了高峰,是中国人总的思维方式的最纯粹的表现。"[①]荣格把《易经》同西方传统思维进行了比较,发现它不同于西方的因果思维,它不是线性的,而是"集合"的,不是历时性的,而是"共时性"的。他所说的"同步",就是指各种联系处在"相对共时性"中,在这样的联系中,时间不是一种抽象,而是一个具体的"闭联集合体","它具有这样一些性质和条件,能够以一种非因果的平行对应方式,在不同的地点同时表现出来"。[②]应当承认,荣格的发现在文化学和思维科学上是有意义的,他的解释也有相当说服力。但他所说的"闭联集合体"主要同心理学有关,并以此解释和论证了他的"集体无意识"和"原型"观念。"天人合一"的有机整体论思维,这才是《易经》思想的根本特征,但还不是它的唯一特征。

《易经》的意义世界主要是由卦、爻辞表现出来的,除了它的预卜吉凶的原始意义之外,其中更深刻的意义则是生命意义,《易经》最关心的是人类与

---

① 荣格著,冯川、苏克译:《心理学与文学》,三联书店1987年版,第250、252页。
② 同上书,第251页。

自然界的生命现象,而不是其他。它把人与自然界统一起来,并在统一中寻求生命的意义和规律。《易经》卦、爻辞所提出的最根本的问题就是人类生命为何产生、发展和实现的问题。在它看来,生命来源于自然界,并且一刻也没有脱离自然界,二者处在相互感应、相互作用的统一过程之中,是一个双向交流的有机整体。六十四卦中的每一卦,都与自然界和人类的生命有关,每一卦中的阴阳二爻,便是构成生命的基本要素。

《易经》如此关心生命现象,以至从人类的生命活动出发,观察自然界的一切现象,从中找出生命的意义和来源。并且认为,自然界的各种现象都具有生命的目的和意义,和人的生命活动有着内在的关系。这种观察考虑问题的方式,确实是中国古人所特有的一种思维方式。在《易经》中,六十四卦作为象征性符号,从不同方面体现了这种生命意义,并且构成一个包括人与自然在内的有机整体。而每一卦不过是有机整体中的一个要素,同时却包含着人和自然界的两个方面,二者不仅是对应的,而且是统一的。

周敦颐作《太极图说》《通书》,推明阴阳五行之理,命于天而性于人者。

> 无极而太极。太极动而生阳,动极而静,静而生阴,静极复动。一动一静,互为其根;分阴分阳,两仪立焉。阳变阴合而生水火木金土,五气顺布,四时行焉。五行一阴阳也,阴阳一太极也,太极本无极也。

> 五行之生也,各一其性。无极之真,二五之精,妙合而凝。"乾道成男,坤道成女。"二气交感,化生万物,万物生生而变化无穷焉。

> 唯人也得其秀而最灵。形既生矣,神发知矣,生性感动而善恶分,万事出矣。圣人定之以中正仁义(自注:圣人之道,仁义中正而已矣)而主静(自注:无欲故静),立人极焉。

> 故圣人"与天地合其德,日月合其明,四时合其序,鬼神合其吉凶",君子修之吉,小人悖之凶。故曰:"立天之道,曰阴与阳。立地之道,曰柔与刚。立人之道,曰仁与义。"又曰:"原始反终,故知死

生之说。"大哉易也,斯其至矣!①

　　此为周敦颐思想体系的集中体现。在文中,他阐发了其宇宙生成论、人与自然关系、修养方法等,并提出了一系列理学的概念范畴。周敦颐的"太极",一方面将太极说成是气,另一方面又提出"太极"本于"无极","太极"的"有"产生于无极的"无"。周敦颐的宇宙生成论就是一个从无极至太极,至阴阳、天地,至五行、四时,至万物的发生形成过程。《太极图说》建构了宇宙生成的一个逻辑结构图,即无极→太极→阴阳→五行→四时(男女)→万物。宇宙最初只是由无极而太极,由太极的动静而生阴阳,阴阳的变化乃生五行,由阴阳五行乃四时顺布而生出万物。宇宙的终极是"无极",它是这个体系中的出发点和归宿点。它自身寂然不动,独一无二,表示宇宙的无边无际、无形无状,但是它能化生"太极"。在这个逻辑结构里,人是自然万物中的一员,肯定了人在宇宙中的地位。人来自自然,又是自然最"灵秀"的。在人是自然一部分的前提下,强调了人的作用,他的学说是道家的自然思想与儒家的人治思想的结合体,是宋代"天人合一"的最早阐明。

　　就学术思想而言,周敦颐继承了《易传》的哲学理念,同时杂糅了部分道家和释家禅宗的思想,提出一个简单而又系统的宇宙构成论,即无极而太极,太极一动一静,产生阴阳万物;万物生而变化无穷焉,唯人也得其秀而最灵。又模仿"太极"建立"人极"。"人极"即"诚","诚"是纯粹至善的"五常之本,百行之源",是道德的最高境界。只有通过主静、无欲,才能达到这一境界。这一理论的创立对中国其后七百年的思想发展产生了广泛而又深远的影响,其所提出的哲学范畴,如无极、太极、阴阳、五行、动静、性命、善恶等,成为后世理学研究的经典课题。

　　道家哲学认为世界的本原在于太极,太极动而生阳,静而生阴,万物由阴阳二者共同构成,而阴阳的相互作用共同推动了事物的发展,由量变到质变,由发生到壮大,由壮大到消亡。北宋初年"太极图"的传出,以图入道,阐发了道体玄妙的真谛,图中阳阴往复,互为其根;相互间杂,彼此渗透。随

---

① 周敦颐:《太极图说》,见黄宗羲原著,全祖望补修,陈金生、梁运华点校:《宋元学案》卷一二《濂溪学案(下)》,中华书局1986年版,第497—498页。

后,周敦颐"太极图说"的形成,将这一思想用于解释世界的本源。程颢在此理论的基础上,提出了"道通天地有形外,思入风云变态中"的"格物致知"方法,使得《礼记·大学》中的空洞理论具有了可操作性,将儒家的人文理论提升到了哲学高度。程颐的"格物致知"方法可以理解为世界万物在静态时是很难看到其本质的,故而考虑问题、推究事理,应该顾及有形、无形两个方面,着重于对于事物变化的观察,才能够切中要害、体会实质,而动态变化的观察则应以太极理论为基础,以"由阴转阳""由阳转阴""阴中之阳""阳中之阴"四者最为关键,是一切观察入理的最佳切入点。程颐和程颢则将太极等同于无极,"太极者道也,两仪者阴阳也,阴阳一道也。太极,无极也","散之在理,则有万殊;统之在道,则无二致"。① 他们认为无极、太极、道和理是无二致的。

朱熹也将太极说成是理,称"太极只是一个理字"。他说:"太极非是别为一物,即阴阳而在阴阳,即五行而在五行,即万物而在万物,只是一个理而已"②。同时,朱熹又称"天地之间,有理有气。理也者,形而上之道也,生物之本也。气也者,形而下之器也,生物之具也。是以人物之生,必禀此理,然后有性"。③ 朱熹的"太极""理"和"道",内涵虽然各有侧重,但实际上也是相同的概念。由于朱熹的理学受到官方推崇,宋代以后的儒家哲学中,太极就成为天地万物的根底和枢纽,是决定一切和派生一切的精神实体。"太极"成了朱熹理学的基础。

> 太极自是涵动静之理,却不可以动静分体用。盖静即太极之体也,动即太极之用也。
>
> 太极之有动静,是天命之流行也。或疑静处如何流行,曰:"惟是一动一静,所以流行。如秋冬之时,谓之不流行,可乎? 若谓不能流行,何以谓之'静而生阴'也? 观'生'之一字可见。"
>
> 阴阳只是一气,阳之退便是阴之生,不是阳退了又别有个阴生。

---

① 程颢、程颐著,王孝鱼点校:《二程集(下)》,中华书局1981年版,第690页。
② 朱熹著,黎靖德编,王星贤点校:《朱子语类》,中华书局1986年版,第2371页。
③ 朱熹:《朱文公文集》卷五八《答黄道夫》。

阴阳只是一气,阴气流行即为阳,阳气凝聚即为阴,非直有二物相对也。

……

天地始初混沌未分时,想只有水火二者,水之滓脚便成地。今登高而望群山,皆为波浪之状,便是水泛如此,只不知因甚么事凝了。初间极软,后来方凝得硬。问:"想得如潮水涌起沙相似?"曰:"然。水之极浊便成地,火之极清便成风霆雷电日星之属。"

……

天地初间,只是阴阳之气。这一个气运行,磨来磨去,磨得急了,便拶许多渣滓,里面无处出,便结成个地在中央。气之清者,便为天,为日月,为星辰,只在外常周环运转。地便在中央不动,不是在下。

……

阴阳之始交,天一生水。物生始化曰魄,既生魄,暖者为魂。先有魄而后有魂,故魄为主,为乾。[1]

朱熹对世界的本源问题另有解释。朱熹认为天地万物的总根源是无形无象的"太极",朱熹对周敦颐的《太极图说》做了发挥,把传统的阴阳五行说纳入理学唯心主义体系,构造出一套宇宙形成论,他把"无极而太极"解释为"无开而有理"。朱熹继承和发展了二程的理论,他说:"天地之间,有理有气。理也者,形而上之道也,生物之本也。气也者,形而下之器也,生万物之具也,是以人物之生,必禀此理,然后有性,必禀此气,然后有形,其性其形,虽不外乎一身,然其道器之际,分际甚明,不可乱也。"[2]朱熹和二程一样,认为"理"是形而上之道,"气"是形而下之器,"理"是生物之"本",气是生物之"具",即形成万物的材料。朱熹认为世界上的万事万物及人的产生,都是"理"和"气","性"和"形"的统一,但是,他同时强调二者的区别,指出"形而上"和"形而下"分际甚明,不可乱来,"理"是所以为是器者,不会造作,而

---

① 朱熹:《语要》,见黄宗羲原著,全祖望补修,陈金生、梁运华点校:《宋元学案》卷四九《晦翁学案(下)》,中华书局 1986 年版,第 1512—1515 页。

② 朱熹:《朱文公文集》卷五八《答黄道夫》。

"气"则能酝酿凝聚生物。朱熹对"理"深入考察,他在《大学或问》中,规定了"理"这一范畴的含义,"至于天下之物,则必各有其所以然之故与所当然之则,所谓理也"。"既有是物,则其所以为是物者,莫不各有其当然之则而自不容已,是皆得于天下之所赋,而非人之所能为也。"①

关于"太极"与"万理"的关系,朱熹认为,太极包含万理,万理分别完整地体现太极。

朱熹在《太极图说解》中说:无极而太极,……太极动而生阳,动极而静;静而生阴,静极而复动。一动一静,互为其根,分阴分阳,两仪立焉。……五行一阴阳也,阴阳一太极也,太极本无极也。……无极之真,二五之精,妙合而凝。乾道成男,坤道成女,二气交感,化生万物,万物生生而变化无穷焉。……圣人定之以申正仁义,而主静,立人极焉。故圣人与天地逼供其德,日月合其明,四时合其序,鬼神合其吉凶。君子修之吉,小人悖之凶,故曰:"立天之道曰阴与阳,立地之道曰柔与刚,立人之道曰仁与义。"②朱熹的理一分殊的"理"是即"太极","分殊"即"阴阳""五行""万物""万理",他认为"自其末以缘本",则万物归结为五行,阴阳,最后归结为太极,即是万理归于一理。"自其本而之末",则万物分有太极以为体,即是一理摄万理。所谓"则万物分有太极以为体",即是一理摄万理。所谓"分之以为体"并不是说万物在太极里面各取一部分,把太极分割了,而是说万物各有一定之分而又不同具有太极的整体。所以说"太极只是天地万物,对万物来说,万物有一太极"。他指出,不仅天地间万物自有个道理,而且整体的道理在各部分有其特殊性,类属的道理在各种,各个体也有特殊性。最后,他得出万物皆有此理,理皆同出于一源,但所处的位置不同,其理也不同。他还认为不仅人与物之理绝不同,而且君臣之理与父子之理、牛之理、马之理与草木之理也都不同。朱熹"天理"观的又一基本内容是他提出了"物无无对"的学说。他认为"对"的形式是多种多样的:如形体上的相类或相反等等都是。他认为,不仅两两相对,"一中又自有对","独中又自有对",他把《易一系辞》所说的"太极生两仪,两仪生四象,四象生八卦"的过程概括为:"此只是一分为二,

---

① 朱熹:《朱熹集》卷二,四川教育出版社1996年版,第592页。

② 朱熹:《太极图说解》,见《儒藏》精华编第186册,北京大学出版社2014年版。

节节如此,以至于无穷,皆是一生两尔。"①朱熹的"物无无对"思想,包含着许多有价值的因素,具有深远的启迪意义。

陈樵《太极赋》

何太始之无始兮,块圮希希(一作希夷),后不知其有终兮,前不见其肇基,庞昧无眹。何象何仪？九乾何端？八极何倪？五方何属？四维何施？非圆何覆？非方何只？五辰何抚？六宗何司？为天道之大原兮,有物混沦,大不知其外有兮,细又入於无伦,长上古以为生兮,阅万世而长存,怀道体之大全兮,命元气以为凭。

天人於是乎成性兮,裂积气而标形,方其函三义以为一兮。气磅礴而未伸清,与污其杂袭兮,曾玄黄之未分。邀沆瀣而漫诞,闻晻霭而幽纷,溟滓兮参寥,冲漠兮絪缊,冯冯翼翼,杳杳旼旼。育白日於琼池,孕明月於蕤洲。列象兮储光,孰辨兮昭昏,於是沉奥眺垂,清阳高抗。下蓬勃而蓊蓊,上扶舆而森爽。

女娲揭石以傍视,儵忽废凿而自丧。天经地纬,成文成象。积气舒光,昭晰清朗。川疏渎融,海涵岳壮。四游上下,与时升降。天寰左旋,行无停轮。玉衡斡流,七政率循。其出入之息,互为吐吞。乘气之机,呼寒吹温。六月一息,开阳阖阴。动为静基,静为动源,温兮寒所伏,寒兮温所存。极不期复,时往时来,二气所布,是行四时,袭四为五,五气相滋。方青岁之开先兮,又握赤精而嗣之袭,黄灵以白藏兮,又申之以玄炜冲气蜿蟺。阴化阳施,彙列条分,万类睢睢,动行植跂,鳞泳羽飞。人道配天,有仁有义,天去人其几何？虽殊分而一理,无始之真吾其性,五气之精吾其体,故道至察於鸢鱼,气可塞於天地也。

吾尝望元气之轮囷兮,思邈古之开元,瞻天运之不息兮,慨万物之芸芸。物更谢而迭瘁兮,皆太始之来昆,曾昆仑之不老兮,世弥久而弥新。夫天亦不能以自已兮,吾又乌知其门哉,系曰:"无始

---

① 朱熹著,黎靖德编,王星贤点校:《朱子语类》卷六七《易三》,中华书局 1986 年版。

之真,肇混元兮。为物祖始,万象先兮。思述祖德,穷化原兮。名则无有,辞何宣兮。昔有人兮襟桂兰问,天不对兮余千年。四时错行兮品物繁,天对甚侈兮非无言。"①

陈樵认为太极即"太始之无始",是"天道之大原"。这直接本源于周敦颐的"自无极而为太极"是宇宙本源论,而朱熹则是"无极而太极"宇宙本体论。关于"无极而太极"与"自无极而为太极"的争论,起于《宗史》所载《太极图说说》与朱熹所著《太极图说解》之间的差异,朱熹的《太极图说解》开篇头一句为"无极而太极",周敦颐《太极图说》则是"自无极而为太极"。对此,朱熹质疑道:"不知其何所据而增此'自''为'二字,其为前贤之累,启前学之疑,益以甚矣,谓当请而改之而或者以为不可。"②朱熹反对"自无极而为太极",强调无极而太极,说明他意识到以无极为世界根源无法解决"无中生有"的逻辑困难,他以自己的理解来解释周敦颐的"无极",将原有的宇宙本根论或本源论改为本体论。无极不再是无,太极也不再是宇宙起点,而是天地万物的共同本性,所以无论是阴阳还是五行,以至万物与人都具有自己的太极。他说:"所谓太极散为万物,而万物各具太极。"③无极之太极与散为万物的太极,就像道体与具体事物的道理一样,是普遍性与个别性的统一,所以,具体事物中自己的太极虽然是太极,但又有各自的道理,需要具体分析,同时又不能拘泥于具体的道理而离开总体的太极,保持在个性与统一之中把握具体事物理解普遍规律。朱熹说:"总天地万物之理,便是太极。"④又说:"上天之载,无声无息,而实造化之枢纽,品汇之根柢也。故曰'无极而太极',非太极之外复有无极也"。⑤

陈樵《太极赋》之核心是强调"人道配天"。因为太极之气"长上古以为生兮,阅万世而长存,怀道体之大全兮,命元气以为凭"。"天人于是乎成性

① 陈樵:《太极赋》,见《鹿皮子集·青村遗稿》,中华书局 1985 年版,第 2—3 页。

② 朱熹:《晦庵卷》卷七一,《四库全书》本。

③ 朱熹:《朱文公文集》卷四六,见《朱子全书》第 22 册,上海古籍出版社 2002 年版,第 2156 页。

④ 朱熹著,黎靖德编,王星贤点校:《朱子语类》卷九四,中华书局 1986 年版。

⑤ 朱熹:《太极图说解》,见《儒藏》精华编第 186 册,北京大学出版社 2014 年版。

分,裂积气而标形,方其函三义以为一分"。① 太极之一元之本,又化阴阳二气。开阳阖阴,而六月一息;二气所布,是行四时,袭四为五,五气相滋。经过这样的阴化阳施,便有"彚列条分,万类睢睢,动行植跂,鳞泳羽飞"之万物滋生,万象更新。陈樵从"宇宙本源论"出发,阐述太极"怀道体""命元气"之实质,而由此成乎天人之性,标万物之形。陈樵的太极观论域是本《易经》之"天人合一"的有机整体论的。天人合一,是一种世界观,更是中国儒家的对待人与自然关系的最高境界。认为是太极之真吾成为我们的内在心性,是五气之精成为我们的外在形状。故而人道与天道一致,并以天道为本。而朱熹则是主张"太极为理,两仪为气,人之义理,本于太极,人之气质本于两仪。理居先,气居后,理为主,气为辅"。

三、陈樵弟子的学术思想

(一)儒学官杨苫

《金华贤达传》卷一一《杨苫传》:

> 杨苫,字仲彰,其先居义乌,父德润始迁东阳。苫力学颖悟,从陈樵游,文辞典雅,自号鹤岩先生,所著有《百一等稿》。②

《道光东阳县志·隐逸传》载:

> 杨苫,字仲彰,一字质夫。其先义乌人,父德润始迁东阳鹤岩。苫以清竣修敏之资,好学不倦,穷讨六籍。既从李序、陈樵游,晚登黄溍之门,一时咸推先登。溍亦自谓"不意晚年复得此友"。其才气干局,出入宋濂、许存仁、王祎诸公之间,晦光潜德,迥出人表。辟书及门,先事适机以自潜。洪武初,义乌令胡子实聘为儒学官,讲学授徒,士乐归之。癸亥,大臣荐苫,以母老辞,弗听。及至京,

---

① 陈樵:《太极赋》,见《鹿皮子集·青村遗稿》,中华书局1985年版,第3页。
② 郑柏:《金华贤达传》卷一一,续金华丛书本。

上疏。放还,赋《被征诗》百韵以见志。尝辑元乐府,名《正声类编》。所著有《百一稿》《无逸斋稿》《鹤岩集》,合二十余卷。子巘、璬俱善诗文。璬尝补录《补金华贤达传》一卷。①

杨芾为陈樵及门弟子,后又登黄溍之门。"其才气干局,出入宋濂、许存仁、王祎诸公之间,晦光潜德,迥出人表"。能与宋濂、王祎相提并论,可见其成就不小。

金涓撰有《送杨仲章归东阳诗卷序》。其序云:

> 朱君伯清、傅君国章,与吾仲章氏,皆以妙年杰学,才器局干,以出入乎诸公之间。逐逐焉不以印组为务,忒忒焉不以文章自高。晦光隐德,逸志抗云,迥出人表。比辟书及门,……仲章则先事适机以自潜。时知县胡公子实,方兴学校以导民,奉币致请仲章为弟子师。迎焉以备其敬,馆焉以具其礼。无几何,致辞而归。咸赠之以诗。去则隐东阳南溪之滨,闭门绝客,束书问农,文不留稿,诗不赠人……②

可见,杨芾"晦光隐德,逸志抗云"有其师之遗风。"辟书及门,则适机自潜。"馆县学而备受尊敬,却毅然隐去,居东阳南溪之滨,而闭门绝客,耕读以自娱。遂成隐士。

杨芾有《元故鹿皮子陈先生行状》。其行状云:

> 先生讳樵,字君采,姓陈氏。其先当宋之初自杭之富春来徙,遂为婺东阳太平里人。曾祖讳居仁,姚朱氏;祖讳矗,宋登仕郎,姚郭氏;父讳取青,宋国学进士,慷慨有大节,尝抗章诋时宰贾似道欺君误国状,迨元朝取宋,丞相忠武王伯颜阅架阁得所进章,壮其言,征而欲用之,不为出,韬晦终身,晚自号闲叙翁,姚郭氏。初,乡先生盘松石公一鳌得徽国朱文公之学于徐文清公,侨之门人讲道绣

---

① 党金衡主修,东阳市人民政府地方志办公室整理:《道光东阳县志》,西泠印社2017年版,第490页。

② 金涓:《宋杨仲章归东阳诗卷序》,载《青村遗稿》,中华书局1985年版,第1—2页。

川上,及门之士无虑数百人,翁实为高第弟子。先生幼警敏,过庭受业,父子自相师友,朝夕讲贯而切磨之间,又从里儒师复庵李先生直方游,以受《易》《诗》《春秋》大义。比弱冠,博综群籍,自六经以下,至诸子百家之言,靡不研究,既而疑淳熙以来诸儒之说经者,与洙、泗、伊、洛之旨有所未合,乃悉屏去传注,独取遗经,精探其理,如是者十数年。一旦神会心融,以为圣贤之大意断然而趣可识,片言而道可尽焉。于是隐居小东白山围谷涧少霞洞中,自号鹿皮子,著书十余种。

其言宏博,而约之于至理,微词奥义,多有先人之所未经道者。若曰:"心之精神性。神者,性命之本,言动性之用,知觉性之知,喜、怒、哀、惧、爱、恶,性之情,饮食男女,性之欲,仁、义、礼、智,性之德。"又曰:"神之所知之谓智,知天下殊分之谓礼,知分之宜之谓义,知天地万物一体之谓仁,礼复则和之谓乐。圣人之道在仁、义、礼、乐,而邹鲁蔽之曰仁,仁者与天地万物为一而天下和;求仁者尽分以复礼,合宜以徙义,使复归于一体之仁,而人已安,似则家齐国治而天下平矣。"其说《太极图》则谓:"太极者,太始也,阴阳太始之一气,一气生于无始之真,而动静不穷;太始本无始者也,无始之真以为神气,以为质,而人物生焉。"其说《洪范》则为,书禹谟舜歌,九功称六府三事,至九畴,则六府为三,五为八,而国之建官史之立志事,悉本之河图洛书;易象之所自出于六府三事何有乎? 其说易云云。至于《春秋》,则谓"有是非而无褒贬"。其言曰:"《春秋》,鲁史之成书。曰修春秋,孔子修其词者,核其事而厘正之,曰寓王法则吾未之见也。寓王法之论,始于不识孟子者为之。孟子曰:诗亡,然后春秋作。言王泽未息是非善恶于诗,可见至公论泯灭,寇乱公行见之美刺者。曰亡曰寡,孔子不得不定其是非,以传信天下云尔,褒贬进退以寓王法,则孔子不知也。"

尝谓:"自汉以下,说经而善者不传,传者或不得其意,以故说者不以六经,今当断来说于吾后矣。"时之巨儒若安阳韩先生性、余姚孙先生自强、吴兴陈编修绎曾、武昌冯待制振,见其所著书,莫不亟称焉。先生以说经之眼作为文章,韵沉气蔚,词调俊伟,而精神动荡,譬犹明月之珠,悬黎之璧,文采焕发,照耀白日,而视之者不觉目眩心骇,爱恋而弗厌,故一篇之出,传播上至京都以及遐方僻壤,无不知所宝惜。诗人之选,若钱塘仇公远、白公廷粤、谢公翱,同郡方公凤、河东张丞旨肃,文章大家若四明戴教授表元、蜀郡虞侍书集、长沙欧阳丞旨元、蒲田陈监丞旅、永嘉李著作孝光,同郡胡司令长儒、柳待制贯、黄侍讲溍、吴礼部师道、张修撰枢,与先生为文字交,争相敬慕,以为不可企及。虞、黄二公尤加推重,虞公尝曰:"蛹比诗赋,鹿皮子为当今第一。"又曰:"鹿皮子之文章妙绝当世,使其居馆阁,吾侪敢与之并驾齐驱耶?"黄公则曰:"吾侪所为文,不过修成规、蹑故迹,无有杰然出人意表者,至如鹿皮子以无为有,以虚为实,人不能方,而鹿皮子能言之卓乎,其不可尚已。"先生亦未尝自言:"作文须拔出流俗,使自成一家言,当如孤松挺立,群葩众卉俯仰下风而莫之敢抗,苟徒取前人馆阁织组成章,夫人能言之,是犹嫫母效颦于西施也,何取于文哉!"先生论著虽富,然未尝专以是为名。学者以学文为请,辄曰:"后世之词章,乃士之脂泽,而时之清玩耳。汉魏以来,经术不明,圣人之道熄,士非文词内无以自见,外无以自附于翰墨之林,识者耻之。学者不事穷理明德,而惟修辞之为务,以辉奎蟹、袭声誉,不知其于道何如也。吾知服膺夫六经而已尔,浮词绮语何有哉?"

先生之学,以诚笃为主,以沉静为宗,左图右史,一室萧然,敛容危坐至数月不越牟限。而又操履清介,行止端方。在父祖时,家业素丰裕,乃痛洗膏粱纨绮之习,恶衣菲食,人所弗堪,处之自适,视纷华盛丽事漠然不足累其心。屏迹林邱垂七十载,直与世绝……①

杨芇此行状,写得博详而精当。尤其对其师尊陈樵之学术思想及特色,介绍得比较翔实。如:"其言宏博,而约之于至理,微词奥义,多有先人之所未经道者。"又曰:"心之精神性。神者,性命之本,言动性之用,知觉性之知,喜、怒、哀、惧、爱、恶,性之情,饮食男女,性之欲,仁、义、礼、智,性之德。"又曰:"神之所知之谓智,知天下殊分之谓礼,知分之宜之谓义,知天地万物一

---

① 杨芇:《元故鹿皮子陈先生行状》,见《亭塘陈氏宗谱》卷之四,2006 年版,第45—47 页。

体之谓仁，礼复则和之谓乐。圣人之道在仁、义、礼、乐，而邹鲁蔽之，曰仁，仁者与天地万物为一而天下和；求仁者尽分以复礼，合宜以徙义，使复归于一体之仁，而人已安，似则家齐国治而天下平矣。"尤其是"心之精神性。神者，性命之本，言动性之用，知觉性之知，喜、怒、哀、惧、爱、恶，性之情，饮食男女，性之欲，仁、义、礼、智，性之德"这段话，实在是鹿皮子心学精髓所在。但后来宋濂在依此为陈樵作墓志铭时，被生生地忽略，以致后人不能认识陈樵之学之要的。杨苻认为"先生之学，以诚笃为主，以沉静为宗，左图右史，一室萧然，敛容危坐至数月不越牟限"，由此也可以看出陈樵的为学进路，确是心学。

（二）陈亮后裔陈世恭

永康陈亮后裔陈世恭者，也为陈樵高第。

据《永康姓氏志》载：

> 永康陈世恭筑楼于梅山之麓，名曰卧云，遂以为号。世恭少豪侠，游陈樵鹿皮子之门，为鹿皮子所赏识。及长，又游虎林（武林），遇李草阁于西湖，遂雇舟同载以归。授馆于卧云楼西。彼此饮酒于其上，先后二十年。一时文人学士，莫不颉其事，各为诗歌以记之。而以陈樵《卧云楼记》、李草阁《卧云楼赋》为最著。鹿皮子陈樵和翰林学士宋濂曾相继为梅陇陈氏宗谱作序。①

陈世恭为永康事功学派鼻祖陈亮后裔，少登陈樵之门，后又与钱塘李草阁游。他与李草阁相交之事，吕审言《卧云处士传》有载：

> 徐一夔《国子助教李君墓志铭》载："未几，钱塘被兵，挈妻子居会稽。进士穆尔古苏以江东宪司，经历总督浙东诸路军事，以得君为重，延居幕下，待以宾师之礼。居无几何，君度其事无成，力辞去。遂适婺，翱翔东阳、永康二邑之间。有陈世恭者，龙川先生文毅公之后也，迎君馆于家。永康诗书之邑，士亦多敬爱君，为之买

① 应宝容：《永康姓氏志》，方志出版社1997年版，第24页。

田筑室。君亦以永康地幽敻,乐居之,著书赋诗,若将以老其身。会今上龙兴,定鼎江左,令下郡县,搜访遗逸。有司首以君贡。时方开成均以育群材,既诣考功,奏补国子助教。君以国家聚材兴治之初,日从其长,设为教条,以责成效。未及考,竟以疾免,宿留逾年而还永康。"①

陈樵有《卧云楼记》一通。其记云:

> 云,山川之气间物也。虽勇如贲育,宏羊富贵如金张许史,不可得而夺者。山林之士,欲寝而卧之,不亦异乎!自古迄今,卧者非一,皆莫得其真至。吾希夷子一卧乎华山,与群仙浮游天地外,可谓得其真矣。

> 余亦慕之,卧西岘峰十年,围谷涧二十年,少白山诸洞又二十年。或者以为得其真,犹未也。今年八十有八,心若死灰,形若槁木,忽不知云之为人,人之为云。视林下廖然,无一人能继者。乙巳[元至正乙巳年(1365)],看吕审言来曰:"华溪陈生世恭,结楼于其上,以卧云榜其楣,题请记之。"余闻之,如空谷足音,跫然而喜曰:何知之晚也。非斯人之徒与而谁与?况吾同姓者乎,无其具(题,写)可也。况有其具乎,云不孤矣。虽然智勇不可夺,欲将其具(才能)而夺之乎?苟欲夺之,谁与争之,惟世之人莫与争。余亦莫得而争之矣。吁!使有可争,智勇者夺之,又奚待山林之士哉!使智勇者可夺,则山林之士弃而不取夫,何言焉!非亘古今人所不夺,吾徒恶得而取之,是谓山林之士之所为也。可为异也矣。生欲取人之所弃,必将弃人之所争夺者,斯得其真也。

> 若夫人之所争夺者,长物皆是。有长物,云不留矣。使有长物于吾山林中,俱无有焉。审言曷(何)以斯言告之。②

① 徐一夔:《始丰稿》卷一二《国子助教李君墓志铭》。
② 《永康光绪县志》卷之一五,《艺文记》,第9—10页。

（三）吴中子善

《道光东阳县志》载：

> 吴中，字子善。祖、父世为儒，中益务读书，从陈樵游，获交于潜溪宋濂，通《周易》诸家说。试有司不中，独奉母氏居陋巷……年三十不能娶。有妾，生二子。母死，中随卒。其友张良金、韦编、蒋伟器率诸好义者殓之，用美财赡其孤。①

宋濂《吴子善墓铭》：

> 濂之友吴中子善，世家婺之东阳。自曾祖某、祖某、父某咸为儒，至子善益务读书，从里之大儒陈樵先生游。初，濂谒先生太霞洞中，先生曳杖微笑出迎，坐濂于海红花下。俄呼酒酌濂，先生自歌古诗，奋袖起舞。子善侍先生侧，目濂引满，以成先生之乐。濂自是得以与子善交。后三年，再谒先生，复见子善时，先生年耄重听，或有所问，子善从旁书濂言以对。即濂辞先生还，子善送至山高水长处，坐石共语，依依弗忍去。自时厥后，久不见子善，闻子善独奉母某氏，居陋巷间，虽无儋石之储，曾不少戚戚动于中。每遇明月之夕，辄鼓琴以自娱，琴已，复把笔咏诗弗辍。濂窃悲世之人，往往穷则失守，有若子善之为，造物者必能昌之。今年秋复求子善而谒焉，则子善已死三年矣。呜呼！天者岂易知耶？子善之固穷如是，乃复使之早夭，是果何理耶？呜呼悲夫！
>
> 子善通《周易》诸家说，屡就试有司不中，家益贫，年过三十不能娶。有一妾，为生二子：长某，五岁；幼某，三岁。子善母死未几，而子善又死。二子盖惸然可念。子善之友张良、金韦编、蒋伟器，率诸好义者，既买棺以敛子善，复用美财赡其诸孤。子善得年四十，生于皇庆壬子某月日，卒于至正辛卯某月日。以某月日同母葬

于县南二里姜原,盖潘遼所捐地也。葬一年,伟器来谓濂曰:"子与子善颇交久,盍为铭?"呜呼,濂尚忍铭吾子善耶?昔孟郊殁,贫无以葬,其友樊宗师为告诸尝与往来者经营丧事,且以余资给其遗孀。昌黎韩文公与郊游甚洽,实为铭其墓。今观子善之事,固不能尽同,其交友之所尽心者,则蔑古今之异也。濂虽无昌黎之文,又可无一言慰子善于地下耶?呜呼悲夫!铭曰:

孰使子材,孰使子穷,又孰使子年之不丰?彼苍者天,曷其梦梦?一气悴荣,或系其逢。我作铭诗,以吊其凶,以哀其终,以揭其封。①

吴子善生于皇庆元年壬子(1312),卒于至正十一年辛卯(1351)。家族世代为儒生,自己益务读书,从大儒陈樵游。宋濂先后两谒陈樵,他都侍于左右,遂与宋濂交。他通《周易》诸家说,屡就试有司不中,家贫,年过二十不能娶,有一妾。独奉母,居陋巷间。虽无儋石之储,每遇明月之夕,却鼓琴以自娱,琴已,复把笔咏诗弗辍。颇有颜"一箪食,一瓢饮,居陋巷,人不堪其忧,回也不改其乐"之气象。

四、后世学者对陈樵学术的评价

郑善夫《经世要谈》云:

元东阳鹿皮子谓:秦而下说经而善者不传,传者多未善。淳熙以来,讲说尤与洙泗不类,尝自谓明月之珠,失之二千年,乃获之牧竖之手。其言曰:神所知之谓智,知天下殊分之谓礼,知分之宜之谓义,知天地万物一体之谓仁,礼复则和之谓乐。国家天下一枳也,枳一尔,而穰十焉,枳有十而一视之,其于人则仁也。发而视之,穰有十,其于人则君臣父子长幼之等,刑赏予夺之殊,所谓礼也,视十为十者,礼之异,视十为一者,仁之同。天下万殊之分,视所言动之宜,所操者礼之柄耳。鹿皮子却是独到之学。②

---

① 宋濂著,罗月霞主编:《宋濂全集》,浙江古籍出版社1999年版,第94—95页。
② 郑善夫著:《经世要谈》,《读书笔记及其他三种》,王云五主编:《丛书集成初编》,商务印书馆1939年版,第2页。

杨维桢《鹿皮子文集序》云：

　　盖公（陈樵）生于盛时，不习训诂文，而抱道大山长谷之间，其精神坚完，足以立事；其志虑纯一，足以穷物；其考览博大，足以通乎典故；而其超然所得者，又足以达乎鬼神天地之化。宜其文之所就，可必行于人，为传世之器无疑也。①

杨维桢《鹿皮子文集后辩》云：

　　予既为《鹿皮子文序》，客有骂者曰："鹿皮子，老氏之流也。鹿皮子之言，漆园氏之绪余也。其文空青水碧之文，何尚乎？"予复与鹿皮子辩，且为老子辩曰："庄、列、申、韩皆老氏出也，而相去绝反，何也？庄、列游于天，申、韩游于人。游于天者过高，故为虚无。游于人者过卑，故为刑名。二者胥失也。盖学老氏者，期以大道治治民，不以显法乱乱世。鹿皮子之道，《大易》之道也。鹿皮子之存心，老氏之心也。鹿皮子之望治，羲皇氏之治也。鹿皮子，有道人也。不能使之致君于羲皇，而使之自致其身于无怀、赫胥之域，此当代君子责也，于鹿皮子何病焉？"②

宋濂《元隐君子东阳陈公先生鹿皮子墓志铭》云：

　　君子以超绝之资，旷视千古若一旦暮，期以孔子为师，而折衷群言之是非，不徇偏曲，不尚诡随，必欲畅其己说而后已，可谓特立独行而无畏慑者也。非人豪其能之乎？虽然，淳熙二三大儒，其志将以明道也，初亦何心于固？必使君子生於其时，与之上下其论，未必无起予之叹。而君子之众说，亦或藉其损益以就厥中，则所造诣者愈光辉混融，而卓冠于后先矣。天之生材，相违而不相值每如此，竟何如哉？然君子措虑之深，望道之切，其所传者确然自成一

_____

① 李修生主编：《全元文》第 41 册，凤凰出版社 2004 年版，第 223—224 页。
② 李修生主编：《全元文》第 42 册，凤凰出版社 2004 年版，第 209 页。

家言,殆无疑者。世之人弗察,伐异党同,常指君子为过高,是岂窥见其衡气机者哉? 濂也不敏,窃有慕洙、泗、伊、洛之学,有志弗强,日就卑近,不足以测君子所至之浅深,而君子则欲进而教之,今因请铭,故备著昔日问答之辞于其首,后之传儒林者尚有所稽焉。其称为君子者,君子盖有德之通称,尊之可谓至矣。①

胡翰《王子充集》云:

> 吾婺以学术称者,至元中则金公吉甫、胡公汲仲为之倡。汲仲之后,则许公益之、柳公道传、黄公晋卿、吴公正传、胡公古愚,卓立并起。而张公子长、陈公君采、王公叔善,又皆彬彬附和于下。言文献之储者以婺为首称。②

朱廉云:

> 东阳古称多名人巨儒,予所师事而接识者三君子焉:曰陈公君采、胡公景云、陈公时甫,皆以高年硕望领袖儒绅。其言论风采,蔼然盛德之仪型,其见推重如此。③

孙奇逢云:

> 樵之学大有宗统,濂何靳(不肯)一再往,以毕其说耶? 守先待后之儒。④

马平泉曰:

---

① 宋濂:《元隐君子东阳陈公先生鹿皮子墓志铭》,见宋濂著,罗月霞主编:《宋濂全集》第1册,浙江古籍出版社1999年版,第43页。
② 朱彝尊:《静志居诗话》,人民文学出版社1990年版,第34页。
③ 王梓材、冯云濠撰,张寿镛校补:《宋元学案补遗》卷七〇,四明丛书本。
④ 孙奇逢:《理学宗传(二)》,山东友谊书社1989年版,第1255—1257页。

陈君采生当元季,槁死穷岩,孙夏峰称为"守先待后之儒"。余观其生平绪论及其酒醼欢歌,所以惓惓于宋景濂者,悠然想见其为人。吾独怪景濂,何不一往,以毕其说,乃为世俗之言所阻。厥后,幸际休明,学殖浅薄,无大建竖于世,有以哉?夫以君采之学,不获奋翮云衢,为世羽仪,欲寄一线于来者,亦卒不可得。天之不相道与,何斯人之多穷也?①

纪昀等云:

樵字居采,婺州东阳人,至正中遭乱不仕,遁居圊谷,每衣鹿皮,因自号鹿皮子。考所作北山别业诗三十八首,备水石花竹之趣,则亦顾阿瑛、倪瓒之流,非穷乡苦寒之士也。郑善夫《经世要言》称其经学为独到,然所称"神所知者谓之智"实慈湖之绪余,而姚江之先导。②

赵香砂《述史传》云:

自朱吕倡学东南,学士承传之惟谨。迨元末,而精思力诣者各以所造自成学,若蜀资州黄泽、金华陈樵最显名。樵好学,有邃悟,著书穷昼夜不息。会世乱,家毁于兵,其书多不传。所传者,率皆诗赋之文。不知者,因目为隐逸,而不知樵之学固儒学也;其行,固儒行也。窃窥君采风旨,盖似有心非淳熙之学者,顾其所云"仁统万善,理一分殊",皆宋儒之绪言,而非必有独创之解。即"万物一体"之语,倘不能的然窥见其本体而真知所以用力之处,亦未必不涉于想像拟议。窃思得旁采其他说,以证其功力造诣之所到。去年于徐氏家谱见其《仁安堂记》,所言安仁之旨甚详:"而以三月而违,颜子于仁尚未安,孔子不呵之者,观其进也。"夫道不足而妄议古人者,君子无是也。意者其存心纯密,实有自得之处,故不觉其言之

---

① 王梓材、冯云濠撰,张寿镛校补:《宋元学案补遗》卷七〇,四明丛书本。
② 永瑢、纪昀等:《四库全书总目》卷一六八,艺文印书馆 1969 年版,第 3343 页。

大也。惜其他文不传，不能窥见其所学之备，以观其诣之所至也。①

清代卢标《婺诗补》卷二云：

> 毅斋之学传于婺中者两派。一以授叶由庚，由庚授王炎泽，炎泽授黄溍，溍授宋濂，濂授叶伯恺。伯恺当靖难后，隐白沙书院，授卢睿、李棠、楼泽。一授王世杰，世杰授石一鳌，石一鳌授陈樵，陈樵授杨芾、王为。皆有端绪，历历可考。②

清代卢标《婺志粹》卷三上云：

> 史传云："自朱、吕倡学东南，学士承传之惟谨。迄元末，而精思力诣者，各以所造自成家，若蜀资州黄泽、金华陈樵最显名。"③

---

① 王崇炳：《金华征献略》卷五，赵一生主编：《东阳丛书》第 15 册，浙江古籍出版社 2014 年版，第 127—130 页。

② 卢标：《婺诗补》卷二，赵一生主编：《东阳丛书》第 21 册，浙江古籍出版社 2014 年版，第 61 页。

③ 同上书，第 187 页。

宋濂之学：吕学中兴之中坚

第四章

宋濂列明"开国文人之首",于文学、史学及理学皆有重要贡献。宋濂学术为宋元以来吕学嫡传,其注重中原文献传承,具有吕学兼蓄包容、经世致用之特色,一如婺学鼻祖吕祖谦,其为学除专注理学而外,于文史颇着功夫,且调和朱陆;同时又不排斥释道。这使他在获得学术成就同时,也构成了其学术局限性。①

全祖望把宋濂之学,归置于金华朱学统绪。他于《宋文宪公画像记》中云:

> 文宪之学,受之其乡黄文献公、柳文肃公、渊颖先生吴莱、凝熙
> 先生闻人梦吉。四家之学,并出于北山、鲁斋、仁山、白云之递传,
> 上溯勉斋,以为徽公之世嫡。②

宋濂之学,出自黄溍、柳贯、吴莱、闻人梦吉四家。而此四家又同出北山学派,上可以溯黄幹而达朱子,是为金华朱学的绪。其实,全氏"四家之学,并出于北山、鲁斋、仁山、白云之递传"一语,过于粗疏。查考《宋元学案》,柳贯确为金履祥门人,亦为许谦同门。闻人梦吉之父闻人铣为曾游之王柏之门。闻人梦吉受学家庭,手抄《其七经传疏》,闭户10年,洞究奥旨。可见其很难说是北山嫡传。吴莱与黄溍、柳贯,同是浦江方凤弟子,似与北山四先生无涉。而黄溍之学,《宋元学案·沧州学案》则归其为文清学派门下,为义乌大儒石一鳌弟子。徐文清先生侨,是吕祖谦高足叶邽弟子,后才闻考亭之学。因此,黄溍学术正脉还在吕学,朱学兼之而已。

但是《宋元学案》编著者,还是把宋濂与戴良归入金华朱学一路。黄百家在《宋元学案·北山四先生学案》中说:

①　向燕南:《宋濂的学术渊源与学术评论》,载《历史文献研究》,总第27辑,2008年,第182—192页。

②　黄宗羲原著,全祖望补修,陈金生,梁运华点校:《宋元学案》卷八二《北山四先生学案·宋文宪公画像记》,中华书局1986年版,第2801页。

勉斋之学,既传北山,而广信饶双峰亦高弟也。双峰之后,有吴中行、朱公迁亦铮铮一时。然再传即不振。而北山一派,鲁斋、仁山、白云既纯然得朱子之学髓,而柳道传、吴正传以逮戴叔能、宋潜溪一辈,又得朱子之文澜,蔚乎盛哉! 是数紫阳之嫡子,端在金华也。①

黄百家之言,有两点必须注意。一是北山四先生得"朱子之学髓",柳贯、吴师道以及戴良、宋濂一辈,仅得"朱子之文澜"而已。二是两者合起来,才能称"朱子嫡子端在金华"。"金华朱学"之谓大约也出于是!

元末明初大儒杨维桢认为,宋濂之学源来自南宋吕祖谦、唐仲友及陈亮三家之婺学,即融性命之学与经世之学为一炉,谈性理而又不废文献之学和史学,同时又不忘经世致用。他在明初为宋濂《潜溪新集》所作之序中说:

余闻婺学在宋有三:东莱氏以性学绍道统,说斋以经世立治术,龙川氏以皇帝王霸之略志事功。其炳然见于文者,各自造一家,皆出于实践而取信于后之人而无疑者也。宋子之文根性道干诸治术,以超继三氏于百十年后。②

从宋濂的学术成就看,杨氏之言是较为可信的。故而今有学者谓,宋濂乃"集婺学大成者"③。值得指出的是,此婺学仅指宋乾道淳熙间之婺学,而非元末明初之婺学。元末明初之婺学,已成涵汇"朱陆吕"三家学术之势。而其代表则是许谦、陈樵、宋濂。宋濂学术主要还是南宋时期传统意义上的以吕学为宗的"吕陈唐"三家之婺学。

宋濂最为相契同门学友王祎曾在《宋太史传》说:"宋南渡后,新安朱文公、东莱吕成公并时而作,皆以斯道为己任,婺实吕氏倡道之邦,而其学不大

---

① 黄宗羲原著,全祖望补修,陈金生、梁运华点校:《宋元学案》卷八二《北山四先生学案》,中华书局1986年版,第2727页。

② 宋濂:《宋文宪公全集》附录卷四,清宣统三年刻本。

③ 黄灵庚:《宋濂的阐述性理之作——〈龙门子凝道记〉〈诸子辨〉辨证》,《浙江社会科学》2014年第12期,第132—137、160页。

传。朱氏一再传为何基氏、王柏氏，又传之金履祥氏、许谦氏，皆婺人，而其传遂为朱学之世适。先生既间因许氏门人而究其说，独念吕氏之传且坠，奋然思继其绝学。每与人言而深慨之，识者又足以知其志之所存，盖本于圣贤之学，其自任者益重矣。"①王祎认为，宋濂因北山四先生皆为婺人，其传却为朱学，而担忧"吕氏之传且坠"，即"奋然思继其绝学"。婺州乃吕祖谦倡道之邦，而至宋末元初，朱学大盛，吕学却不大传，作为婺州学者，王祎与宋濂一样，决然奋起，而决心"继其绝学"。此"绝学"，实"吕学"也。

至正元年（1341），宋濂受聘于浦江郑义门东明书院为山长。因慕郑氏《诗》《礼》治家，至正十年（1350），宋濂自金华潜溪迁浦江青萝山，沿山南构筑"青萝山房"一区，与郑氏比邻而处。至正十六年（1356）冬，宋濂入青萝山附近的小龙门山著书，自称"龙门子"，其书名《龙门子凝道记》。至正年间，宋濂还先后完成《六经论》《七儒解》《孔子生卒岁月辨》《诸子辨》《河图洛书说》《文说》《萝山杂言》《燕书》等一系列著作。这标志宋濂学术思想已基本形成。在浦阳的东明书院，其时有郑渊、郑济、郑洧、郑楷、郑柏、郑榦、郑格、楼琏、楼希仁、刘刚、方孝孺、赵友同、王绅、李尚、吴彦诚、章存厚、林静、黄昶等一干学子，亲受其熏炙，师生熙熙问道，相聚论学，犹众星拱北，盛况空前，由此形成了一个独具风格、规模相当的学术流派②。

入明后，宋濂得到朱元璋的重用，历任翰林院编修，国子司业，礼部主事，翰林学士、知制诰、兼修国史，太子赞善大夫，翰林院侍讲学士、知制诰，翰林学士承旨、嘉议大夫、知制诰，《元史》总裁等职③。他"供奉词林，幸日侍几砚"④，不但与闻机密，参与决策，而且亲自起草各种重要文件，主持一些重点典籍的编纂，对于明朝的礼乐制度等制定发挥了重要的作用。"有明

---

① 王祎：《宋太史传》，载宋濂著，罗月霞主编《宋濂全集》第 5 册，浙江古籍出版社1999 年版，第 2327 页。

② 黄灵庚：《宋濂的阐述性理之作——〈龙门子凝道记〉〈诸子辨〉辨证》，《浙江社会科学》2014 年第 12 期，第 132—137、160 页。

③ 郑楷：《翰林学士承旨、嘉议大夫、知制诰、兼修国史、兼太子赞善大夫、致仕潜溪先生宋公行状》，《潜溪录》卷二，载宋濂著，罗月霞主编：《宋濂全集》，浙江古籍出版社1999 年版，第 2353 页。

④ 宋濂：《恭题御制文集后》，《翰苑续集》卷之四，载宋濂著，罗月霞主编：《宋濂全集》，浙江古籍出版社 1999 年版，第 839 页。

肇兴,制度沿革,多所参定。"①"凡大制作、大号令,修饰润色,莫不曲尽其体。"②宋濂参与编纂了《大明日历》《皇明宝训》《洪武正音》,为《大明律》进表,为《昭鉴录》写序,撰写《洪武圣政记》等。由此,做出了其史学巨大成就。

一、宋濂学术渊源

宋濂(1310—1381)初名寿,后改为濂,字景濂,号潜溪,婺州浦江人。曾受业于浙东大儒吴莱、柳贯、黄溍。元末隐居乡里,入龙门山著书,一度信奉道教。元至正二十年(1360),他被朱元璋征召,明开国后任《元史》总裁,官至翰林学士承旨、知制诰。明初朝廷"一代礼乐制作,濂所裁定者居多",被推为"开国文臣之首"。后因其孙宋慎受胡惟庸一案牵连,举家谪徙茂州(今四川茂汉羌族自治县),途中病死于夔州(今四川奉节)。正德八年(1513)被平反,追谥为"文宪"。著有《宋学士全集》《龙门子凝道记》《浦阳人物记》《周礼集说》《孝经新说》等。

《宋元学案·北山四先生学案》载:

> 宋濂,字景濂,世居金华之潜溪,至先生始迁浦江之青萝山。先生少读书,日记二千余言。尝从闻人梦吉受《春秋》。继从柳贯、黄溍、吴莱学古文词。年二十五明道,著书义门郑氏之东明山,名震朝野。元至正中,有荐为翰林编修,辞不赴。明初定鼎金陵,遣使奉书币聘为江南等处儒学提举。召授皇太子经筵、起居注,总修《元史》,升翰林学士。议封功臣勋爵,迁国子司业,三转为翰林侍讲学士,总修大明日历,拜翰林学士承旨、嘉议大夫、知制诰,兼修国史,兼太子赞善大夫,宠遇隆渥,启沃宏多。既而念其开国文臣之首,侍从十有九年,制度典章,灿然大备,诏以年老致政还家。以长孙慎坐法,举家迁谪茂州,至夔门得疾,不食者三旬,书《观化帖》,端坐而逝,年七十有二。正统中,赐谥文宪。

① 《道光金华县志·宋濂传》,《潜溪录》卷二,见宋濂著,罗月霞主编:《宋濂全集》,浙江古籍出版社1999年版,第2314页。
② 贝琼:《潜溪前后续别四集序》,《潜溪录》卷四,见宋濂著,罗月霞主编:《宋濂全集》,浙江古籍出版社1999年版,第2502页。

先生博极群书，孜孜圣学，道德文章，师表当世，敷昭皇猷，赞翊治化，名震环宇，文传外夷，而循循然谦抑下士，接引后进。所著有《潜溪集》《翰苑集》《芝园集》《萝山集》《龙门子》《浦阳人物记》，合一百四十余卷。①

《宋元学案》编著者认为，宋濂从闻人梦吉受《春秋》。继从柳贯、黄溍、吴莱学古文词。并评价曰："先生博极群书，孜孜圣学。道德文章，师表当世。敷昭皇猷，赞翊治化。名震环宇，文传外夷。"可见，其学从闻人梦吉，长于《春秋》之学。从柳贯、黄溍、吴莱那里，只是学古文词而已。宋濂孜孜于圣学，其道德文章，皆可师表当世者也。

《明史·宋濂传》云："（宋濂）幼英敏强记，就学于闻人梦吉，通《五经》，复往从吴莱学。已，游柳贯、黄溍之门，两人皆亟逊濂，自谓弗如。元至正中，荐授翰林编修，以亲老辞不行，入龙门山著书。"可见，宋濂从闻人梦吉、黄溍、柳贯、吴莱学无疑。《宋元学案》编著者把其列闻人梦吉、柳贯、黄溍门下。《宋元学案·北山四先生学案》称其为"凝熙门人"，又与郑涛、戴良等同列"静俭门人"。

《宋元学案·北山四先生学案》介绍凝熙闻人梦吉之学云：

闻人梦吉，字应之，诜老先生之子。诜老学于鲁斋，里中称为桂山先生。受学家庭，《七经》传疏，皆手钞成集，训诂抵牾者，别白是非，使归于一，闭户讨论逾十年不出。因荐起历处州学录、西安教谕、昌国学正、泉州教授。至正戊戌，授福建副提举。卒年七十。门人宋景濂等私谥凝熙先生。②

闻人梦吉之学得之家学，其父闻人诜（号桂山翁），尝师事王瀚、王柏父子，而以得自王瀚者为最深，而王瀚则又是吕祖谦及门弟子。宋濂云：

初,乡先达定庵(瀚)、鲁斋(柏)二王公,崇尚伊洛之学,金鸣而玉应,宫奏而商宣,倡明道要,号为极盛。(桂山)翁往来咨叩,而得之定庵者为最深。翁知公(梦吉)有异质,父子自为师友,昼夜饬厉之。公亦上承翁志,不出郊垌者十年。……故凡七经传疏,悉手钞成帙,义理所在,深体密察,微如蚕丝牛毛,剖析靡遗。积之既久,神会心融,训诂家之说,有分孽未定于一者,公别其是非,如辨白黑。四方学徒,或执诸经问辨。公为历陈众义而折中之,不烦余力。

……

公之学,一以诚为本,涵养既驯,内外一致,故其气貌类玄文之玉,温润而泽,绝无纤瑕,而孚尹焕发于外者,烨如白虹,能令人爱恋弗厌。①

梦吉之学,实以经学为主体,而同时亦不失其道德之躬行。对于"七经传疏"之义理抽绎,乃至于"微如蚕丝牛毛",亦"剖析靡遗"。其设教,必为敷陈众,而以己说折中之,不烦余力,使其领解乃已。从这种治学之基本取向而言,深合于浙东诸家重视经制之学,又以经制言事功的基本传统,因此梦吉之学,实因其父桂山翁而上接东莱之绪,便恐怕并非凿空之论。②

王柏为何基之高弟,与吕学渊源也极深。《宋史》卷438《本传》载:"(柏)大父崇正殿说书师愈从杨时受《易》《论语》,既又从朱熹、张栻、吕祖谦游。父瀚,朝奉郎,主管建昌军仙都观,兄弟皆及熹、祖谦之门。"

金履祥亦云:"初,公(柏)之大父焕章公与朱、张、吕三先生为友,父仙都公(瀚)早从丽泽,又以通家子登沧洲之门。③"

吴师道在《仙都公所与子书》中云:"鲁斋先生之学,世有自来矣。先生大父崇政讲书直焕章阁致仕讳师愈,师事龟山杨公(时),后又从朱、张、吕三公游,朱子志墓称其有本有文者也。父朝奉郎主管仙都观讳瀚,执经

---

① 宋濂:《故凝熙先生闻人公行状》,《潜溪后集》卷一〇,见宋濂著,罗月霞主编:《宋濂全集》,浙江古籍出版社1999年版,第312—313页。

② 董平:《南宋婺学之演变及其至明初的传承》,载《中国学术》第10辑,2011年,第192—243页。

③ 金履祥:《鲁斋先生文集目后题》,《仁山集》卷四,《四库全书》本。

朱、吕之门,克世其学。"①

可见王柏祖父师愈、父瀚皆尝师事朱、吕。其父王瀚,极负慷慨之气,有北定中原之志。② 王柏虽因早孤而未及亲闻其家庭学术渊源之论,但其父那种超迈卓群之气与恢复中原之心,仍在他那里得到充分体现。《宋史》本传载:"柏少慕诸葛亮为人,自号长啸。年逾三十,始知家学之原,捐去俗学,勇于求道。"王柏30岁后知道其家学源自吕学,随即对吕祖谦表现出极大推崇:"昔东莱先生吕成公讲道于金华,四方学子云合而影从,虽儒宗文师磊落相望,亦莫不折官位、抑辈行,愿就弟子列。"故"丽泽私淑之功",至今未既。③ 对丽泽书院大加赞赏:

> 南渡以来,三先生鼎峙东南,倡明正学,浚衍渊源,成就人才,为国家数十年之用,可谓盛矣! 年来师友凋落,义理埋芜,后生小子伥伥然无所适从,以其意之所便者为学,虽有气质之美,不过没溺于进取之途而已;至于汲引后进,收拾晚生,开导训迪,封埴培养,以续不绝如线之气脉,舍丽泽书院何赖焉。④

王柏曾执丽泽师席。由此其经世致用之志益明。他曾云:

> 某窃惟吾儒之学,有体有用,其体则尧舜禹汤文武周孔孟氏之书,皆格物致知诚意正心修身之要;其用则齐家治国平天下之道。齐家固在我所自尽也,治国平天下,盖有不得已起而从之者,非可自求,非可苟得,皆天之所命也。⑤

王柏认为儒家之学,学有体用,其体便是"尧舜禹汤文武周孔孟氏之书"。由此可见,他是推崇经书的。他还认为,齐家可以有"我所自尽",治国平天下"则非可自求",而委诸天命。他主张学虽以达体为根本,然体无用则

① 吴师道:《仙都公所与子书》,《礼部集》卷一七,《四库全书》本。
② 王柏:《书先君遗独善汪公帖后》,《鲁斋集》卷一二,《四库全书》本。
③ 王柏:《跋丽泽诸生帖》,《鲁斋集》卷一二,《四库全书》本。
④ 王柏:《上吕寺丞(延年)》,《鲁斋集》卷七,《四库全书》本。
⑤ 王柏:《上王右司书》,《鲁斋集》卷七,《四库全书》本。

不显,故必以用的显扬为本体开显之途。因此,王柏之学,源于朱、吕。他要求究体以达用,将学问的本身价值延展于齐家治国平天下的经世事业,实乃与浙东史学派之根本义旨深相契合,在某种意义上正可视为吕氏究史以明通变、务求开物成务之学术精神的延续。①

可见,闻人梦吉之学,由家学而源肇王柏,以直接吕学。而闻人诜又以春秋之学见长。因此,闻人梦吉擅春秋,且好训诂传疏。

《宋元学案·北山四先生学案》介绍静俭柳贯之学云:

> 柳贯,字道传,浦江人。受经于仁山,究其旨趣,又遍交故宋之遗老,故学问皆有本末。举为江山教谕,迁昌国学正,擢湖广儒学副提举,未上,改国子助教、太常博士,出提举江西儒学,秩满归,杜门十馀年。至元元年,召为翰林待制兼国史院编修官,莅任七月而卒,年七十三。门人私谥文肃。其文与黄晋卿溍、虞伯生集、揭曼硕傒斯齐名,天下称为"四先生"。(云豪案:史传先生"所著书有《文集》四十卷、《字系》二卷、《近思录广辑》三卷、《金石竹帛遗文》十卷。")②

柳贯与许谦、张枢、吴师道皆为金履祥及门弟子。柳贯从金履祥学,黄溍、宋濂皆有记述。在黄溍为之所作墓表云:"公幼有异质,颖悟过人。……到卯岁,遣受经于同郡金先生履祥,即能究其旨趣,而于微辞奥义多所发挥。③"宋濂云:

> 先生素有异质,虽未成人时,即不苟取。……甫及冠,遣受经于兰溪仁山金公履祥。仁山远宗徽国朱文公之学,先生刻意问辨,即能究其旨趣,而于微辞奥义多所发挥。既又从乡先生方公凤与粤谢公翱、栝吴公思齐游,历考先秦两汉以来诸文章家,大肆于文,

---

① 董平:《南宋婺学之演变及其至明初的传承》,《中国学术》第 10 辑,2011 年,第 192—243 页。

② 黄宗羲原著,全祖望补修,陈金生、梁运华点校:《宋元学案》卷八二《北山四先生学案》,中华书局 1986 年版,第 2759—2760 页。

③ 黄溍著,王颋点校:《黄溍全集》下册,天津古籍出版社 2008 年版,第 723 页。

开阖变化，无不如意。先生不自以为足，复裹粮出见紫阳方公回、淮阴龚公开、南阳仇公远、句章戴公表元、永康胡公纯、长孺兄弟，益咨叩其所未至。诸公皆故宋遗老，往往嘉先生之才，无不为之倾尽。隆山牟公应龙，得太史李心传史学端绪，且谙胜国文献渊源之懿，仪章、官簿、族系，如指诸掌，先生又住悉受其说。自是，先生之学绝出而名闻四方矣。①

金履祥师事王柏，并因王柏的汲引亦及于何基之门。金履祥的学术经历与王柏相似。他亦博究群书而负经济之略，希冀所学能有用于世。师从何、王以后，虽"讲贯益密，造诣益邃"，但其经世之志始终未泯。《元史》卷一八九《本传》载：

> 履祥幼而敏睿，父兄稍授之书，即能记诵。比长，益自策励，凡天文、地形、礼乐、田乘、兵谋、阴阳、律历之书，靡不毕究。及壮，知向濂洛之学，事同郡王柏，从登何基之门，基则学于黄幹，而幹，亲承朱熹之传者也。自是讲贯益密，造诣益邃。时宋之国事已不可为，履祥遂绝意选取，然负其经济之略，亦未忍遽忘斯世也。

宋亡以后，金履祥绝意仕进，潜心于学，然其精力所萃，实以经史之学为之根本。《元史》卷一八九《本传》又载：

> 履祥尝谓司马文正公光作《资治通鉴》，秘书丞刘恕为《外纪》，以记前事，不本于经，而信百家之说，是非谬于圣人，不足以传信。自帝尧以前，不经夫子所定固野，而难质夫子因鲁史以作《春秋》，王朝列国之事，非有玉帛之使，则鲁史不得而书，非圣人笔削之所加也，况左氏所记，或阙或诬，凡此类皆不得以辟经为辞。乃用邵氏《皇极经世》历胡氏《皇王大纪》之例，损益折衷，一以《尚书》为主，下及《诗》《礼》《春秋》，旁采旧史诸子，表年系事，断自唐尧以

---

① 宋濂：《故翰林待制承务郎兼国史院编修官柳先生行状》，《潜溪前集》卷一〇，见宋濂著，罗月霞主编：《宋濂全集》，浙江古籍出版社 1999 年版，第 117—118 页。

下,接于《通鉴》之前,勒为一书,二十卷,名曰《通鉴前编》,凡所引书,辄加训释,以裁正其义,多儒先所未发。

柳贯受学金履祥,于春秋之学颇着功夫。其著有《近思录广辑》三卷。

《近思录》是朱熹与吕祖谦共同编写的,系统概括北宋理学宗师周、张、二程诸四子思想,且又切近日用、便宜遵行的理学入门读本。淳熙二年(1175),吕祖谦从金华至闽与朱熹晤,两人在寒泉精舍相读周敦颐、张载、程颢、程颐等著,感其"广大闳博,若无津涯",初学者不易把握其要义,于是精选622条,辑成《近思录》,共分14卷。"近思"二字取自《论语》:"博学而笃志,切问而近思,仁在其中矣。"其意在于把《近思录》当作学习四子著述之阶梯,又由四子著作作为进入《六经》门径,以正"厌卑近而骛高远"之失。至朱吕身后,《近思录》注解续补之作更是纷至竞出,弟子辈中有陈埴《杂问》、李季札《续录》、蔡模《续录》《别录》和杨伯嵒《衍注》,以及再传弟子、三传弟子等。故《近思录》在南宋后期就已被视为"我宋之一经,将与四子并列,诏后学而垂无穷者"。继而元代,又有赵顺孙为之《精义》、戴亨为之《补注》、柳贯为之《广辑》、黄溍为之《广辑》等,并皆尊"《近思录》乃近世一经"。这么一部原初设定的学术思想普及读本,却在朱吕身后,被后世学者一步步发掘出潜藏的巨大学术价值,一步步提升到显要的理学经典地位。① 柳贯、黄溍皆著有之《近思录广辑》,可见,两人都有传承朱吕学术的旨趣,并以自己的努力使其在元代婺州得以光大。

故柳贯之学,乃纵贯经史、博通百氏而又独擅于辞章,晚年又以理学为归宿。宋濂称其"读书博览强记,自礼乐、兵刑、阴阳、律历、田乘、地志、字学、族谱及老、佛家书,莫不通贯;国朝故实,名臣世次,言之尤为精详。……为文章有奇气,春容纡徐,如老将统百万雄兵,旗帜鲜明,戈甲馄煌,不见有喑呜叱咤之严。若先生者,庶几有德有言,为一代之儒宗者矣"②。黄溍云:"(贯)读书博览强记,自经史百氏至于国家之典章故实、兵刑、律历、数术、方

---

① 严佐之:《一部〈近思录〉串起七百年理学史》。本文系第六届海峡两岸(武夷山)朱子文化节期间,华东师范大学博士生导师严佐之在纪念《近思录》成书840周年海峡两岸学术交流会上演讲摘编。

② 宋濂:《故翰林待制承务郎兼国史院编修官柳先生行状》,《潜溪前集》卷一〇,见宋濂著,罗月霞主编:《宋濂全集》,浙江古籍出版社1999年版,第120页。

技、异教外书,靡所不通。故其文涵肆演迤,舂容纡余,才完而气充,事详而词核,蔚然成一家言。……晚益沉潜于理学,以为归宿之地。"①柳贯虽颇擅文章之名,但实于经史之学造诣更深,亦夙负经济之志;其既师从金履祥,游于方凤、吴思齐等人之门,而又得李心传之史学端绪,谙熟于历代典制及当代史实与文献渊源,实亦深得于浙东史学派(吕学)之学术精神。②

《宋元学案·沧州学案(下)》又列宋濂与王祎等于"文贞门人"。"文贞"即黄溍。黄溍之学出自义乌石一鳌。石一鳌之学,出自同邑徐文清侨。

《宋元学案·沧洲学案(下)》载:

> 黄溍,字晋卿,义乌人。先生生而俊异,比成童,授以书诗,不一月成诵。迨长,以文名于四方。登延右进士第,累转国子博士,视弟子如朋交,未始以师道自尊,轻纳人拜,而来学者滋益恭,业成而仕,皆有闻于世。出为江、浙等处儒学提举。先生年始六十七,不俟引年。亟上纳禄侍亲之请,绝江径归。俄以秘书少监致仕,未几,除翰林直学士、知制诰同修国史。兼经筵官,执经进讲者三十有二,帝嘉其忠,数出金织纹段赐之。升转至中奉大夫。旋上章求归,不俟报而行,帝闻之,遣使追还京师,复为前官。久之,始得谢南还。卒,年八十一。累赠参知政事,追封江夏郡公,谥曰文献。
>
> 先生天资介特,在外唯以清白为治。及升朝行,挺立无所附,足不登钜公势人之门,君子称其清风高节,如冰壶三尺,纤尘弗污。然刚中少容,触物或弦急霆震,若未易涯涘,一旋踵间,煦如阳春。先生之学,博极天下之书,而约之于至精,剖析经史疑难,及古今因革制度名物之训,旁引曲证,多先儒所未发。文辞布置谨严,援据精切,俯仰雍容,不大声色,譬之澄湖不波,一碧万顷,鱼鳖蛟龙,潜伏不动,而渊然之光,不可犯。所著书,有《日损斋稿》二十五卷、《义乌志》七卷、《笔记》一卷。

---

① 黄溍:《翰林待制柳公墓表》,见《黄溍全集》下册,天津古籍出版社 2008 年版,第725 页。

② 董平:《南宋婺学之演变及其至明初的传承》,《中国学术》第 10 辑,2011 年,第192—243 页。

（梓材谨案：《儒林宗派》以先生为石氏门人。宋潜溪状先生行实，言其"常著《吊诸葛武侯辞》，太学内舍刘应龟见而叹之，因留受业。又从仙华山隐者方凤游"。是先生又为刘氏、方氏门人也。）①

可见，黄溍之学出自石一鳌，为文清学派续传。又受业于刘应龟、方凤。关于石一鳌，黄溍有云：

初，徐文清公（侨）倡道丹溪上，及门者或仕或不仕，皆时闻人。文清之学，盖亲得于考亭，而秘书丞王君世杰，则有得于文清者。先生（一鳌）少受业于监榷货务都茶场王君若讷，既又从秘丞王君（世杰）游，学日以茂实，大而声远，负笈而至执弟子礼者，亡虑数百人。……溍生也后，幸获执弟子礼，而不及与夫数百人者群游并进。……谨次其师友源流，揭表墓道，庶来者之求先生，无以彼易此，而徐氏之传不终寥寥也。②

可见石一鳌之学，出自徐侨，为文清学派中坚。其学术详见第三章。

刘应龟（1244—1307），字元益，号山南，义乌县青岩人。曾任杭州府学学正，义乌教谕。刘应龟自少意气恢宏，落落多大志。潜心研习义理之学，以古代贤人作为追随的目标。他谈吐思辨，无人能及。但秉性刚直，喜直言褒贬是非。他学识渊博，精通古今，书院讲学，旁征博引，有理有据，治学态度十分严谨。所教之学以经世济用为根本，求简求易为宗旨。读书务求弄清义理意趣，从不牵强附会，断章取义。黄溍与刘应龟是表叔侄关系。他自小从师刘应龟，孜孜以求，凡十五寒暑。黄溍在《山南先生集后记》中说："溍受学于先生最久且亲。"③刘应龟文风雄肆俊拔，似狂飙席卷、浪遏水飞。黄溍在《绣川二妙集序》中说："吾里中前辈，以诗名家者，推山南先生为巨擘。"④又在《山南先生集后记》中评论说："先生自少为举子业，已能知非之。

① 黄宗羲原著，全祖望补修，陈金生、梁运华点校：《宋元学案》卷七〇《沧洲诸儒学案（下）》，中华书局1986年版，第2352—2353页。
② 黄溍：《石先生墓表》，见《黄溍全集》下册，天津古籍出版社2008年版，第721页。
③ 同上书，第282页。
④ 同上书，第264页。

逮及年迈而气益定，支离之习，刊落尽矣。故其为文，逸出横厉，譬如风雨之所润动，杂葩异卉不择地而辄发人见，其徜徉恣肆，惟意所之而止耳。"①

《宋元学案·龙川学案》列方凤为"全归讲友"。"全归子"即吴深，为陈亮弟子。其先居处之丽水。吴深有奇才，陈亮以女儿嫁之，遂安家永康。

《宋元学案》分同辈为讲友、学侣、同调三种。讲友，是指曾在一起讨论切磋学术的朋友。学侣，是指同在一个师门下学习过的伙伴，即同门。这两种人一般是互相认识，发生过交往的人。同调，是指大致生活于同一时期，在学术上有共同倾向的人，他们之间不一定直接发生过交往。在介绍一位学者的同辈时，如果他兼具这三种同辈，总是先讲友，次学侣，后同调。不同辈者，其中的晚辈分为家学、门人、私淑三种。家学，指某一学者的弟、子、孙、从弟、从子、从孙等中受过该学者教诲的人。门人，指某一学者的学生或至少是当面受过该学者教诲而受到重大影响的人（如张载之于范仲淹）。私淑，未曾亲身受教而景仰其人并从学习其著作获得教益的人。② 可见，方凤只是与吴深一起讨论切磋学术，而忝列陈亮之门的，并非陈亮及门弟子。

《宋元学案·龙川学案》载：

> 方凤，一名景山，字韶父，浦阳人。生有异材，常出游杭都，尽交海内知名士。将作监丞方洪奇其文，以族子任试国子监举，上礼部，不中第。主合门舍人王斌家，教其二子大、小登。后以特恩授容州文学。未几，宋亡。先生自是无仕志，益肆为汗漫游。一日，复游杭。大登为逼国臣，奉使上国，相持泣下。先生欲与俱行，人劝止之。先生善《诗》，通毛、郑二家言。晚遂一发于咏歌，音调凄凉，深于古今之感。临殁，属其子樗，题其旌曰容州，示不忘也。尝谓学者曰："文章必真实中正，方可传。他则腐烂漫漶，当与东华尘土俱尽。"性不喜佛、老。读《唐傅奕传》，壮其为人，摭奕后辟异教者数十事，题之曰《正人心》。书尚未完。

① 黄溍：《山南先生集后记》，见《黄溍全集》下册，天津古籍出版社2008年版，第282页。

② 陈金生：《〈宋元学案〉——四百年儒学沉浮史》，搜狐（http://news.7654.com/），2017-11-26。

他所著诗三千余篇，曰《存雅堂稿》。黄晋卿、吴立夫、柳道传诸文章家皆出其门。①

方凤以文名，黄溍、吴莱、柳贯等文章皆出其门。

宋濂尝论黄溍之学云：

> 先生之学，博极天下之书，而约之于至精。有问经史疑难、古今因革，与夫制度名物之属，旁引曲证，语悼联不能休。至于剖析异同，谳决是非，多先儒之所未发。见诸论者，一根本乎六艺，而以羽翼圣道为先务。②

> （濂）及游黄文献公门，公诲之曰："学文以《六经》为根本，迁、固二史为波澜；二史姑迟识，吾生以事于紸乎？"濂取而温绎之，不知有寒暑昼夜，今已四十春秋矣。③

> 先生（溍）之所学，推其本根则师群经，扬其波澜则友迁、固，沉浸之久，犁然有会于心。尝自谓曰："文辞各载夫学术者也，吾敢苟同乎？无悖先圣人，斯可已。"……今之论者，徒知先生之文清圆切密，动中法度，如孙、吴用兵，神出鬼没，不可正视，而部位整然不乱，至先生之独得者，又焉能察其端倪哉？④

可见，黄溍之学其实是以经为本而以史为纬，其所谓"以《六经》为根本，而以迁、固二史为波澜"。就其实质而言，则实与东莱吕氏更为相契。⑤

《宋元学案·龙川学案》记吴莱云：

---

① 黄宗羲原著，全祖望补修，陈金生、梁运华点校：《宋元学案》卷五六《龙川学案》，中华书局1986年版，第1857页。

② 宋濂：《故翰林侍讲学士中奉大夫知制诰同修国史同知经筵事金华黄先生行状》，《潜溪后集》卷一〇，见《宋濂全集》，浙江古籍出版社1999年版，第310页。

③ 宋濂：《白云稿序》，《銮坡前集》卷八，见宋濂著，罗月霞主编：《宋濂全集》，浙江古籍出版社1999年版，第495页。

④ 宋濂：《金华先生黄文献公文集序》，见宋濂著，罗月霞主编：《宋濂全集·辑补》，浙江古籍出版社1999年版，第1985—1986页。

⑤ 董平：《南宋婺学之演变及其至明初的传承》，《中国学术》第10辑，2011年，第192—243页。

吴莱,字立夫,浦江人。集贤大学士直方子也。生有奇质。四岁,母盛口授《孝经》《论语》,辄成诵。七岁,能属文。族父幼敏家多书,公往私挟一编归,尽夜读竟。又复往易,幼敏知而视之,乃《汉书》也。幼敏指《谷永杜邺传》曰:"汝能记是,当不汝责。"先生琅琅诵之,不遗一字。幼敏以为偶熟此卷,三易他编,尽然。因悉出藏,尽使读之。方韶父见而叹曰:"明敏如此子,虽汝南应世叔不是过也。"悉以所学授焉。自是益博极群书,至于制度沿革、阴阳律历、兵谋术数、山经地志、字学族谱之属,无所不通。延右七年,以春秋举上礼部,不合,退居深袅山中,益穷诸经之说,所造愈精,著述甚多。

（云豪案:元史本传:"先生著有《尚书标说》六卷、《春秋世变图》二卷、《春秋传授谱》一卷、《古职方录》八卷、《孟子弟子列传》二卷,《楚汉正声》二卷、《乐府类编》一百卷、《唐律删要》三十卷、《文集》六十卷。他如《诗传科条》《春秋经说》《胡氏传证》皆未脱稿。"）宋景濂、胡仲子皆尊师之。至元六年卒,年四十四。门人私谥曰渊颖先生,再谥贞文。[①]

吴莱的父亲吴直方(字行,1275—1356 年),亦尝受到方凤,以及永康吴思齐(字子善,1238—1301 年,陈亮的外曾孙。)、浦江谢翱(字皋羽,1249—1295 年)诸人的熏陶,其宗人有名幼敏者,多纳名士大夫,方、吴、谢"咸寓其处,或谈名理及古今成败治乱,或相与倡酬歌诗",直方出侍其侧,"闻其言有会心处,辄记之,终身不忘",故其有志于经济世务。[②] 可见,吴莱后来之有志于当世之务,实亦并非偶然。

吴莱四岁及从母亲授《孝经》《论语》,方凤见其明敏悉以所学授。从而使其博极群书,至于制度沿革、阴阳律历、兵谋术数、山经地志、字学族谱之属,无所不通。科举不第后,退居深袅山中,益穷诸经之说,所造愈精,其学术著述有《尚书标说》六卷、《春秋世变图》二卷、《春秋传授谱》一卷、《古职方

①　黄宗羲原著,全祖望补修,陈金生、梁运华点校:《宋元学案》卷五六《龙川学案》,中华书局 1986 年版,第 1858—1859 页。

②　宋濂:《元故集贤大学士荣禄大夫致仕吴公行状》,《潜溪后集》卷九,见宋濂著,罗月霞主编:《宋濂全集》,浙江古籍出版社 1999 年版,第 293—294 页。

录》八卷、《孟子弟子列传》二卷,《春秋经说》未脱稿。

吴莱之学出自方凤,而上接陈亮。胡翰称其:"先生(莱)当延佑、天历间(1314—1329年),尝慨然有志当世之务矣。""虽处山林,未尝忘情天下。"[①]宋濂则云"先生(莱)自少有大志,专思择物,不欲以文士名"。[②] 吴莱虽以文名,却未可尽以文士目之,其博通经史,所学的确可用。《宋元学案》把他列于《龙川学案》。

宋濂师闻人梦吉、柳贯、黄溍、吴莱等四人。这四人之学术,与南宋吕学有着不同的渊源关系。他们或处草芥啸咏山林,或登仕途骋其才猷,各怀学术而博学于文,多识前言往行以涵养其德,会通折中古今之变以至于当世实用,其学旨要的实有得吕学之萃。宋濂与学友王祎等一起,以继吕学为志,"各以其本人之学问的博洽及其道德之修养的醇固,已然通过其本人的学术活动在实践着吕氏的经史并重、参乎古今之宜以寻绎道德性命之学术精神,浙东史学(吕学)传统在他们那里重新获得了充分的显化,因此他们亦共为明初浙东史学(吕学)之中兴的中坚"。[③]

董平先生认为,宋濂恰好是吕祖谦的"私淑"者。与宋濂最为相契的义乌王祎曾云:

> 初,宋南渡后,新安朱文公、东莱吕成公并时而作,皆以斯道为己任。婺实吕氏倡道之邦,而其学不大传。朱氏一再传为何基氏、王柏氏。又传之金履祥氏、许谦氏,皆婺人,而其传遂为朱学之世嫡。景濂既间因许氏门人而究其说,独念吕氏之传且坠,奋然思继其绝学,每与人言之,而深慨之。识者又足以知其志之所存,盖本于圣贤之学,其自任者益重矣。[④]

王祎认为,婺州实吕祖谦倡道之邦,而北山四先生皆传朱学,导致吕学

---

① 胡翰:《渊颖集序》,见《渊颖集》卷首,《四库全书》本。

② 宋濂:《渊颖先生碑》,《潜溪后集》卷六,见宋濂著,罗月霞主编:《宋濂全集》,浙江古籍出版社1999年版,第243页。

③ 董平:《南宋婺学之演变及其至明初的传承》,《中国学术》第10辑,2011年,第192—243页。

④ 王祎:《宋太史传》,《王忠文集》卷二一。

不传。宋濂独念吕氏之传且坠,奋然思继其绝学,以振兴吕学为己任。宋濂在《思媺人辞》序中亦云:

> 吾乡吕成公实接中原文献之传,公殁始余百年,而其学殆绝,濂窃病之! 然公之所学,弗畔于孔子之道者也,欲学孔子,当必自公始。此生乎公之乡者所宜深省也! 嗟夫! 公骨虽朽,公所著之书犹存,古之君子有旷百世而相感者,况与公相去又如此之甚近乎。闻而知之,盖必有其人矣。①

宋濂认为吕祖谦之学,没有背叛孔子之道。因此,学孔子,必自学吕祖谦开始。然而,吕氏去世百余年,其学几乎殆绝。婺州学术界当时这种"厚朱薄吕"现象,为宋濂深深指责诟病之。其奋起而继吕学之志,溢于言表。因而无论从学术旨趣或学术成就而言,称宋濂为吕祖谦"私淑",不为言过其实。

宋濂"恒以吕氏之学不讲为己忧",有志重光吕氏之学,且继其事而述其志。其以布衣而人史馆为太史氏,明代之礼乐制度多为其所考定,而主修《元史》《大明日历》《皇明宝训》,撰著《浦阳人物记》,奠定其史家地位。其造诣之深者实亦在史学。宋濂又以博极群书、娴熟历代典章制度与文献渊源,而以一代雄文驰名于世。关于宋濂博学,王祎有云:

> 景濂于天下之书无不读,而析理精微,百氏之说,悉得其指要。至于佛老氏之学,尤所研究,用其义趣,制为经论,绝类其语言,置诸其书中,无辨也。青田刘君基谓其"主圣经而奴百氏,驰骋之余,取老佛语以资嬉剧,譬犹饫粱肉而茹苦茶、饮茗汁耳"。②

宋濂于六经及百氏之说,皆读而悉得其指要。并旁及佛老之学。由此,全祖望论婺中学术"三变"云:

---

① 宋濂:《思媺人辞》,《潜溪前集》卷七,见宋濂著,罗月霞主编:《宋濂全集》,浙江古籍出版社 1999 年版,第 87 页。

② 王祎:《宋太史传》,《王忠文集》卷二一,《四库全书》本。

予尝谓:"婺中之学,至白云(许谦)而所求于道者,疑若稍浅,渐流于章句训诂,未有深造自得之语,视仁山(金履祥)远逊之,婺中学统之一变也。义乌诸公师之,遂成文章之士,则再变也。至公(宋濂)而渐流于佞佛者流,则三变也。犹幸方文正公(孝孺)为公高第,一振而有光于西河,几几乎可以复振徽公(朱熹)之绪。惜其以凶终,未见其止,而并不得其传。"①

董平先生认为,全氏之所谓"婺学三变"之论实并不确切,而以"佞佛者流"归于宋濂,则尤不恰当。不拘门户而博贯诸家,原为婺中学术之传统。②

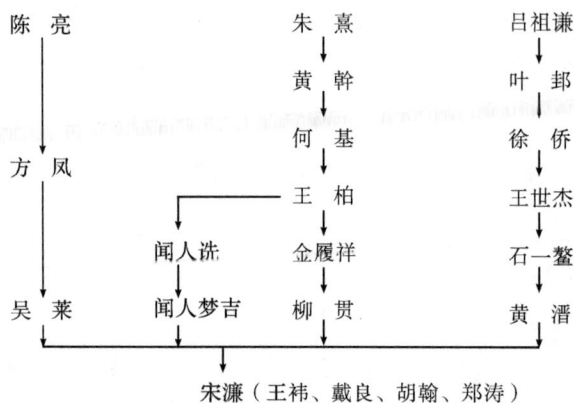

陈 亮　　　　　　朱 熹　　　　　吕祖谦
　|　　　　　　　　|　　　　　　　|
　|　　　　　　　黄 幹　　　　　叶 邽
　|　　　　　　　　|　　　　　　　|
　|　　　　　　　何 基　　　　　徐 侨
方 凤　　　　　　　|　　　　　　　|
　|　　　　┌───王 柏　　　　王世杰
　|　　　　|　　　　|　　　　　　　|
　|　　闻人诜　　金履祥　　　石一鳌
吴 莱　　　|　　　　|　　　　　　　|
　　　　闻人梦吉　柳 贯　　　　黄 潜

宋濂(王祎、戴良、胡翰、郑涛)

图 4-1　宋濂学术流源图

二、宋濂学术思想及特色

宋濂以"学孔子必自学吕祖谦始"的学术自觉,面对元末明初吕学几绝的境况,与王祎等一起决然奋起。以振兴吕学为己任,恪守"以《六经》为根本,以史学为波澜"的吕学归旨,开创了"以经为本,经史文并重"的吕学中兴之局面。因而使得其学术显示出"以经为本,经史文并重"的特色。宋濂之学实为元末明初吕学的中兴之中坚。

①　全祖望:《宋文宪公画像记》,载《宋元学案》卷八二《北山四先生学案》,中华书局1986 年版,第 2801 页。

②　董平:《南宋婺学之演变及其至明初的传承》,《中国学术》第 10 辑,2011 年,第192—243 页。

由此而论宋濂学术思想，其大要应在"崇经薄书""经史并重""文以载道"等诸方面。

(一)崇经薄书："六经皆心学"的心性之学

以六经为本，不仅仅是黄溍的学术主张，更是黄溍、宋濂之学与"北山四先生"之学的分野所在。

由宋入元，婺地学术以"北山四先生"为代表的、传自黄幹的朱子学，成为显学，史称"金华朱学"。黄百家在《北山四先生学案》称："北山一派，鲁斋（王柏）、仁山（金履祥）、白云（许谦），既纯然得朱子之学髓，……是数紫阳（朱熹）之嫡子，端在金华也。"①

黄溍亦称：

> 圣贤不作，师道久废，逮二程子起而倡圣学以淑诸人。朱子又溯流穷源，和会群言而统一，由是师道大备，文定何公基，既得文公朱子之传于其高弟文肃黄公幹，而文宪公王柏，于文定则师友之。文安金公履祥，又学于文宪，而及登文定之门者也。三先生婺人。学者推原统绪，必以三先生为朱子之传。适文懿许公出于三先生之乡，克任其承传之重。三先生之学，卒以大显于世。②

"北山四先生"皆以"理一分殊"为要的，于朱子"四书学"处颇着功夫。

淳熙四年(1177)，随着《大学章句》《中庸章句》《语孟集注》的相继完成，朱熹四书学经学体系已经基本确立。淳熙九年(1182)，朱熹首次将《大学章句》《中庸章句》《语孟集注》并为一集，同时刊刻与婺州，经学上的"四书"学终于出现。③ 朱熹之学是以《四书》为核心，而集南宋之理学大成，并使儒学成为官学，从而深刻影响了南宋以后的学术思想发展。④ 直接黄幹的北山学

---

① 黄宗羲原著，全祖望补修，陈金生、梁运华点校：《宋元学案·北山四先生学案》，浙江古籍出版社 1999 年版，第 2727 页。

② 许谦：《许白云先生文集·元史载白云先生行实》，文渊阁《四库全书》本，第1199 册，上海古籍出版社，第 529 页。

③ 束景南：《朱子大传》，福建教育出版社出版 1992 年版，第 385、766 页。

④ 朱汉民，肖永明：《宋代〈四书〉学与理学》，中华书局 2009 年版，第 4—5 页。

派均十分重视《四书》之学。何基对朱熹的《四书章句集注》尤为推崇。黄宗羲在《北山四先生学案》中评论何基时曾说:"北山之宗旨,熟读《四书》而已。"①吴师道《读四书丛说序》云:"昔闻北山首见勉斋,临川将别,授以'但熟读《四书》'之训。晚年悉屏诸家所录,直以本书深玩,盖不忘付属之意。自是以来,诸先生守为家法,其推明演绎者。"②可见,"但熟读《四书》"是黄幹之训,何基自不敢"忘付属之意",而惟朱子《四书章句集注》深玩,以为"北山家法"。正是由于何基的努力,朱学在金华学坛上得以倡明。

王柏承何基重视"四书学"之学统,并开示以金履祥。吴师道曾云:"北山取语录精义,以为发挥,与章句集注相发。鲁斋为标注,点抹提掣,开示仁山。于大学有疏义、指义,论孟有考证,中庸有标抹。"③

金履祥于"四书学"的传承更是不遗余力。黄百家在《北山四先生学案》中称:"仁山有《论孟考证》,发朱子之所未发,多所牴牾。其所以牴牾朱子者,非立异以为高,其明道之心,亦欲如朱子耳。"④四库官臣认为其《论孟考证》"于朱子未定之说,但折衷归一,考订尤多。……于朱子深为有功"。⑤

董平认为,金履祥之学术旨趣可概括为"崇尚《四书》,融通经史"。金华朱学皆推崇《四书》,金履祥没有停留于朱子《四书》学的一般理论,而是深入细致地对朱子《四书集注》进行系统研究。其《论语孟子集注考证》《大学章句疏义》实际上是对朱熹《集注》的考订梳证,且不苟异同,新意迭出。在宗朱前提下,发展了朱学。⑥ 许谦更是提出:"圣人之心,具在《四书》。而《四书》之义,备于朱子,顾其词约义广,安可以易心求之哉!"⑦这就是许谦为学归旨。因此,许谦在《四书》学上颇下功夫。他对集《四书》之要义的朱熹《四

---

① 黄宗羲原著,全祖望补修,陈金生、梁运华点校:《宋元学案·北山四先生学案》,浙江古籍出版社1999年版,第2727页。

② 吴师道:《读四书丛说序》,在《四库全书》《经义考》卷二五四。

③ 同上。

④ 黄宗羲原著,全祖望补修,陈金生、梁运华点校:《宋元学案》,中华书局1986年版,第2738页。

⑤ 纪昀等:《论语孟子集注考证提要》,《四库全书总目》,中华书局1965年版,第298页。

⑥ 董平:《浙江思想学术史》,中国社会科学出版社2005年版,第205页。

⑦ 黄宗羲原著,全祖望补修,陈金生、梁运华点校:《宋元学案》,中华书局1986年版,第2757页。

书章句集注》认真研读后，著有《读四书丛说》八卷。正是基于这种对朱子
"四书学"的重视，朱子的"理一分殊"学说在金履祥、许谦这里才得到进一步
发挥，而成为许谦之学之要的。

而在宋濂的学术思想里，"四书学"已杳然不见。其倡导的恰是"以六经
为本"。

宋濂在《经畲堂记》中称：

> 圣人之言曰"经"。其言虽不皆出于圣贤，而为圣人所取者亦
> 曰《经》。"经"者，天下之常道也。大之统天地之理，通阴阳之故，
> 辨性命之原，序君臣上下内外之等；微之鬼神之情状，气运之始终；
> 显之政教之先后，民物之盛衰，饮食衣服器用之节，冠昏朝享奉先
> 送死之仪；外之鸟兽草木夷狄之名，无不毕载。而其指归，皆不违
> 戾于道而可行于后世，是以谓之"经"。《易》《书》《春秋》用其全，
> 《诗》与《礼》择其纯而去其伪，未有不合乎道而可行于世者也。故
> 《易》《书》《诗》《春秋》《礼》皆曰"经"。五经之外，《论语》为圣人之
> 一言，《孟子》以大贤明圣人之道，谓之经亦宜。其他诸子所著，正
> 不胜橘，醇不追疵，乌足以为经哉。①

这段话大致反映了宋濂的经学观。一是对"经"的定义。圣人之言曰
"经"。经者，天下之常道也。大之统天地之理，通阴阳之故，辨性命之原，无
不毕载。而其指归，皆不违决于道而可行于后世。二是由此定义出发，把
"四书"中的"论孟"两书也纳入于"经"。宋濂认为，《易》《书》《诗》《春秋》
《礼》五经之外，《论语》《孟子》"谓之经亦宜"。也就是说也不妨把它们看作
"经"。因为《论语》是孔圣人之言；《孟子》是以大贤，明圣人之道。其他诸子
所著，则不足以为经了。

由此可见，宋濂的经学观在传统"六经"基础上，是有所发展的。他把
"四书"中的"论孟"，纳入经的范畴。这就分解了北山学派所恪守的朱子"四书
学"，使传统经学中"六经"概念得到扩展，重新构建起儒家学说中的经学观。

---

① 宋濂：《经畲堂记》，载宋濂著，罗月霞主编：《宋濂全集》第 3 册，浙江古籍出版社
1999 年版，第 1670—1671 页。

正是基于这种"以六经为本"的经学观,宋濂"崇经薄书"的学术指归,具体落实到了他的治学原则上。宋濂称:"群言不定质诸经。圣经言之,虽万载之远不可易也。其所不言者,固不强而通也。"①宋濂认为后儒群言不能确定时,应该质诸经书。因为六经里的圣人之言,"虽万载之远不可易也"。而后儒之群说,即经解传注之类,"正不胜橘,醇不追疵",宋濂担心又"虽然九师兴而《易》道微,三传作而《春秋》散,吾儒且尔,予又不得不为学佛者惧也"。②宋濂认为汉代九师解《易》,导致《易》道不显;三传出而《春秋》之旨晦。由此,他主张"舍传读经",反对在章句训诂上下功夫。他在朱震亨的表辞中说:

> 夫自学术不明于天下,凡圣贤防范人心、维持世道之书,往往割裂掇拾,组织成章,流为哗世取宠之具。间有注意读经,似若可尚,又胶于训诂之间,异同纷挈,有如聚讼。其视身心,皆藐然若不相关,此其知识反出于不学庸人之下。③

这与陈樵"屏去传注,独取遗经"之治学径路,基本一致。或说宋濂在此是受到陈樵之影响。陈樵曾对前去拜访的宋濂说:

> 秦汉而下,说经而善者不传,传者多不得其宗。淳熙以来,群儒之说尤与洙、泗、伊、洛不类。余悉屏去传注,独取遗经。精思至四十春秋,一旦神会心融,灼见圣贤之大指。譬犹明月之珠,失之二千年,上自王公,下至皂隶,无不怅怅日索之终不可致,牧竖乃获于大泽之滨,岂可以人贱而并珠弗贵乎?吾今持此以解六经,决然自谓当断来说于吾后云。④

---

① 宋濂:《河图洛书说》,载宋濂著,罗月霞主编《宋濂全集》第1册,浙江古籍出版社1999年版,第43页。

② 宋濂:《送慧日师入下竺灵山教寺受经序》,见宋濂著,罗月霞主编《宋濂全集》,浙江古籍出版社1999年版,第62页。

③ 宋濂:《故丹溪先生朱公石表辞》,见宋濂著,罗月霞主编《宋濂全集》,浙江古籍出版社1999年版,第2137页。

④ 宋濂:《元隐君子东阳陈公先生麂皮子墓志铭》,见宋濂著,罗月霞主编《宋濂全集》,浙江古籍出版社1999年版,第400页。

于是，宋濂提出了著名的"六经皆心学"观点。他在《六经论》中说：

> 《六经》皆心学也。心中之理无不具，故《六经》之言无不该。
> 《六经》所以笔吾心之理者也，是故说天莫辨乎《易》，由吾心即太极
> 也；说事莫辨乎《书》，由吾心政之府也；说志莫辨乎《诗》，由吾心统
> 性情也；说理莫辨乎《春秋》，由吾心分善恶也；说体莫辨乎《礼》，由
> 吾心有天序也；导吾民莫过乎《乐》，由吾心备人和也。人无二心，
> 《六经》无二理。因心有是理，故经有是言。心譬则形，而经譬则影
> 也。无是形则无是影，无是心则无是经，其道不亦较然矣乎！然而
> 圣人一心皆理也，众人理虽本具而欲则害之，盖有不得全其正者。
> 故圣人复因其心之所有，而以六经教之：其人之温柔敦厚，则有得
> 于《诗》之教焉；疏通知远，则有得于《书》之教焉；广博易良，则有得
> 于《乐》之教焉；洁静精微，则有得于《易》之教焉；恭俭庄敬，则有得
> 于《礼》之教焉；属辞比事，则有得于《春秋》之教焉。然虽有是六者
> 之不同，无非教之以复其本心之正也。呜呼！圣人之道，唯在乎治
> 心。心一正，则众事无不正，犹将百万之卒在于一帅。……大哉心
> 乎！正则治，邪则乱，不可不慎也。①

在宋濂"六经皆心学"的学说里，"心→理→经"是其最根本的一条逻辑
线。所谓"心中之理无不具，故《六经》之言无不该，《六经》所以笔吾心之理
者也"。在这里，"心"是逻辑起点，"无是心则无是理"。在"心"的基点上，推
出"因心有是理，故经有是言"。

由于"心中之理无不具""无是心则无是理"等论断，已然是陆九渊"心即
理"的观点。故而当代学者孙钦善认为，宋濂"六经皆心学""与陆九渊'六经
注我'的观点如出一辙"。②而侯外庐先生认为，宋濂"六经皆心学"中的"心
学"与陆九渊"心学"是有区别的。他指出：

---

① 宋濂：《六经论》，见宋濂著，罗月霞主编：《宋濂全集》第 1 册，浙江古籍出版社
1999 年版，第 72 页。

② 孙钦善：《中国古文献学史简编》，北京大学出版社 2008 年版，第 420 页。

这里所谓"心学",非指陆象山本心论的心学,而是指伪《尚书·大禹漠》中"人心惟危,道心惟微;惟精惟一,允执厥中"等十六字心传,又称心法,理学家谓此为圣人相沿不绝的秘传。①

侯外庐在这里提出了两种"心学"概念。一是源自《尚书》十六字心传,为圣人相沿不绝又相继不断发挥的"心学"。这种"心学",又可称作为"心性之学"。二是象山之"心学"。象山心学是源自南宋,而又别于朱子"考亭之学"、张栻"湖湘之学"、吕祖谦"金华之学"的一种学术思想。象山心学大家熟悉不过,所谓"心性之学"有必要作些介绍。

牟中三先生曾说:

> 宋明儒讲者即"性理之学"也。此"性理之学"亦可直曰"心性之学"。盖宋明儒讲之中点与中点唯是落在道德的本心与道德创造之性能(道德实践所以可能之先天根据)上。"性理"一词并非性底理,乃是即性即理。若只说"性理之学",人可只以伊川朱子所说之"性即理也"之"性理"义去想,此则变不周遍,不能概括"本心即性"之"性理"义。当吾人说"性理之学"时,此中"性理"一词,其义蕴并不专限于伊川朱子所说之"性即义"之义,故亦不等于其所说之"性即理"之"性理"义,乃亦包括"本心即性"之"性理"义。依此之故,直曰"心性之学",或许更恰当。②

牟先生又把宋明理学中的"心性之学"分为三系:胡宏和刘宗周为一系;陆九渊和王阳明为一系;程颐和朱熹为一系(其中周、张、大程开风气之先,尚未分组)。进而认为前两系为传统儒学正宗,程颐与朱熹自成一系,为儒学之歧出。

> 五峰蕺山系:此承由濂溪、横渠而至明道之圆教模型(一本义)而开出。此系客观地讲性体,以中庸易传为主。主观地讲心体,以

---

① 侯外庐:《宋明理学史》下卷,人民出版社 1997 年版,第 65 页。
② 牟宗三:《心体与性体》第 1 册,台湾正中书局 1968 年版,第 4 页。

论孟为主。特提出"以心著性"义,以明心性所以为一之实,以及一本圆教之所以为圆之宝。于功夫则重"逆觉体证"。

象山阳明系:此系不顺"由中庸易传回归于论孟"之路走,而是以论孟设易庸而以论孟为主者。此系只是一心之朗现,一心之伸展,一心之遍润;于功夫,亦是以"逆觉体证"为主者。

伊川朱子系,此系是以中庸易传与大学合,而以大学为主。于中庸易传所讲之道体只收缩提炼而为一本体论的存有,即"只存有而不活动"之理,于孔子之仁亦只视为理,于孟子之本心则转为实然的心气之心。因此,于功夫特重后天之涵养("涵养须用敬"),以及格物致知之认知的横摄("进学则在致知")。总之是"心静理明",功夫的落实处全在格物致知,此大体是"顺取之路"。①

可见这三系之"心性之学",皆源于易传、论孟、中庸、大学。只不过侧重不同,功夫径路也有所不同而已。宋明理学中,不唯"象山阳明"讲"心","五峰蕺山""伊川朱子"也讲"心"。故而讲"心"之学,并不一定是"象山阳明"之"心学"。从这一角度看,侯外庐先生的观点是站得住脚的。

因此,有论者认为宋濂的"六经皆心学"观,出自吕学范畴,倒不是没有依据。吕祖谦曾说:"二帝三王之《书》,羲、文、孔子之《易》,《礼》之仪章,《乐》之节奏,《春秋》之褒贬,皆所以形天下之理者也。"②"万物皆备于我,万理皆备于心。"③"天理不在人心之外。"④可见,吕祖谦是由"六经皆理"入手,再由"万理皆备于心"的"经→理→心"逻辑径路,来阐述"六经皆心学"的。因而,他强调:

《书》者,尧舜禹汤文武皋夔稷契伊尹周公之精神心术,尽寓于

---

① 牟宗三:《心体与性体》第1册,台湾正中书局1968年版,第48页。
② 吕祖谦:《宋公赋诗》,《左氏博议》卷一三,见《吕祖谦全集》第6册,浙江古籍出版社2008年版,第333—334页。
③ 吕祖谦:《宋得梦已为鸟》,《左氏博议》卷一五,见《吕祖谦全集》第6册,浙江古籍出版社2008年版,第373页。
④ 吕祖谦:《酒诰》,《增修东莱书说》卷二一,见《吕祖谦全集》第3册,浙江古籍出版社2008年版,第280页。

中。观《书》者不求其心之所在,何以见《书》之精微? 欲求古人之心,必先尽吾心,读是书之纲领也。① 史,心史也;记,心记也。推而至于盘盂之铭、几杖之戒,未有一物居心外者也。②《诗》者,人之性情而已。必先得诗人之心,然后玩之易入。……看《诗》且须咏讽,此最治心之法。③

由此,宋濂"六经皆心学"的观点与吕学关系即了然清晰。正因为宋濂之学源于吕学,而吕学向以包容兼蓄著称。"和会朱陆"可谓是吕祖谦始自"鹅湖之会",至死都在努力的一个志向。宋濂"心性"论中接纳陆学,和会朱陆,正是其继承吕学的佐证。

宋濂也主张心"至虚至灵",乃"神之所舍"。他说:"心无体段,无方所,无古今,无起灭。"④"至虚至灵者心,视之无形,听之无声,探之不见其所庐。一或触焉,缤缤乎萃也,炎炎乎爇也,莽莽乎驰弗息也。"⑤"天地,一太极也;吾心,亦一太极也。风霆雷雨,皆心中所以具,苟有人焉,不参私伪,用符天道,则其应感之速,捷于桴鼓矣。由是可见,一心之至灵,上下无间,而人特自昧之耳。"⑥"心则神之所舍,无大不苞,无小不涵,虽以天地之高厚,日月之照临,鬼神之幽远,举有不能外者。"⑦这些论述,与象山高足慈湖"心之本虚,心之本灵,心之本神"之说,如出一辙。

当然,宋濂的"六经皆心学",还是立足于"心性之学"。若说在这方面他

---

① 吕祖谦:《增修东莱书说》卷一,见《吕祖谦全集》第3册,浙江古籍出版社2008年版,第21页。

② 吕祖谦:《齐桓公辞郑太子华》,《左氏博议》卷一〇,见《吕祖谦全集》第六册,浙江古籍出版社2008年版,第241页。

③ 吕祖谦:《门人所记诗说拾遗》,《丽泽论说集录》卷三,见蒋金德等点校:《吕祖谦全集》第2册,浙江古籍出版社2008年版,第112页。

④ 宋濂:《松风阁记》,见宋濂著,罗月霞主编《宋濂全集》第3册,浙江古籍出版社1999年版,第1354页。

⑤ 宋濂:《萝山杂言》,见宋濂著,罗月霞主编《宋濂全集》第1册,浙江古籍出版社1999年版,第50页。

⑥ 宋濂:《赠云林道士邓君序》,见宋濂著,罗月霞主编《宋濂全集》第2册,浙江古籍出版社1999年版,第775页。

⑦ 宋濂:《贞一道院记》,见宋濂著,罗月霞主编《宋濂全集》第1册,浙江古籍出版社1999年版,第98页。

有所贡献,那就是他把"六经"皆纳入"心性之学"范畴,通过"明经正心",达到"经与心一""以心感心",而使"乡间有善俗、国家有善治。"宋濂在《六经论》有云:

> 秦汉以来心学不传,往往驰骛于外,不知六经实本于吾之一心。所以高者涉于虚远而不返,卑者安于浅陋而不辞,上下相习如出一辙,可胜叹哉!然此亦皆吾儒之过也。京房溺于名数,世岂复有《易》?孔、郑专于训诂,世岂复有《书》《诗》?董仲舒流于灾异,世岂复有《春秋》?《乐》固亡矣。至于小大戴氏之所记,亦多未醇,世又岂复有全《礼》哉乎?经既不明,心则不正;心既不正,则乡间安得有善俗?国家安得有善治乎?惟善学者脱略传注,独抱遗经而体验之,一言一辞皆使与心相涵。始焉则戛乎其难入,中焉则浸渍而渐有所得,终焉则经与心一。不知心之为经,经之为心也。何也?六经者,所以笔吾心中所具之理故也。周孔之所以圣,颜曾之所以贤,初岂能加毫末于心哉,不过能尽之而已。今之人不可谓不学经也,而卒不及古人者无他,以心与经如冰炭之不相入也。察其所图,不过割裂文义,以资进取之计,然固不知经之为何物也。经而至此,可不谓之一厄矣乎?虽然经有显晦,心无古今,天下岂无豪杰之士,以心感心于千载之上者哉?[①]

宋濂在这里强调的只是"经与心一"。他认为,汉儒之"名数""训诂""灾异"皆非明经之学。经既不明,心则不正。心既不正,则乡间无善俗、国家无善治。宋元儒以心与经如冰炭之不相融,因而无法超越古人。学者唯有脱略传注,独抱遗经而体验之,才能做到"经与心一",也就是心即为经,经即为心,从而达到"以心感心"的境界。

牟中三认为:"宋明儒之'心性之学'今语言之,其为'道德哲学',正函一'道德的形上学'之充分完成。""宋明儒者所宏扬之'心性之学',依据(的是)

---

① 宋濂:《六经论》,见宋濂著,罗月霞主编《宋濂全集》,浙江古籍出版社 1999 年版,第 73 页。

先秦儒家'成德之教'之弘规。"①也就是说"心性之学",实出自先秦儒家的"成德之教"。也即孔子在《论语》中说的"为政以德"。

朱子在论"为政以德"时说:"政之为言正也,所以正人之不正也。德之为言得也,得于心而不失也。"②郑汝谐曰:"见圣人之德,以心感心,坐制群动,德之为用大矣哉。"③钱穆曰:"孔门论政主德化,因政治亦人事之一端,人事一本于人心。德者,心之最真实,最可凭,而又不可掩。故虽蕴于一心,而实为一切人事之枢机。为政亦非例外。此亦孔门论学通义,迄今当犹然。"④徐英曰:"仲尼祖述尧舜,宪章文武,故凡《论语》之言政者,皆《书》之教也。'为政以德',此德者,二帝三王之心传也。礼乐度教损益因革者,迹也。迹之殊,无害于心之同也。自世不知政之大本,每规矩于制度文物之末,舍心而论迹,迹盛而心亡,心亡而迹亦乱,非孔子《书》教之旨也。"⑤

可见,宋濂的"六经皆心学"观,是基于"心性之学"而生发的。其学术归旨是通过"明经正心""以心感心",以达到"乡有善俗、国有善治"的"成德"境界。舍此而论其"宗陆"或"和会朱陆",皆脱离了宋濂的本义,或是曲解了"心性之学"和"象山心学"之大旨。当然,"和会朱陆"是吕学特色之一,它必定存在于宋濂学术思想之中。

(二)经史文并重:"作史立心"的史学观

杨维桢在宋濂《潜溪新集》序中说:

> 余闻婺学在宋有三氏:东莱氏以性学绍道统,说斋以经世立治术,龙川氏以皇帝王霸之略志事功。其炳然见于文者,各自造一家,皆出于实践,而取信于后之人而无疑者也。宋子之文,根性道干诸治术,以超继三氏于百十年后。⑥

---

① 牟宗三:《心体与性体》第1册,台湾正中书局1968版,第10页。
② 朱熹:《论语集注》《为政第二》。
③ 郑汝谐:《论语意原》,《四库全书》《经部八》。
④ 钱穆:《论语新解·为政篇第二》,生活·读书·新知三联书店2005年版。
⑤ 《一起读〈论语〉》《为政第二》篇之一,http://wemedia.ifeng.com/63158845/wemedia.shtml。
⑥ 宋濂著,罗月霞主编:《宋濂全集》第4册,浙江古籍出版社1999年版,第2500—2501页。

　　可见宋濂的学术源自南宋婺学三家，其融性命之学与经世之学为一炉，谈理而又不废文献之学和史学，同时又不忘经世致用。① 在南宋婺学三家中，吕祖谦长于史学，致力彰显"中原文献之传"特色。他治史与治经并重，内在德性的涵养与现实事业的开辟并重，治史的目的既在于多识前言往行以蕴蓄自己的德性，而尤在于通古今事势之变以达于当前之治体。融通经史，实现哲学与历史学的义阃整合，并将其作为一种学术的基本理念与方法而贯彻到一般研究之中，由是开辟了中国古代的历史哲学研究领域，既为祖谦之学术的重大特色与贡献，亦一般地体现为浙东学派的共同特征。② 因此，吕学实际上又可以称为"浙东史学"。

　　吕祖谦的历史观，立足于中国传统文化中的"三才"论。认为在"天人之际"的结构当中，民为"天地之心"，居于核心地位。他说："夫天之生物，同一气耳，人与物在偏全之间，故民者，天地之心也。"③因此，道的完整内涵就必须融入"人事"，唯有人事的实践活动才可能将道实现出来，人是历史的主体。正因为人是"天地之心"，是历史的主体，故而"史，心史也；记，心记也"。④ "心"构成了历史可能为后人理解的基础，因为"旷百世而相合者心也，跨百里而相通者气也"。⑤ 可见，吕祖谦强调通过历史事件而在主体还原历史。由此，吕祖谦提出了"读史须读心"的观点。他说：

　　　　大抵观古人事迹，于事上看，不足以知他心，须平心看他心之所存，以他迹考他心，以所载考所不载，以形见考所不形见。⑥

　　　　大抵看史，见治则以为治，见乱则以为乱，见一事则止知一事，何取观史？ 当如身在其中，见事之利害，时之祸患，必掩卷自思，使我遇此等事，当作如何处之？ 如此观史，学问亦可以进，知识亦可以高，方为有益。⑦

---

① 　向燕南：《宋濂的史学思想》，《湛江师范学院学报》2008 年第 1 期，第 22—28 页。

② 　董平：《论吕祖谦的历史哲学》，《中国哲学史》2005 年第 2 期，第 99—104 页。

③ 　吕祖谦：《成子爱昨于社不敬》（成公十二年），《左氏传说》卷一六，文渊阁四库本。

④ 　吕祖谦：《齐桓公辞郑太子华》，《东莱博议》卷二，中国书店 1986 年版，第 164 页。

⑤ 　吕祖谦：《秦晋迁陆浑》，《东莱博议》卷三，中国书店 1986 年版，第 203 页。

⑥ 　吕祖谦：《晋侯将以师纳昭公》，《左氏传说》卷一七，文渊阁四库本。

⑦ 　吕祖谦：《史说》，《吕东莱先生文集》卷一九，第 7 册，中华书局 1985 年版，第 431 页。

吕祖谦认为史书所载的古人事迹,于事上看不足以知他心,必须以自己的平常之心去看他心之所存,从他的事迹中去考察他的心。如何才能做到这一点呢?那就是"当如身在其中",就是说读史者要走进历史事件中去,如同身临其境,才能将心比心,读懂历史人物之心。那么,此"心"又为何?《易》曰:"《复》见天地之心。"《复》乃初也。故而"天地之心"乃初心是也。天有"生生"之初心,"元亨利贞"之大德。人则便有"恻隐、羞恶、辞让、是非"之初心,"仁义利智信"之德行。所谓德者,乃心之所得也。故而,"天地之心"的"心",便是"仁义礼智信"之德所存有。吕祖谦强调"读史读心",其意乃在强调"史德"。即了解历史,须从历史事件开始;而了解历史事件,则必须从了解历史事件的主体——人入手,尤其是要考察了解其德行,用"德行"去考察评判历史人物。这大约便是吕祖谦史学最核心的思想。

宋濂史学基本上传承了吕祖谦这一史学思想。他认为,"心"是决定历史治乱兴衰的根本因素。因此,他在对历史运动的解释上,强调人的道德行为对于历史发展的决定性影响。在对历史的表述上,更重视对人的德行表彰,而相对轻于对政事的总结与品评。①

宋濂在《龙门子凝道记》中说:

> 或问龙门子曰:"天下之物孰为大?"曰:"心为大"……曰:"何也?"曰:"仰观乎天,清明穹隆,日月之运行,阴阳之变化,其大矣广矣。俯察乎地,广博持载,山川之融结,草木之繁芜,亦广矣!大矣!而此心直与之参,混合无间,万象森然而莫不备焉。非直与之参也,天地之所以位,由此心也;万物之所以育,由此心也。能体此心之量而践之者,圣人之事也,如羲尧舜文孔子是也。能知此心,欲践之而未至而一间者,大贤之事也,如颜渊孟轲是也。或存或亡而其功未醇者,学者之事也,董仲舒王通事也。全失其心,而唯游气所徇者,小人之事也,如盗跖恶来是也。然而此心甚大也,未易治也,未易养也……"
>
> 是故孔子叙《书》,传《礼记》,删《诗》,正《乐》,序《易·象》《系》《象》《说卦》《文言》,作《春秋》,何莫不为此心也?诸氏百子之异

户，出则汗牛马，贮则充栋宇，虽言有纯疵，学有浅深，亦为此心也。心一立，四海国家可以治；心不立，则不足以存一身。使人人知心若是，则家可颜孟也，人可尧舜也，《六经》不必作矣，况诸氏百子乎？①

宋濂基于"天地之心"本体论，在继承吕祖谦"读史读心"说基础上，提出了"以心为大""作史立心"等史学观点。宋濂认为，天下之物，以心为大。"心"至广大而通变化，"万象森然而莫不备焉"。及宇宙万物一切客体皆备于作为主体意识的"此心"之中。万物之所以"位育"，亦皆"由此心也"。对"心"体察程度的不同，构成了圣贤学者与小人之差异，同时构成了国家治乱兴衰的标准。孔子叙《书》，传《礼》，删《诗》，正《乐》，序《易》，作《春秋》，莫不是为了立心。只要"心一立"，则人可尧舜，家可颜孟，四海国家可以治也。

这种"作史立心"史德观，在宋濂的史学实践中得到了充分体现。例如在《浦阳人物记》中，宋濂将浦阳历史人物分忠义、孝友、政事、文学、贞洁等五类，置忠义、孝友于前。之所以作这样的分类和排列，宋濂在该书《凡例》中云："忠义、孝友，人之大节，故以为先，而政事次之，文学又次之，贞洁又次之。大概所书，各取其长，或应入而不入者，亦颇示微意焉。"明确表示"忠义"和"孝友"，为"人之大节"，也是最值得历史予以表彰的，其历史地位、社会地位高于"政事"。宋濂在《浦阳人物记·忠义篇》序中详细论道：

夫生者，人之所甚乐，而有家之私，又人之不能遽忘，彼岂甘于颈血溅地而自以为得计哉？第以君上决不可背，名教决不可负，纲常决不可亏。忠义一激，虽泰山之高不见其形，雷霆之鸣不闻其声，刀锯在前不觉其惨，鼎镬在后不知其酷，必欲得死然后为安也。②

在《浦阳人物记·孝友篇》序中论道：

① 宋濂：《龙门子凝道记中·天下枢第四》，见宋濂著，罗月霞主编《宋濂全集》第 3 册，浙江古籍出版社 1999 年版，第 1773—1774 页。
② 宋濂：《忠义篇》，见宋濂著，罗月霞主编《宋濂全集》第 3 册，浙江古籍出版社 1999 年版，第 1821 页。

若夫闾巷布衣之家,虽其所为不足以惊世动俗,有能修孝友之道者,朝廷必下诏旌之史官,必求其实而书之,脱或史官失书,贤士大夫又必从而谨志之,则其事反足以传于后世。岂非天经地义不可磨灭,有非区区功名富贵者所能同也哉?善乎,魏徵之言!曰:"虽或位登台辅,爵列王侯,禄积万钟,马逾千驷,死之日曾不得与斯人之徒隶齿。"其言又岂不信然也哉?呜呼!有志之士宁不于是重有感哉?①

可见,在宋濂的史学观念中,史学首要的社会作用应是"立心彰德",主张以道德标准考察评判历史主体,以达到人可尧舜、家可颜孟、四海国家可治的目的。那些对影响历史治乱兴衰的典章制度及政治策略等具体经验的总结,相对而言则显得不那么重要。宋濂史学是受婺学经世致用思想影响的,或说是宋濂经世致用思想在史学领域的成功实践。

基于心本体的史学观,使宋濂史学有了"经史文"兼重的特色。宋濂在《春秋属辞序》中云:

《春秋》,古史记也,夏、商、周皆有焉,至吾孔子,则因鲁国之史修之,遂为万代不刊之经。其名虽同,其实则异也。盖在鲁史,则有史官一定之法在圣经,则有孔子笔削之旨。自鲁史云亡,学者不复得见,以验圣经之所书,往往混为一涂,莫能致辨。所幸《左氏传》尚明鲁史遗法,《公羊》《穀梁》二家多举书不书以见义,圣经笔削粗若可寻。然其所蔽者,左氏则以史法为经文之书法,公、穀虽详于经义,而亦不知有史例之当言,是以两失焉尔。左氏之学既盛行,杜预氏为之注,其于史例推之颇详。杜氏之后,唯陈傅良氏因公、穀所举之书法以考证《左传》笔削大义,最为有征。斯固读《春秋》者之所当宗。而可憾者,二氏各滞夫一偏,未免如前之弊。有能会而同之、区以别之,则《春秋》之义昭若日星矣。②

① 宋濂:《孝友篇》,见宋濂著,罗月霞主编:《宋濂全集》第 3 册,浙江古籍出版社 1999 年版,第 1825 页。

② 宋濂:《春秋属辞序》,见宋濂著,罗月霞主编:《宋濂全集》第 3 册,浙江古籍出版社 1999 年版,第 1891—1892 页。

宋濂认为《春秋》经过一个由史到经的发展过程。其后，三家传盛行，但左氏偏于事迹记载，关注点在史。公羊、穀梁多见义，而疏于纪事，两者各有所长但亦有所失。《春秋》之义必须依赖历史事迹方能昭显。史法，以及经文之法，应当兼顾。宋濂虽没有明确提出"六经皆史"，但其"经由史出，藏经于史"的思想显然。

宋濂在《文原》中又称："世之论文者有二：曰载道，曰纪事。纪事之文，当本之司马迁、班固。而载道之文，舍六籍吾将焉从？"①宋濂认为，文有两种。一为载道之文，一为载事之文。经属于载道之文，史属于载事之文。在这里，"经"与"史"在"文"上统一起来。无论是"经"还是"史"，离开了"文"无以表达，无以传承。"故凡有关民用及一切弥纶范围之具，悉囿乎文，非文之外别有其他也。"②宋濂以《元史》编撰《元史》时，将史家常列的《文苑传》与《儒林传》两传，合为《儒学传》。并在《儒学传》序中云：

> 前代史传，皆以儒学之士，分而为二，以经艺领门者为儒林，以文章名家者为文苑。然儒之为学一也，《六经》者斯道之所在，而文则所以载夫道者也。故经非文，则无以发明其旨趣；而文不本于六艺，又乌足谓之文哉。由是而言，经艺文章，不可分而为二也明矣。元兴百年，上自朝廷内外名宦之臣，下及山林布衣之士，以通经能文显著当世者，彬彬焉众矣。今皆不复为之分别，而采取其尤卓然成名、可以辅教传后者，合而隶之，为《儒学传》。③

"故经非文，则无以发明其旨趣；而文不本于六艺，又乌足谓之文哉。"这是宋濂合并《文苑传》与《儒林传》两传为《儒学传》的理论依据。其这样的史学主张是否正确姑且弗论，但其"经文合一"思想显然。由此宋濂主张"文以载道"，"《六经》者斯道之所在，而文则所以载夫道者也"。道在《六经》之中，而其外在的形态则是文。同时，史学的表现形态也是文，同样蕴含圣人的大道。这样"经史文"应该兼重，当然必须以"经"中之道为引领。在经史关系

---

① 宋濂：《文原》，见宋濂著，罗月霞主编：《宋濂全集》第 3 册，浙江古籍出版社 1999 年版，第 1406 页。

② 同上书，第 1404 页。

③ 宋濂、王祎等：《元史》，中华书局 1975 年版，第 4313 页。

的认识上,宋濂具有婺学经史兼重的学术传统。

对宋濂的《诸子辨》又名《龙门子》,大多学者把它作辨伪学著作看,即属于"文献的学问(广义的史学)"。顾颉刚先生认为,宋濂《诸子辨》只是"用善恶功过的信条来论定古书的真伪的态度是卫道的"。① 此说经蒋伯潜、孙钦善、杨绪敏、杜泽逊等进一步发挥,便被推崇为"是一部以辨识伪书为内容的现存最早的专著"。② 而王嘉川先生则以为《诸子辨》一书并无辨伪之意,它所讲的'辨',并非真伪之辨,而是儒家的正宗思想与诸子'邪说'之辨,是以儒家思想为旨归,决定对诸子的存留去舍,使道术咸出于一轨"。③ 由此认为它应该属于"德性的学问(心性之学)"。

梁启超先生在《治国学的两条大路》中有云:治国学有两条大路,一是"文献的学问",一是"德性的学问"。④ 在梁先生看来文献学是与德性之学(即心性之学,也即"人生哲学")是相对而言,除人生哲学外,所有的国学都是文献学。⑤ 而文献学即广义的史学。他在《儒家哲学》中表达了这样的观点,他说:"陈(亮)、叶(适)的文献经世之学,与阳明的身心性命之学,混合起来,头一个承继的人,便是黄梨洲。前面讲他对于阳明的建设,只算一部分,还有一部分——最大的部分,是文献之学,即史学。"按梁启超对文献学的分类,辨伪书(学),理当属于文献学,即广义的史学。

关于"文献的学问"与"德性的学问"的关系,梁启超先生有论:"一个是吕东莱,吕家世代都是有学问的人,所以吕家所传中原文献之学,一面讲身心修养,一面讲经世致用,就是我们前次所说内圣外王的学问。"⑥在这里,梁先生似乎将两者混淆了起来。其实不然,中国传统儒家内圣外王之学,强调修身,以到达齐家治国平天下的最终目的。为了达到修身的目的,士大夫们必须在对儒家经典进行整理("文献的学问")的基础上熟读典籍,进而领悟经典的含义,然后躬行实践("德性的学问")。因此,"德性的学问"其实也内

---

① 顾颉刚:《诸子辨序》,载《古籍辨伪丛刊》第一集,中华书局1955年版,第787页。
② 白寿彝主编:《史学概论》,宁夏人民出版社1983年版,第105页。
③ 王嘉川:《布衣与学术》,商务印书馆2005年版,第199、207页。
④ 梁启超:《饮冰室合集·文集》卷三九,中华书局1989年版,第110页。
⑤ 彭树欣:《梁启超——"文献学"的最早提出者和阐释者》,《大学图书馆学报》2007年第5期,第66—71、76页。
⑥ 梁启超:《饮冰室合集·专集》卷一〇三,梁启超:《儒家哲学》,中华书局1989年版,第48页。

在地包含了"文献的学问"①。由此而论,宋濂《诸子辨》定属史学范畴。

宋濂《诸子辨》作于元至正十八年(1358)。时逢战事,宋濂遣妻孥避于诸暨勾无山,而独留己于浦江,孤寂一人,"日坐环堵中,塊然无所为,乃因旧所记忆者,作《诸子辨》数十通"。② 最初载入郑涛所编的《潜溪后集》第一卷,后黄溥于明天顺刻《潜溪先生文集》,以文体类编,则归入第四卷的"辩"类。③ 书中对《管子》《晏子》《老子》《文子》《关尹子》《亢仓子》《邓析子》《列子》《曾子》《言子》《子思子》《庄子》《墨子》《鬼谷子》《孙子》等先秦至宋代诸子的 44 种书籍行了真伪考辨。

宋濂对《尔雅》的怀疑是在《尹文子》的辨伪中提及,对《论语》的怀疑是通过辨析《扬子法言》而提及的。对《曾子》的辨析则是通过核对《曾子》与《大戴礼记》相关内容而得出的结论。"《曾子》,孔子弟子鲁人曾参所撰也。《汉志》云十八篇,《唐志》云二卷,今世所传自《修身》至《天圆》凡十篇,分为二卷,与《唐志》合,视汉则亡八篇矣。其书已备见《大戴礼》中。"④

宋濂在书中对"孔氏门人之书,宜尊而别之"。如《曾子》条,"予取而读之,何其明白皎洁,若列星之丽天也;又何其敷腴谆笃,若万卉之含泽也。传有之,'有德者必有言',信哉。'七十而从心',进学之序。'七十免过',勉人之辞。其立言迥然不同也。周氏不察而讥之,过矣。'君子爱日',诲学者也。'一日三省',自治功也。语有详略,事有不同也。高氏以辞费诮之,亦何可哉"。⑤对非出自孔门者,或有可采,则撷其精华。如《管子》条:"先儒之是仲者,称其谨政令,通商贾,均力役,尽地利,既为富强,又颇以礼义廉耻化其国俗。如《心术》《白心》之篇,亦尝侧闻'正心诚意'之道。其能一正天下,致君为五伯之盛,宜矣"。⑥《墨子》条:"予尝爱其'圣王作为宫室便于主,不以为观乐'之言,又尝爱其'圣人为衣服适身体和肌肤,非荣耳目而观愚民'

———————————

① 杨翔宇:《梁启超文献学体系新论—兼与彭树欣先生商榷》,《图书馆杂志》,2015年第 6 期,第 94—97、10 页。

② 宋濂:《诸子辨》卷首题识,见宋濂著、罗月霞主编:《宋濂全集》第 1 册,浙江古籍出版社 1999 年版,第 149 页。

③ 黄灵庚:《宋濂的阐述性理之作——〈龙门子凝道记〉〈诸子辨〉辨证》,《浙江社会科学》2014 年第 12 期,第 132—137、160 页。

④⑤ 宋濂:《诸子辨》,见宋濂著,罗月霞主编:《宋濂全集》第 1 册,浙江古籍出版社 1999 年版,第 135 页。

⑥ 同上书,第 129 页。

之言,又尝爱其饮食'增气充虚,强体适腹'之言。墨子其甚俭者哉。卑宫室,菲饮食,恶衣服,大禹之薄于自奉者。孔子亦云:'奢则不逊,俭则固。'然则俭固孔子之所不弃哉。"①视异端而贬之者亦多,如《老子》条:"伤其本之未正,而末流之弊至贻士君子有'虚玄长而晋室乱'之言。虽聘立言之时,亦不自知其祸若斯之惨也。"②《庄子》条,"所见过高,虽圣帝经天纬地之大业,曾不满其一哂,盖仿佛所谓古之狂者。惜其与孟轲氏同时不一见而闻孔子之大道。苟闻之,则其损过就中,岂在轲之下哉。呜呼!周不足语此也。孔子百代之标准,周何人,敢掊击之,又从而狎侮之。自古著书之士,虽甚无顾忌,亦不至是也。周纵曰见轲,其能幡然改辙乎?不幸其书盛传,世之乐放肆而惮拘检者,莫不指周以藉口。遂至礼义陵迟,彝伦斁败,卒踣人之家国,不亦悲夫"。③

对于宋濂的辨伪学功绩,顾颉刚评价云:

> 宋代辨伪之风非常盛行,北宋有司马光、欧阳修、苏轼、王安石等,南宋有郑樵、程大昌、朱熹、叶适、洪迈、唐仲友、赵汝谈、高似孙晁公武、黄震等。宋濂生在他们之后,当然受到他们的影响,所以他的书里征引他们的话很多,尤其是高似孙、黄震二家,而此书的体裁也与《子略》和《黄氏日抄》相类。节制这书的有他的弟子方孝孺《逊学斋集》中《读三坟》《周书》《夏小正》诸篇和他的后学胡应麟《四部正讹》诸书。这一条微小而不息的川流到了清代,就成了姚际恒的《古今伪书考》,公然用了一个"伪书"的类名来判定古今的书籍,激起学者的注意了。④

总之,作为元末明初吕学中兴者,宋濂于史学的成就是令人瞩目的。

---

① 宋濂:《诸子辨》,见宋濂著,罗月霞主编:《宋濂全集》第1册,浙江古籍出版社1999年版,第138页。

② 同上书,第130页。

③ 同上书,第137页。

④ 顾颉刚:《诸子辨序》,见向燕南《中因史学思想通史》明代卷,黄山书社2002年版,第69页。

(三)宋濂的释老思想

宋濂所处的元末明初时期,儒释道三教合流的趋向比唐宋时期更甚。全祖望在《宋元儒学案·北山四先生学案》《宋文宪公画像记》中则云:

> 文宪之学,受之其乡黄文献公、柳文肃公、渊颖先生吴莱、凝熙先生闻人梦吉四家之学,并出于北山、鲁斋、仁山、白云之递传,上溯勉斋,以为徽公世嫡。予尝谓:"婺中之学,至白云而所求于道者,疑若稍浅,渐流于章句训估,未有深造自得之语,视仁山远逊之,婺中学统之一变也。义乌诸公师之,遂成文章之士,则再变也。至公而渐流于佞佛者流,则三变也。犹幸方文正公为公高弟,一振而有光于西河,几几乎可以复振徽公之绪,惜其以凶终,未见其止,而并不得其传。虽然,吾读文献、文肃、渊颖及公之文,爱其雅驯不佻,粹然有儒者气象,此则究其所得于经苑之坠言,不可诬也。词章虽君子之余事,然而心气由之以传,虽欲粉饰而卒不可得。公以开国巨公,首倡有明三百年锺吕之音,故尤有苍浑肃穆之神,旁魄于行墨之间,其一代之元化,所以鼓吹休明者与!"①

全氏此"婺学三变"论,几成学界评论元明之际婺学流变之定论。当然,已有不少学者对此论提出质疑。纵观全氏此论,必须注意的是它以宋濂之学为朱子世嫡为立论基础。循着全氏婺学以"朱学为正传"的进路分析,婺学至许谦流于章句训估,是谓一变;至义乌黄溍辈则成文章之士,是为再变;至宋濂则流于佞佛,是谓三变。殊不知何为婺学也哉! 婺学于南宋乾淳之际,也即婺学开创之初,即有吕陈唐三家之存在。此时的朱子学在婺州又有何地位! 朱子之学,赖其婿黄幹,而又由北山四先生之并力相发,才得以在婺流传。其时,吕学由文清学派而盛于婺地。陆学由慈湖任婺州儒学教授而传叶由庚、傅大年,至元则陈樵而大显。至元末明初,婺学则演播为许谦金华朱学、陈樵慈湖心学、宋濂(王祎)东莱吕学三家并驱的局面。这是谁也

---

① 黄宗羲原著,全祖望补修,陈金生、梁运华点校:《宋元学案》第 4 册,中华书局1986 年版,第 2801 页。

无法否定的史实。视此历史真实而枉言婺学,不知其论如何对得起史实!由此,可以认定,全氏之"婺学三变"论,是立不住脚,至少是在曲解婺学基础上而得出的结论。当然,全氏之说也反过来说明,宋濂之学是包融佛学的。

佛学对宋明理学之影响,蔡尚思先生有精当论述。他以为:"佛学之影响于宋学,其时最久,而其力亦最伟。吾人谓无佛学即无宋学,决非虚诞之论。宋学之所号召者曰儒学,而其所以号召者实为佛学;要言之,宋学者,儒表佛里之学而已。"[1]"儒表佛里",其实就是说宋明理学是儒学在借鉴吸收佛学思想精华的基础上建立起来的一种新的思想体系。而作为理学集大成者的朱熹却是排佛的。他以明排佛学、暗窃佛学的方式,将心与性情分开,从而避免了禅学的弊病,建立了自己的心性论。[2] 由是观,牟中三先生把朱学视为宋明儒心性之学中的另类,是有足够理由的。问题是宋濂非朱子世嫡,而是吕学正传。

宋濂对佛教的关注的确是比较深切的。其自称至壮龄潜心内典,三阅大藏,可谓佛书无所不览,研究亦颇为深刻。根据李道进统计"从他留传下来的《宋学士文集》中可以看到,在 75 卷约计 900 个篇目中,佛塔铭、佛像赞、和尚语录序跋、庙殿功德碑记等与佛教有关的文章篇目达 110 余篇,约占总篇目的百分之十三,还不包括其他文章中涉及禅学思想的篇目。如果将这一部分也计算在内,那么关于佛教的内容,在他的著作中所占的比重将在百分之二十以上"。[3] 在宋濂文集中有如此大的比重的佛教文字,表明宋濂对佛教的研究达到了一定深度。

宋濂认为大雄氏释迦牟尼之道,与周公之礼、孔子之仁一样至明至大。他在三阅《大藏经》后有论:"予本章逢之流,四库书颇尝习读。逮至壮龄,又极潜心于内典,往往见其说广博殊胜。方信柳宗元所谓'(《大藏经》)与《易》《论语》合者'为不妄。""大雄氏之道,洪纤悉备,上覆下载,如被霄壤,无含生之弗摄也;东升西降,加彼日月,无昏衢之不照也。"[4]在《径山愚庵禅师四会

---

① 蔡尚思:《朱熹的书院教育与礼教思想》,《复旦学报》1986 年第 4 期,第 87—92 页。

② 高建立:《从心性论看朱熹对佛学思想的吸收与融会》,《齐鲁学刊》2007 年第 3 期,第 28—32 页。

③ 李道进:《宋濂的佛教观》,《浙江学刊》1995 年第 3 期,第 85 页。

④ 宋濂:《赠定岩上人入东序》,见宋濂著,罗月霞主编:《宋濂全集》第 1 册,浙江古籍出版社 1999 年版,第 512 页。

语序》中又说:"或问于濂曰:世间至大者何物也? 曰:天与地也。曰:至明者何物也? 曰:日与月也。曰:然则佛法亦明且大也,其与天地日月并乎? 曰:非然也。"①因而宋濂认为,佛法是"超乎天地之外,出乎日月之上""大而至于不可象""明而至于不可名"的,那么,它就可以与周礼孔学一样,"大则文被乎四方,渐渍生民,贲及草木,使人人改德而易行,亲亲而尊尊"。② 由此,宋濂认为既然佛教能如春风化雨滋润万物,又如惊雷奔电,振聋发聩,启人心智,荡涤尘垢,其力无穷。那么,它也能够使人们遵法戒,名礼仪,循规蹈矩而有君子之风,以改变"天下熙熙为利而来,天下攘攘为利而往"的民风。然而,宋濂没有依此否定儒学的意思。宋濂弘佛教,其目的还是为了辅佐王化。他在为皇帝代写的《题蒋山广荐佛会记后》中说得很清楚:"阐扬正法"的目的在"阴朔王纲""使真乘之教一与王化并行""绘心缚性,远恶而趋善",从而使"王化与乘同为悠久"。③

在《夹辅教编序》中,宋濂称:"予本章逢之流,四库颇尝习读。逮至壮龄,又极潜心内典,往往见其说广博殊胜,放信柳宗元谓佛与《易》《论语》合者为不妄。"④这说明宋濂认为儒佛可以相通,从佛典中可以发现明心见性之旨,在《凝道记》中宋濂称"礼乐之道,敛之本乎一心,放之塞乎天地"。

宋濂以儒家"心"学观点,去融会佛教和道教的。他说:"西方圣人以一大事因缘出现于世,无非觉悟群迷,出离苦轮。中国圣人受天眷命,为亿兆生民主,无非化民成俗,而侪于仁寿之域。前圣后圣,其揆一也。……(明太祖)今又彰明内典,以资化导,唯恐一夫不获其所,其设心措虑,实与诸佛同一慈悯有情,所谓仁之至义之尽也。"⑤又说:"德仁在宋金之间,仿佛老子遗

① 宋濂:《径山愚庵禅师四会语序》,见宋濂著,罗月霞主编:《宋濂全集》第 2 册,浙江古籍出版社 1999 年版,第 786 页。
② 宋濂:《文说·赠王生拔》,见宋濂著,罗月霞主编:《宋濂全集》第 3 册,浙江古籍出版社 1999 年版,第 1569 页。
③ 宋濂:《题蒋山广荐佛会记后》,见宋濂著,罗月霞主编:《宋濂全集》第 2 册,浙江古籍出版社 1999 年版,第898 页。
④ 宋濂:《夹注辅教编》序,见宋濂著,罗月霞主编:《宋濂全集》第 2 册,浙江古籍出版社 1999 年版,第 940 页。
⑤ 宋濂:《金刚般若经新解序》,《芝园前集》卷七,见宋濂著,罗月霞主编《宋濂全集》第 2 册,浙江古籍出版社 1999 年版,第 1292—1293 页。

意以化人,人亦多从之者。盖其清修寡欲,谦卑自守,力作而食。无求于人,实与天理合也。"①"道家者流,秉要执本,清虚以自守,卑弱以自持,实有合于《书》之'克让',《易》之'谦谦',可以修己,可以治人。"②他认为佛教道教和儒教的根本宗旨是相通的,都是使人清心寡欲,可以化美风俗,兴王化的。

他说:"天生东鲁、西竺二圣人,化导烝民,虽设教不同,其使人趋于善道则一而已。为东鲁之学者则曰,我存心养性也;为西竺之学者则曰,我明心见性也。究其实,虽若稍殊,世间之理,其有出一心之外者哉!传有之:'东海有圣人出焉,其心同其理;西海有圣人出焉,其心同其理也;南海北海有圣人出焉,其心同其理也。'"③宋濂将儒释二家都统一到一"心"之上,儒家讲"存心养性",佛家讲"明心见性",佛经所讲人心之"操存制伏之道",与儒经所讲"禁邪思、绝贪欲"的成圣成贤之道其实没什么不同,二者在终极关怀意义上是一致的。用宋濂的话来说就是"世之人但见修明礼乐刑政为制治之具,持守戒定慧为入道之要,一处世间,一出世间,有若冰炭昼夜之相反。殊不知,春夏之伸……秋冬之屈……皆出乎一元之气运行"。④

宋濂认为,佛教与儒家一样,都是劝人为善之学,佛门与儒家一样具有忠心仁德。佛家慈悲,仁民爱物,与儒者无异。他说:"大雄氏之道,以慈悲愿力导人为善。所以其教肇兴于西方,东流于震旦。历代以来,上自王公,下逮士庶,无不归依而信礼之,其来非一日矣。欲使其阐扬正法,阴翊王纲,非择其人,曷称兹任?"⑤"释门宏胜,无理不该,无事不摄。其于忠君爱物之心,亦甚悬悬。凡可以致力,虽身命将弃之,况其余者乎?人徒见其厌离生死,辄指为寂灭之行,呜呼,此特见其小乘尔,吾佛为之教,岂至是哉?"⑥"其

---

① 宋濂:《书刘真人事》,《芝园后集》卷五,见宋濂著,罗月霞主编:《宋濂全集》第3册,浙江古籍出版社1999年版,第1403页。

② 宋濂:《混成道院记》,《翰苑别集》卷八,见宋濂著,罗月霞主编:《宋濂全集》第2册,浙江古籍出版社1999年版,第1100页。

③ 宋濂:《夹注辅教编》序,见宋濂著,罗月霞主编:《宋濂全集》第2册,浙江古籍出版社1999年版,第939—940页。

④ 同上书,第940页。

⑤ 宋濂:《西天僧撒哈咱失理授善世禅师诰》,见宋濂著,罗月霞主编:《宋濂全集》第2册,浙江古籍出版社1999年版,第809页。

⑥ 宋濂:《恭跋御制诗后》,见宋濂著,罗月霞主编:《宋濂全集》第2册,浙江古籍出版社1999年版,第926页。

推仁及物,要与二帝天王不大异。是故昔之名僧,或筹策藩阃,或辅弼庙堂,事业称于当时,勋名垂于后世,其载于史册者,盖班班可考。达人大观,初无形迹之拘,儒释之异也。"①

宋濂认为佛教与儒家在孝道上没差异。佛教慈济大众,绝对不可能弃亲不养,他说:"古之少恩者,虽如申、韩、商、邓著书排击尧、舜、孔子之道,且不敢遗其亲,况于佛氏以慈仁为教者乎! 故弃其亲者,非佛氏之意,愚者失之耳。是以佛氏有报恩之经,称父母恩甚至。"②在《金华清隐禅林记》中,宋濂又说:"予闻佛说毗奈耶律云:'父母于子,有大劳苦。护持长养,资以乳哺。假使一肩持父,一肩持母,亦未足报父母恩。'由是观之,大雄言孝,盖与吾儒不异。"③他还在诸多僧侣传记中记述了僧人行孝事。如在《金华清隐禅林记》记载了在元末明初僧人刘峤行化方中,因为推尚孝道而得到地方的钦敬和供养事,称其"谈空说有之余,尚思感发奋励","以孝道化度众生","以诚感人,以勤率物,故施者川至,而日用不匮也。④"在《赠定岩上人入东序》中对定岩所行孝道予以高度评价,他说:"定岩之还也,且过南浔省亲,身居桑门,心存孝道,大雄氏所说《大报恩》七篇,皆言由孝而极其业,定岩又能行之矣。"⑤在《无尽灯禅师行业碑铭》一文中,宋濂记载了无尽灯禅师迎母亲童氏入山中奉养,遭到众人批评的事情。宋濂极力为无尽灯禅师辩护,称誉无尽灯禅师:"天性尤孝谨,迎母童氏养山中,年九十四而终。"⑥

宋濂因是个早产儿,自幼体弱多病。他曾云:"母姙七月,臣体即降。生未五龄,百疾交攻。热火爨木,邪沴制阳。肝气动摇,手牵目瞠。谒医视之,谓为瘰癧。毒艾燋肤,其苦莫膺。虽脱于虎口,筋骸弗强。有牛负轭,有铸

---

① 宋濂:《送无逸勤公出使还乡省亲序》,见宋濂著,罗月霞主编:《宋濂全集》第 2 册,浙江古籍出版社 1999 年版,第 895 页。

② 宋濂:《送允师省母序》,见宋濂著,罗月霞主编:《宋濂全集》第 3 册,浙江古籍出版社 1999 年版,第 1737 页。

③④ 宋濂著,罗月霞主编:《宋濂全集》第 4 册,浙江古籍出版社 1999 年版,第 1233 页。

⑤ 宋濂著,罗月霞主编:《宋濂全集》第 1 册,浙江古籍出版社 1999 年版,第 512 页。

⑥ 同上书,第 448 页。

在场。"①其母怀孕仅 7 个月,就生下宋濂。四五岁时,百疾缠身。医生诊断为惊风(抽风)。基于对其身体健康的企盼,父母可能在宋濂幼小时,就开始引导他接触道教。他 9 岁时的某天,遇楼节翁道士,即赠诗仙翁曰:"步罡随踢脚头斗,喂水能轰掌上雷。"②"步罡""喂水""掌上雷"皆道教行斋醮法事术语,足见宋濂赋诗堪称神通,与道教也是从小痴恋的。元至正年间(1341—1368),朝廷以翰林国史院编修官征,宋濂固辞不起。后觅寄迹老子法中,入仙华山为道士。宋濂对自己做出此种选择的解释是:

> 余闻居人伦必以礼,处官府必以法。然自闲散以来,懒慢成癖。懒则与礼相违,慢则与法相背,违礼背法,世教之所不容,大不可者此也。又,心不耐事,且惮作劳酬答,少顷必熟睡尽日,神乃可复。而当官事业杂,与夫造请迎将之不置,一不能也;啸歌林野,或立或门,起居无时,惟意之适,而欲拘之以佩服,守之以卒吏,使不得自纵,二不能也;凝坐移时,病如束湿,一饭之久,必四三起。当宾客满座,俨如木偶,俾不得动摇,三不能也;素不善作字,举笔就简,重若山岳,而往返书札,动盈几案,四不能也。以一不可之性,而重之以四不能,自度卒难于用世,故舍之而遁。又,闻道士遗言,吐纳修养,可使久寿,故即其师而问焉。③

宋濂把自己远离官场,遁入山林为道士的原因解释为自己闲散、懒慢,导致"四不能",因而不适宜做官。唯有舍之而遁,做了个道士,吐纳修养,以期长寿。其实这纯粹是宋濂的一种政治智慧。对于元末乱世,婺中士人大都选择了遁世。其中或许也是宋遗民形态使然。在这里,道士只不过是一个保全自身的"护身符"而已。当然,宋濂体弱也非虚事。通过吐纳修养,以期长寿的想法也是比较真实的。宋濂在《送黄尊师西还九宫山》序中有云:

> 双井黄尊师中理,文节公庭坚之八世孙也,年弱冠以门资为光

---

① 宋濂:《文宪集》,文渊阁《四库全书》本,第 1224 册,第 543 页。

② 郑涛:《宋学士全集》,《丛书集成新编本》第 67 册,台湾新文丰出版公司 1985 年版,第 439 页。

③ 同上书,第 442 页。

之固始尉。寻,患半身不遂,弃官来归。有神师号金华君者谓曰:
"吾能疗而疾,疾愈,当为道士。弗听,吾将去。"

尊师曰:"傥能起废疾为全人,敢不受命?"金华君以帛粘其体,
焫灯遍灼之。越七日,起行。尊师曰:"神师之言犹在耳也,小子其
敢忘?"乃去学老子法于钦天瑞庆宫。宫在兴国九宫山上,即真牧
张真君道清炼丹之所,居十余年,遂主其徒。凡一千人咸服其教,
恂恂有道。①

这说明,宋濂还是相信道教养身术的。

当然,作为理学大家的宋濂,对道教的认同绝不会停留"养身"这一肤浅
层面。他对道教的接受,更是为了汲取其精华而丰富自己之学术。由此,宋
濂对道教的"物我两忘",即"齐物论"很是推崇。认为只有"物我两忘",才能
做到"天人合一"。他在《〈非非子悬解篇〉引》云:

非非子庐于仙华山下,幼不嗜书,读鲁论,未终篇弃去。寻学
炼金碧九还宝丹,斫丹房如方榻。中仅容膝,而述古仙人辞于四
周。澄坐其间,身如槁木不动,或睡睫不能禁,辄下榻,僵立达旦。
如斯者七岁,凡堪舆气化之原,事物盈亏之数,神鬼幽显之秘,似不
能越其范围。又久之,若有物鲠其中,芒角森然,胶刺肺腑,必吐去
乃畅。于是濡毫著书,烨然成文,老生宿儒或有所未及。而其藻思
之奋发,若山下出泉,涓涓而不断;若独茧之抽,愈出而不穷。既成
书,自号之曰《非非子悬解》云。

金华宋濂读而疑之,曰:"子自称为'非非',孰非之耶?以为人
之非子耶,则子为非而人为是;以为子之非人耶,则子为是而人为
非。非者固非,而非之者不尤非非耶! 是故有是则有非,无非则无
是。是其所非,非其所是,非其是,是其非非。是是者固二,而非
非者果能一耶? 辟诸髹几焉,人以其文墨墨也,而不知其质皭皭
也。皭皭者谓之白,如其墨墨者何? 墨墨者谓之黑,如其皭皭者
何? 惟黑惟白,惟白惟墨,惟白而黑,黑非白乎? 惟黑而白,白非黑

---

① 宋濂著,罗月霞主编:《宋濂全集》,浙江古籍出版社 1999 年版,第 577 页。

乎？亡白白则黑黑有，有黑黑则白白无。欲黑白而黑黑，宁黑白而白黑也。虽然此犹以迹言也。吾本为白而黑何加焉？吾本无黑而白何形焉？是谓白黑忘矣。白黑忘而有亡齐矣，有无齐而是非泯矣，是非泯而非非者绝矣，非非者绝则天与人凝而合矣，此之谓葆纯，此之谓熙神，此之谓物冥，若是何如？"非非子笑曰："始吾学道，物我而我物也，继而唯我我在，今则吾丧我矣。我我且不我，又何有非非者乎？子言良信也。"濂亦莞尔一笑，为系其说于篇端。非非子，郑姓源名，婺浦阳人，生贵人家，能坚厉入道，大夫士服其操行奇怪劲云。①

浦阳有郑源者，道号非非子。在只有方榻大小的丹房中，或澄坐如槁木，或僵立达旦，七年功成。于是对风水阴阳变化之理，事物消长之数，神鬼幽显之秘，皆能洞悉。之后，有继续吐纳，于是功法愈是高深。常常文思涌然，挥毫著书，炳然成文。老生宿儒，有所未及。书名为《非非子县解》。宋濂读后甚疑之，于是便从其号"非非子"入手，开展了"是与非""黑与白"的辩证推论。"是与非""黑与白"之辩，本自庄子"齐物""齐论"之旨。《庄子·齐物论》主张泯灭物我，是非双遣，与道合一，正所谓"夫言非吹也，言者有言。其所言者特未定也。果有言邪？其未尝有言邪？其以为异于鷇音，亦有辩乎，其无辩乎？道恶乎隐而有真伪？言恶乎隐而有是非？道恶乎往而不存？言恶乎存而不可？道隐于小成，言隐于荣华。故有儒墨之是非，以是其所非而非其所是。欲是其所非而非其所是，则莫若以明。"②通过推论，宋濂最后得出"非非者绝，则天与人凝而合矣"。其实就是"天人合一"，也就是道教的所谓"葆纯""熙神""物冥"。要达到"天人合一"这一境界，关键是一"绝"字。所谓"绝"者，就是"白黑忘而有亡齐"，即"物我两忘""万物齐一"。

在《玉壶轩记》中，宋濂对道教的仙境表示出一种发自内心得向往。《玉壶轩记》云：

---

① 宋濂著，罗月霞主编：《宋濂全集》，浙江古籍出版社 1999 年版，第 196 页。
② 郭庆藩：《庄子集释》，中华书局 1961 年版，第 63 页。

玄默摄提格，律中夷则，白月流天，牵牛正中，商飙袭人。仙华羽客，凝神黄宫。忽悠然遐征，西至漓萦之山。其山高三百五十有八丈，而翠河之水出焉。其阳多玕琪树，多瑶草，多婴垣之英，赤蕤而素茎，皆生玉荣，其光熊熊，其气魂魂；其阴有五华之木，产实如樱，丹腴而长毫，其垂屯屯胶胶，神麟炎尸之。厥容类虬，枳首而六眸，其音如榴。山河之间有洞房焉，中外纯素，圆若嘉瓠。太灏流晶，以雪为城。见费仙人从一老父酣觞其中。寤而思之，不知何祥也？于是，以《归藏》筮之，遇《乾》之《离》，其繇曰："至象有容，豁落无隅。浑沦中苞，西华流储。超乎玄素，造物之初。"有玉壶之象焉。已而游句曲洞天，望积金峰北，云勃勃如练起谷中，散为五色霞东去。乃指曰："是必有异。"因蹑屐寻之一室，瞰然宛如神游。所睹者，有仙翁年七十余，冠绿璈之冠，被三真朝斗之衣，欣然出，迎予往，与之楫，且告之故。仙翁笑曰："若子所言，乃蒙庄所谓外而不内者也。子曾谓吾之玉壶果在此耶？"溟涬之先，忽荒眇绵，洞明两极，混合上玄，大如黍珠，含乎方园。然犹以迹言也。况乎大道无名，主宰万汇，郁纷罗森，有不出是壶之外者，是何也？至人以白为室，以圆为家，以虚为质，以润为华。子曾谓吾之玉壶果在此耶？仙华羽客瞪然视，愕然惊，曰："费仙人之从饮者，无乃翁也邪？吾向所见漓萦之山，翠水之河，不其涉幻化耶？幻隐而真始显邪？"仙翁不答，笑而去。问诸左右，仙翁姓蒋名应琪，金坛人，海云先生弟子，通玄学，兼究孔、墨诸家言。金陵学道之士，恒推为巨擘云。[1]

玉壶者，在道教论域里其实就是指仙境。《后汉书·方术传下·费长房》载：东汉费长房欲求仙，见市中有老翁悬一壶卖药，市毕即跳入壶中。费便拜叩，随老翁入壶。但见玉堂富丽，酒食俱备。后知老翁乃神仙。后遂用以指仙境。宋濂这里把这一典故化入到仙华羽客的梦境中去，写成了是记。足见其作文的高明。

---

① 宋濂著，罗月霞主编：《宋濂全集》第 1 册，浙江古籍出版社 1999 年版，第 249—250 页。

道教认为，天、地、水，乃至于人皆一气所分。它们相互感通，构成纵横交织的立体网络；但因气质清浊之异，而上下有别。仙境就是“结气所成”。《天地宫府图序》称：“道本虚无，因恍惚而有物；气元冲始，乘运化而分形。精象玄著，列宫阙于清景；幽质潜凝，开洞府于名山。……诚志攸勤，则神仙应而可接；修炼克著，则龙鹤升而有期。至于天洞区畛，高卑乃异；真灵班级，上下不同。”[①]《洞天福地岳渎名山记序》亦云：“乾坤既辟，清浊肇分，融为江河，结为山岳，或上配辰宿，或下藏洞天。皆大圣上真主宰其事，则有灵宫閟府，玉宇金台。或结气所成，凝云虚构；或瑶池翠沼，注于四隅；或珠树琼林，疏于其上。神凤飞虬之所产，天驎泽马之所栖。或日驭所经，或星缠所属；含藏风雨，蕴蓄云雷，为天地之关枢，为阴阳之机轴。”[②]按照这一理论，不仅天上有仙境，而且地上海中皆有仙境；不仅地上海中有仙山，而且天上亦有仙山。天上仙山乃真气所化，又下应人身宫府。

道教仙境在哲学含义上，是出于易经的“天人合一”境界。在文学意义上，它则是历代文人所追求的“性灵”境界。而宋濂对道教仙境的企慕，充分反映了他对道教思想与儒家思想在“天人合一”上的高度认同。同时，他把这样的认识应用于文学。

宋濂晚年周围集聚了大量的道教徒或习染道教的名士，“求文者肩摩袂接”[③]。陈太虚作《太虚》，以宋濂“尝究《大洞真》诸部书，书求发其秘”。《大洞真》即《道藏》洞真部，有元始天尊说，太上无极总真文昌大洞仙经，3卷凡39章，为道教重要经典之一。宋濂托名中黄灵君为其作《序》，自称：“揽精搴华，为辞五章……语各有征，意皆有寓，太虚慎览之，则玄玄之道毕矣。”[④]王景行出示《蛟门春晓图》，宋濂为其“赋长歌一篇，而于神仙之事独多云”[⑤]。

---

① 《道藏》第11册，文物出版社、上海书店、天津古籍出版社联合出版1988年版，第55页。

② 《道藏》第22册，文物出版社、上海书店、天津古籍出版社联合出版1988年版，第199页。

③ 宋濂著，罗月霞主编：《宋濂全集》第2册，浙江古籍出版社1999年版，第1074页。

④ 宋濂著，罗月霞主编：《宋濂全集》第1册，浙江古籍出版社1999年版，第190页。

⑤ 宋濂著，罗月霞主编：《宋濂全集》第3册，浙江古籍出版社1999年版，第1617页。

此外,宋濂应邀,还为邓仲修、黄仲理、张正常、陈彦正、陆永龄、许从善、刘宗弼等道教名士,作记赋铭。

这说明,宋濂在儒家入世与道家隐遁之间,一直处于矛盾的选择中,受婺学经世致用思想影响,宋濂的主张应该是积极入世。但现实的问题是,在许多时候不容得他表达自身的意志。所以,宋濂在对道教的接受上,并没有像对佛教的接受那么自觉。

三、宋濂学侣及弟子的学术

元末明初婺州学界,以宋濂、王祎为最为著名,其次还有胡翰、苏伯衡、朱廉、傅藻、戴良、许元、许亨、范祖幹、叶仪、郑涛、吴沉等。其中,胡翰、苏伯衡、许元、许亨、范祖幹、叶仪等为许谦弟子。唯王祎、戴良等为宋濂同门,故先以介绍,并附宋濂弟子方孝孺之学术。

(一)王祎学术

王祎,字子充,浙江义乌人。师从黄溍、柳贯,与宋濂同门学友,同为明初婺学代表性人物。他强调《六经》以致用为其本。史学上,他与宋濂同任《元史》总裁官,并续吕祖谦《大事记》而作《大事记续编》七十七卷等。此外,他还著有《青岩丛录》《华川集》等文集,均收入后人编刊的《王忠文集》。洪武六年,奉诏出使云南,诏谕梁王归降,为北元使臣托克托所杀。建文时谥"文节",正统年间改谥"忠文",开明代文臣得谥之传统。《明史·忠义传》有载。

《宋元学案·沧洲学案下》王祎与宋濂、戴良等,同列"文贞(黄溍)门人"。其传云:

> 王祎,字子充,义乌人。幼秀爽奇敏,师事黄晋卿。元政乱,先生为书数千言,上时宰,危素、张起岩并荐,不报,隐青岩山著书。明洪武初,授江西儒学提举司校理,迁起居注,同知南康府事,召修《元史》,为总裁官。书成,擢翰林侍制,兼国史编修。奉使云南,为梁王把都所害。其遗文有《华川集》《玉堂杂著》诸书。正统间,追

赠翰林学士,谥忠文。①

王祎在《儒解》中称:"有用之谓儒。世之论者顾皆谓儒为无用,何也?曰:非论者之过也,彼所谓无用,诚无用者也,而吾所谓有用者,则非彼之所谓无用矣。夫周公、孔子,儒者也。周公之道尝用于天下矣,孔子虽不得其位,而其道即周公之道,天下之所用也。其为道也,自格物致知,以至于治国平天下,内外无二致也。自本诸身,以至于征诸庶民,建诸三王,本末皆一贯也。小之则云为于日用事物之间,大之则可以位天地育万物也。斯道也,周公孔子之所为儒者也。"②在《原士》中曰:"呜呼!人之各习其业以为世用者,其为道举不易也,而其尤难者盖莫难于为士矣。士之难为何也必其性之尽于内者有以立其本,而才之应于外者足以措诸用也。"③

王祎认为儒者以致用为本,故学者及思想必须随时制宜。他在《王氏迁论序》称:"圣贤之道所以致用于世也,礼乐典章制度名物,盖实致用之具,而圣贤精神心术之所寓,故在学者尤不可以不讲。是故致用在乎经邦,经邦在乎立事,立事在乎师古,师古在乎随时。苟不参古今之宜,穷始终之要,则何以涉事济变而弥纶天下之务哉!秦汉以来,儒者之学或泥于训诂,或沦于辞章,或谣于清虚,或滞于功利,其于圣贤致用之道能通焉者鲜矣。"④王祎认为,无论是儒还是士必须"措诸用",就是能经世致用。这种思想运用到对《六经》解读上,就有了"《六经》圣人之用"之说。他在《六经论》中云:"《六经》,圣人之用也。圣人之为道,不徒有诸己而已也,固将推而见诸用,以辅相乎天地之宜,财成乎民物之性,而弥纶维持乎世故。所谓为天地立极,为生民立命,为万世开太平者也。"⑤"为天地立极,为生民立命,为万世开太平",乃儒家终极使命。儒学有此用世之使命在,其人其学就必然以能经世致用为的。这是王祎强调儒学和《六经》致用的逻辑起点。由是便有了《六

---

① 黄宗羲原著,全祖望补修,陈金生、梁运华点校:《宋元学案》卷七〇《沧洲学案(下)》,中华书局1986年版,第2357页。

② 王祎:《王忠文集》,《景印文渊阁四库全书》第1226册,台湾商务印书馆1986年版,第381页。

③ 同上书,第85页。

④ 同上书,第153—154页。

⑤ 同上书,第202页。

经》之用,他说:

> 是故《易》者,圣人原阴阳之动静,推造化之变通,以为卜筮之具,其用在乎使人趋吉而避凶;《书》者,圣人序唐、虞以来帝王政事号令之因革,以为设施之具,其用在乎使人图治而立政;《诗》者,圣人采王朝列国风、雅之正变,本其性情之所发,以为讽刺之具,其用在乎使人惩恶而劝善;《礼》,极乎天地朝廷宗庙,以及人之大伦,其威仪等杀,秩然有序,圣人定之,以为品节之具,其用在乎明幽显辨上下;乐,以达天地之和,以饰化万物,其声音情文,翕然以合,圣人协之,以为和乐之具,其用在乎象功德格神人;《春秋》之义,尊王抑霸,内夏外夷,诛乱贼、绝僭窃,圣人直书其事,志善恶,列是非,以为赏罚之具,其用在乎正义不谋利,明道不计功。①

王祎认为,《六经》之用关乎趋吉避凶、图治立政、惩恶劝善、显辨秩序、和乐天地、正义明道等,涵盖了天地人神所有方面。天地之所以位,万物之所以育,世故之所以久长而不坏,皆由《六经》使之然。故言"圣人之用载于六经,如日月之明,四时之信,万世无少替也"。由是观《六经》,其实乃圣人致治之要术,经世之大法,措诸实用,为国家天下不可一日或缺。既然如此,学者就不能以空言视《六经》,更不能以空言治《六经》。

王祎认为《四书》《六经》其理同一。他说:

> 以予论之,治《易》必自《中庸》始,治《书》必自《大学》始,治《春秋》则自《孟子》始,治《诗》及《礼》、乐必自《论语》始。是故《易》以明阴阳之变,推性命之原,然必本之于太极,太极即诚也。而《中庸》首言性命,终言天道。人道必推极于至诚,故曰治《易》必始于《中庸》也。《书》以纪政事之实,载国家天下之故,然必先之以德,峻德、一德、三德是也。而《大学》自修身以至治国平天下,亦本原于明德,故曰治《书》必始于《大学》也。《春秋》以贵王贱霸、诛乱讨贼,其要则在乎正谊不谋利,明道不计功。而《孟子》尊王道,卑霸

---

① 王祎:《六经论》,《王忠文集》卷四,《四库全书》本。

烈,辟异端,距邪说。其与时君言,每先义而后利。故曰治《春秋》
必始于《孟子》也。《诗》以道性情,而《论语》之言《诗》有曰"关雎乐
而不淫,哀而不伤";又曰"可以兴、可以群、可以怨"。《礼》以谨节
文,而《论语》之言《礼》,自乡党以至于朝廷,莫不具焉。乐以象功
德,而《论语》之言乐,自韶舞以及翕纯皦绎之说,莫不备焉。故曰
治《诗》及《礼》,乐必始于《论语》也。此《四子》《六经》相通之类然
也。虽然,总而论之,《四子》本一理也,《六经》亦一理也。汉儒有
言"《论语》者,《五经》之管辖,六艺之喉衿,《孟子》之书则而象之"。
嗟乎!岂独《论语》《孟子》为然乎?故自阴阳性命道德之精微,至
于人伦日用家国天下之所当然,以尽乎名物度数之详,《四子》《六
经》皆同一理也。统宗会元,而要之于至当之归,存乎人焉尔。①

王祎对朱子"四书学"的态度上,比宋濂与北山四先生学派似乎走得更
近些。

王祎与宋濂一样,以继承和振兴吕学为己任。因此,对吕氏之学表现出
十分的推崇。他曾在《宋景濂文集序》中云:"宋南渡后,东莱吕氏绍濂洛之
统,以斯道自任,其学粹然一出于正。"②王祎认为,在南宋婺学"吕陈唐"三家
中,吕学绍濂洛之统,粹然一出于正。吕学才是正学。因此,他即有志于继
承振起吕学于元末明初。

最有力的事实是,他按照吕祖谦《大事记》体例,编撰了《大事记续编》。
吕祖谦《大事记》共计 27 卷,其中中文 12 卷,附《通释》3 卷,《解题》12 卷。
是书取司马迁《年表》所书,编年系月以纪《春秋》后事,始周敬王三十九年
(公元前 481 年),迄汉武帝征和三年(公元前 90 年)。每以一日排比一年之
事。本欲起春秋后迄于五代,会疾作而罢。③ 此书亦具有体例,即如每条之
下各注从某书修云云,一一具载出典,固非臆为笔削者可及也。《通释》3 卷
如说经家之有纲领,皆录经典中要义格言。《解题》12 卷则如经之有传,略
具本末而附以己见。凡《史》《汉》同异及《通鉴》得失,皆缕析而详辨之。又

---

① 王祎:《六经论》,《王忠文集》卷四,《四库全书》本。
② 王祎:《宋景濂文集序》,见宋濂著,罗月霞主编《宋濂全集》第 4 册,浙江古籍出
版社 1999 年版,第 2482 页。
③ 《四库全书目录》卷"大事记"条,影印文渊阁四库全书本。

于名物象数旁见侧出者，并推阐贯通，夹注句下。《朱子语录》每讥祖谦所学之杂，独谓此书为精密。又谓《解题》煞有工夫，只一句要包括一段意思。王祎《大事记续编》基本上准此格局，只是将解题附于各条之下，而不另成一书。

王祎在《大事记后记》中云：

> 东莱先生吕成公，躬任斯道之中，诸经既皆有所论，而于史学尤长。其用古策书遗法作《大事记》，诚史家之大法也。当时朱文公盖深服之，谓自有史以来，无如此书之奇者。初公以为是书务存古意，故其与题解各自为书。今则《春秋》经传相附之例，以题解相附于各条之下。虽知非公只本意，而庶几习其书者，获便与观览。间窃以臆见复加搜辑，而补其一二。不韪之罪，则固所不敢逃也。①

王祎《大事记续编》中的史实，也基本上是接续吕祖谦《大事记》。其起自汉武帝征和四年（公元前 89 年），迄于宋德佑二年（1276），计 1365 年。今所见传本仅止于五代周显德六年（959）。王祎以正统论统领《大事记续编》，但他的正统论于欧阳修"正者，正天下之不正。统者，所以合天下之不一"②的正统论又有所发展。这主要反映在他引入了"妄"与"偏"两个概念。所谓"妄"者，"盖当其（是非）难明之际，验之天文"也，也就是说"天应人事"是妄说。而当其（是非）难明之际，唯"稽之人言"则就是"偏"。王祎认为，写史遇到（是非）难明的问题，不应该"验之天文"，或稽之前人之言。否则也不是正统论的主张。"论正统而不推天下至公，据天下之大义，而溺于妄于偏，其亦不明于《春秋》之旨也。"③坚持以天下"至公"和"大义"，去看待史实，才是史学正道和要的。

王祎在《大事记续编》中，多次批驳了这种"天人感应"论。如卷三中的"丙午，立婕妤王氏为皇后，封其父禁为阳平侯"条下，王祎作解题云：

---

① 王祎：《王忠文公集》卷八《大事记后记》，《四库全书》本。
② 欧阳修：《正统论》，载《欧阳修全集》卷一六，中国书店 1994 年版，第 16 页。
③ 王祎：《王忠文公集》卷一《正统论》，《四库全书》本。

夫王莽变天下，以馅伪自谓裔出黄虞，其详不可致，诘然则沙麓萝月之类，皆假神怪以证愚俗耳。班固乃从而尽纪之，柳宗元作贞符如玄鸟巨迹、白鱼流火之异，一切排诋之，以扶正道，固安足以语此。①

此司马光《资治通鉴》卷二八所载汉元帝封王政君为皇后事。其时为汉孝元皇帝上初元元年（公元前48年）。王政君阳平侯王禁次女，汉元帝刘奭皇后，汉成帝刘骜生母，王莽姑妈。王莽篡汉时，皇太子孺子婴只有两岁，太皇太后王政君据群臣之意，命王莽代天子临朝听政，称假皇帝。此时谶纬禅让之说盛行，符命图书层出不穷，如"求贤让位""汉历中衰，当更受命""天告帝符，献者封侯"。王莽则大加利用，献符命的人皆得丰厚赏赐。有人更献上金匮策书至汉高祖庙，大意言王莽为真命天子。次日，王莽则入高祖庙拜受，仰王冠即皇帝位，定国号为"新"。王政君由此大怒将玉玺砸在地上，致使传国玉玺还崩碎了一角，不久忧愤而亡，与汉元帝刘奭合葬渭陵。故此，王祎由王政君引入王莽篡汉事，其时王莽自谓裔出黄虞，假神怪以证愚俗之事。而班固则对王莽事从而尽纪之，而柳宗元曾作《贞符》一诗，云："於穆敬德，黎人皇之。惟贞厥符，浩浩将之。"对"符命说"进行了批判。

再如《大事记续编》卷四，"刘向奏《洪范五行传》"条解题：

天地灾异之大者，皆生于乱政，而考其所发，验以人事，往往道其所失，而以类至。曰迅雷风烈必变，盖君子之畏天也。见物有反常而为变者，失其本性，则思其有以致而为之戒惧，虽微，不敢忽而已。至为灾异之学者不然，莫不指事以为应，及其难合，则旁引曲取而迁就其说。盖自汉儒董仲舒，刘向与其子歆之徒，皆以《春秋》《洪范》为学，而失圣人之本意，至其不通也。俾《洪范》之书，夫其伦理，有以见所谓旁引曲取而迁就其说也。②

王祎认为，所谓"天地之灾异，生于乱政，验以人事"之说，是董仲舒、刘向、刘歆辈曲解《洪范》本义，是"失圣人之本意，至其不通也"。王祎说："以

---

①②　王祎：《大事记续编》卷三。

谓天道远,非谆谆以谕人,而君子见其变,则知天之所以谴告,恐惧修省而已。若推其事应,而有合有不合,有同有不同,则将使君子怠焉。以为偶然而不惧,此其深意也。盖圣人谨而不言如此,而后世犹为曲说以妄意天,此其不可以传也。"①王祎主张对天地之灾异,要"以为偶然而不惧",并"谨而不言"所谓"天人感应"。这表现了他具有注重人事的理性精神。

王祎的《大事记续编》有许多突破前人的地方。四库馆臣称:"考何乔新集,尝称祎此书予夺褒贬,与《纲目》不合。如《纲目》以昭烈绍汉统,章武纪年,直接建安。此书乃用无统之例,以汉与魏、吴并从分注。又《纲目》斥武后之号,纪中宗之年,每岁书帝所在,用《春秋》公在乾侯例。而此书乃以武后纪年。又李克用父子,唐亡称天佑年号,以讨贼为词,名义甚正。故《纲目》纪年,先晋后梁。此书乃先梁后晋,皆好奇之过。"②可见,王祎在《大事记续编》中,在刘备、武则天、唐中宗、李克用等纪年问题,都有与朱熹《通鉴纲目》存在不合之处。这说明王祎没有盲从正统论,而具有自己独立的史学见解。

王祎的《大事记续编》继承了吕祖谦的注重考证之旨。"如《通鉴》载汉武帝仙人妖妄之言,淖方成祸水之说,以为出于《汉武故事》《飞燕外传》,讥司马光轻信之失。纪光武帝省并十三国,以地志正本纪之误,此类考证、辨别皆为不苟"。王祎的《大事记续编》还保存了不少史料,如宋库《纪年通谱》因年久无传本,刘羲叟《长历》仅《通鉴目录》用以纪年,书亦散佚,而王祎此书间引及之,使不少失传的史料得以保留。且它亦与吕祖谦《大事记》同,于每条之下各注"从某书修云云","一一具载出典,固非臆为笔削者可及也"。③

王祎在表达自己续写《大事记》意图时说:"圣贤之道所以致用于世也,礼乐典章制度名物盖实致用之具,而圣贤精神心术之所寓。故在学者尤不可以不讲。……苟不参古今之宜,穷始终之要,则何以涉事济变,而弥纶天下之务哉!"④王祎认为,经世致用是圣贤之道的根本,具体的典章制度则是圣贤经世精神的寄托,也即致用的器具。"致用"是为了能够"经邦","经邦"就必须通过对具体事物的处理来表现,而获得处理具体事物经验的重要途

---

① 王祎:《大事记续编》卷四。
②③ 《四库全书目录》卷"大事记续编"条。
④ 王祎:《王忠文集》卷七《王氏迁论序》。

径就是对历史的学习。

王祎与宋濂同任《元史》总裁官。"时编摩之士皆山林布衣,发凡举例一仰于先生(宋濂),先生通练故事,笔其纲领,及纪传之大者,同列敛手承命而已。逾年书成,先生之功居多"。而王祎则于"史事擅长,裁烦剔秽,力任笔削,书成拜翰林待制,同知制诰兼国史院编修官。公与宋濂同为总裁,笔削之劳,一无所委"。① 可见,宋濂其实只是负责《元史》撰编之纲领,而王祎才是负责撰写的,以及将各人撰写好的内容修改润色并加以编排。《元史》中有相当多的内容是出自王祎之手。《元史·忠义传三》中有《刘耕孙传附刘燕孙》,其云:"余顷奉诏修《元史》,于凡以死询国者,必谨书之,厉世教,扶人纪也。当时得耕孙死事,既已登载,而有司不复以燕孙事来上,使其传阙焉,何世之不乐成人之善者,类如是软……因为著之于篇,以补史之阙文"。② 可见,王祎在修《元史》时,对"忠孝"之事格外了以关注,《元史·列女传二》卷二〇一中的《禹淑静传》,与《王忠文集》卷二一《禹列妇传》所记内容相同,且文字亦略同,仅名字有一字之差。而对"忠孝"的关注,则是为了"厉世教,扶人纪"。

修史以"厉世教,扶人纪",是可谓王祎史学要的,也是其热衷于史学的原因,更是其"经世致用"思想在史学实践中的体现。

王祎史学经世致用的思想,还表现在他对科学技术的重视,对务实学风的追求上。《元史·郭守敬传》中,王祎对这位在天文、水利方面做出了巨大贡献的元代科学家,分别在《元史》的天文、历法、河渠等志之做了详尽的记述。王祎对郭守敬专注于天象术数、水利事功之学,而致经纶之用,表示了极大的赞赏。他说:

> 自古国家之兴,相与巩王基而宏大业者,固资鹿臣硕辅之力,而又必有博识特见之君子,通天人之学,而明于术数事功者出其间,以致夫弥纶之用,然后一代之治可得而成焉。观乎世祖之世,若刘秉忠、窦默、王询、郭守敬是己。守敬视诸人虽稍后,其尤称宏

① 郑济:《故翰林待制华川先生王公行状》,程敏政编《皇明文衡》卷,四部丛刊初编本。

② 王祎:《王忠文集》卷二一《刘燕孙传》。

博而杰特者乎。夫自金、宋以来,学者务攻辞章,以哗世而取重,鲜有措诸实用者,况乎天象术数、水利事功之故,当世不讲久矣。而守敬独能任其绝学,精神心术之所及,度越古人远甚,用能成一代之制,而示百王之法。元之为国,于是继古帝而无愧矣。[①]

王祎认为,金、宋以来,学者只重辞章之学而不"措诸实用",是不值得提倡的。而郭守敬以天象术数、水利事功之学,致力于经世致用,才是国家能不断发展而可以"继古帝而无愧"的人才。国家需要有这样"通天人之学,而明于术数事功"的实用型人才。

王祎青年时曾随黄溍与朱廉合撰过《义乌志》7 卷。在大都期间,他曾以苏天爵的《国朝名臣事略》为基础,广泛搜集资料,编成《国朝名臣列传》,"总百有二十,辄用正史之体,仿宋《东都事略》而为之",[②]在苏天爵记录的47 位名臣的基础上又增补了 73 位。

(二)戴良学术

戴良,字叔鸾,自号九灵山人,晚称嚣嚣生,婺浦江人。他以古文名于元明之际,曾学文于柳贯、黄溍、吴莱等,学诗于余阙,与宋濂、王祎等为同门师友。戴良博通经史,旁及百家、医、卜、释、老之学。至正十八年(1358),朱元璋下金华,命与胡翰等十二人会食省中。宋、戴二人更番讲经史,陈治道。戴良被聘为郡学学正,但不久就弃官逸去。至正二十一年(1361),元顺帝用荐者言,授戴良为江北行省儒学提举。戴良见时事不可为,于至正二十三年(1363)至苏州依附张士诚。后见张士诚将败,挈家泛海,抵登莱。洪武六年(1373),戴良南还,变易姓名隐居四明山。洪武十五年(1382),朱元璋召戴良至京师,他以老疾固辞。因忤旨,于洪武十六年(1383)四月暴卒。《明史》载"(良)自裁也。元亡后,惟良与王逢不忘故主。每形于歌诗,故卒不获其死云"。[③]

《明史》列戴良于《文苑传》,而戴良之学不仅限于文学,其于经学亦多所

---

① 宋濂、王祎等:《元史》卷一六四《列传》第五十一《郭守敬传》。

② 王祎:《王忠文集》卷五《国朝名臣传序》,影印文渊阁四库全书本。

③ 张廷玉:《明史》卷二八五,《列传》第一百七十三《文苑一·戴良传》。

发明。《明史·艺文志》载戴良有《九灵山房集》30 卷。《九灵山房集》中并无专门的经学著作。《千顷堂书目》称戴良有《春秋经传考》32 卷,《经义考》称是书为《春秋三传纂玄》。戴良于《春秋》之学,颇着功夫。其"依史读经,寓经于史"之史学思想,是以《春秋》学为基点的。

戴良《春秋三传纂玄序》曰:

> 错薪刈楚,披沙拣金,微事尚然,而况于学乎,况于圣人之经有所芜汩于传注者乎?然则《春秋》之文昭揭千古,学士大夫往往童而习之,白首不知其统绪之会归者。无他,亦惟传家之言有以混淆其间故耳。呜呼!《春秋》辞尚简严,游夏之徒已不能赞以一辞,而吾圣人之微言奥指,果有待于支离繁碎而后见耶?传《春秋》者有三:曰《左氏》《公羊氏》《穀梁氏》。然《公》《穀》主释经,《左氏》主载事。能令百代之下颇见本末而因以求意者,《左氏》之功为多。然而义例宗指,交出乎巫祝卜梦之间;谠言善训,不多于委巷浮戏之语。鳞杂米聚,混然难证,而《公》《穀》之说又复互相弹射,不可强通,遂令经意分裂而学者迷宗也。良自髫岁受读即尝有病于斯,寻绎之次,因取三家之言稍加裁剪,以摄其元要。疏之经文之下,其于一事之传,首尾异处者,既得以类而从,而文意俱异各有可存者亦皆并列其语。然后随文睹义,若网在纲,虽行有刊句,句有刊字,非复本文之旧,而锄荒屏翳,使之日星垂而江河流者不既有助乎?方之刘楚拣金之细,不又有间乎。虽然亦将藏之篋笥,以自备遗忘而已。若夫优柔厌訹,自博而反约,则三君子之成书在也。予亦安敢有所取舍其间,以为是经之蠹哉。①

在此,戴良提出了自己的《春秋》学观点。他认为《春秋》三传者,《左氏》《公羊氏》《穀梁氏》,其中《公羊氏》《穀梁氏》主释经,《左氏》主载事,能令百代之下颇见本末而因以求意者是《左氏》。因此,要读懂《春秋》三传,《左氏》是关键。但《公羊氏》《穀梁氏》互相弹射,不可强通处甚多,遂令经意分裂而

---

① 戴良:《九灵山房集》,景印文渊阁《四库全书》第 1219 册,台湾商务印书馆 1986 年版,第 322 页。

致学者迷宗。许多学者往往儿童就开始习《春秋》，而至白首也不知其统绪之所归。戴良认为要学好《春秋》，就必须"取三家之言稍加裁剪，以掇其元要""随文睹义，若网在纲"并"错薪刈楚，披沙拣金"一般疏通经文，对首尾异处者，进行归类整理，进而自博反约。这不仅仅是学者读《春秋》的方法，也是读其他古籍的一般方法。由是可见戴良为学功夫之踏实。

戴良对《春秋》之学及其至元代的流传作了详尽介绍。他说：

> 昔之传《春秋》者有五家，而《邹》（《邹氏传》）、《夹》（《夹氏传》）先亡，学《春秋》者，舍《左氏》《公羊》《榖梁》三家，则无所考征矣。然《左氏》熟于事而或不得其事之实，《公》《榖》近于理而害乎理之正者，要不能无至。唐啖赵（唐代经学家啖助与赵匡的并称）师友者出，始知以圣人手笔之书，折衷诸家之是非，而传已亡逸。继是而后，为之传者虽百十余家，其言虽互有得失，能不传会三家之说者鲜矣。胡康侯（胡安国）得程子之学，慨然有志于发挥。而其生也当宋人南渡之时，痛千余年圣经遭王临川（王安石）之禁锢，乘其新败雪洗而彰明之，使世之为乱贼者增惧。若夫圣人作经之本意，则未知其如何也。然自当时指为复雌之书而不敢废，太学以之课讲，经筵以之进读。
>
> 至于我朝设进士科以取人，治《春秋》者三家之外，亦独以胡氏为主本，则以三纲九法集然具见于是书。而场屋之腐生，山林之曲士因而掎摭微文破碎大道，有可悯念者矣。然则学《春秋》者亦将何所折衷乎？窃尝考求之而得其说矣，吾志在《春秋》夫子之自道也。《春秋》，天子之事。孔子作《春秋》，而乱臣贼子惧。孟子之所以论春秋也，盖方是时，王纲日紊，篡夺相寻。孔子不得其位以行其权，于是约史一记而修《春秋》，使乱臣贼子无所逃其罪，而王法以明，所谓拨乱世而反之正。此其为夫子之志，而天子之事也。是以邵子有曰："《春秋》，夫子之刑书。"而大门王氏亦曰"《春秋》一经，无罪者不书，惟罪有大小，故刑有轻重耳。"斯言也，盖有得夫孔孟之遗意也。是则学者之折衷，固无出于夫子之自道，与夫孟子之所以论《春秋》者矣，后之立言岂有加于此哉。先生之于是书，下既不惑于褒贬之说，上复不失乎笔削之义；外有以采择诸家之博闻，内有以发乎自得之深意；奇而不凿，正而不迂；详而无余，约而无

阙;庶几善学者焉。然其推传以达乎经,因贤者之言以尽圣人之志,则得之夫子之自道,孟子之所论者为多,是可以见其折衷之所在矣。余自幼岁即知读是经,而山林孤陋之风,科举利禄之念,或不能无,故其所学不过曲士腐生之为耳,乌觌所谓经之义圣人之蕴哉。①

戴良认为,孔子作《春秋》,是为了倡明王道,而使乱臣贼子惧。故曰《春秋》乃天子之事。孔子所作之《春秋》,下既不惑于褒贬之说,上复不失乎笔削之义;外有以采择诸家之博闻,内有以发乎自得之深意;奇而不凿,正而不迁;详而无余,约而无阙,可以称得上是善学。它推传以达经,因贤者之言以尽圣人之志,尽显孔子之道。然科举制度下,场屋之腐生,山林之士摘取微文以破碎大道,从而使《春秋》之义不明,学者不知何所折衷。

戴良在《夏正辨》中,对后世《春秋》学者于"夏"的认识之正误进行了辨析。他说:

> 周家以子丑寅为春,卯辰巳为夏,午未申为秋,酉戌亥为冬者,孔安国、郑康成之大误也。且改时易月之论,《孔》《孟》以前经无明文,自左氏、孔、郑诸公迭为之说。于是杜预之注《左氏》,何休之注《公羊》,范宁之注《穀梁》,孔颖达之述《正义》,往往舍经信传,踵谬承讹,千有余年,无有能正其非者。历至河南程氏始断之曰:"周正月非春也。"此一言也真足以破千载之惑矣。然又曰:"假天时以立义,犹不轻于斥《左氏》也之非。"胡康侯见冬不可以为春,遂发明程子之意,谓《春秋》以夏时冠周月,诚如是也。……杜预之于《左氏》每委曲迁就,无一言之不合。说者谓预为《左氏》之忠臣,若吾子之论直则直矣。其在诸儒将不谓之忠臣乎哉?曰:"正其非以救其失,正所以为忠也。"若预者乃《左氏》之诀臣,其于忠乎何有?②

戴良认为,杜预注《左氏》,何休注《公羊》,范宁注《穀梁》,孔颖达述《正

---

① 戴良:《九灵山房集》,影印文渊阁《四库全书》第 1219 册,台湾商务印书馆 1986 年版,第 382—383 页。
② 同上书,第 552 页。

义》,往往舍经信传,踵谬承讹,千有余年,无有能正其非者。至程氏、胡安国才予以正之,谓《春秋》以夏时冠周月。可见,戴良于《春秋》之学颇具功力。

受传统婺学浸润,戴良对吕祖谦"性命道德"(即心学)之学和陈亮事功之学,也进行了广泛吸收。他说:

> 天地之间,有至巨而无配者,道也。人能心会而身履之,口诵而书存之。则必浩乎其大,巍乎其高,渊乎其深,非江海而润,非雨露而泽,非日月霜雪而光华严厉。其所著见于后世者,固将弊穹壤亘古今而不穷,贯金石蹈水火而不灭类。余尝考之于经,稽之于史,求其如斯人者,恒旷数十世而一见,越数百里而一得。①

戴良认为"道"在天地间至巨无配,且"弊穹壤亘古今而不穷,贯金石蹈水火而不灭类",唯有人能以心领悟之,以身践履之,以书而传诵之。而道载之于经文,故而"一经既明,而诸经之理皆会之于方寸。所谓由书而心,由心而身,由身而国而天下。追踪古昔,有不期然而然矣"。② 由经书而明心,由明心而修身,由修身而致治国平天下。这是儒家千百年来恪守的人生哲学,也是儒家人士人生价值实现之途。作为儒士的戴良,也坚守斯道,并以治国平天下为己任。因而,戴良之学必然是强调经世致用的,也是带有事功之色彩的。戴良在《一经斋记》中云:

> 经者,出于圣人之手,而存乎《易》《书》《诗》《礼》《乐》《春秋》,孔孟氏之籍。以故世有四经、五经,以至六经、九经、十三经之名。今起贤以一经名斋,其言固有自来。然所以教其子者,不既狭矣乎?徐而思之,学者盖欲明夫天理民彝自然之物则也,天理民彝之所在,固有不依文字而立者。然古之圣人欲明是理于天下而垂之万世,非托文字则不能以自传也。故自伏羲至于孔子而垂世立教之具案然矣。后之学者必将由是沈潜参伍,以明乎在我

---

① 戴良:《九灵山房集》卷一《浦阳五贤赞并序》,影印文渊阁《四库全书》,台湾商务印书馆 1986 年版。

② 戴良:《九灵山房集》卷一二《一经斋记》,影印文渊阁《四库全书》,台湾商务印书馆 1986 年版,第 432 页。

之本然,然后知有所至,而力行以终之。其为道不既简且易乎?
然自世变俗衰,为师者不知所教,为子弟者不知所学,则其求之
于文字者,乃在乎记诵训诂文辞之间,是以书愈繁而理愈晦,学
愈劳而心愈杂。

此无他,盖不知天理民彝之本然在我而不在彼也。学者于此
苟能弃其俗学之繁劳,以求圣学之简易,则一经既明,而诸经之理
皆会之于方寸,所谓由书而心,由心而身,由身而国,而天下。追踪
古昔,有不期然而然矣。虽然,昔人有三年而读一经者,有皓首而
穷一经者,亦有白首而不能通之者。其用力也深,其收功也远,一
经之教诅可以易心求哉。林也能以而父之心为心,知夫天理民彝
无待于外求,而静以持之,敬以存之,使此心之神明清虚纯一,有以
为受学之地,然后谨之以条约,严之以矩度,大玩经中之所蕴。真
积力久,日就月将,异日彬彬而起为国效用,虽匡衡以一经致宰相,
师丹以一经位三公,公孙宏以一经处台鼎可驯至矣。韦公之言,夫
岂欺我也哉!①

戴良在此认为,士者欲知天理民彝,无须待于外求,而必须"静以持之,
敬以存之,使此心之神明清虚纯一",有以为受学之地。然后谨之以条约,严
之以矩度,大玩经中之所蕴。真积力久,日就月将,异日彬彬而起以为国效
用。"静以持之,敬以存之",使心"神明清虚纯一"之修为方式,显然是受杨慈
湖心学之影响。"静以持之,敬以存之"是象山心学的为学方法,而对心的认识
上,慈湖有"吾心虚灵""吾心神明"之云。对象山心学的融合,原本即是吕学所
倡。戴良在《题杨慈湖所书陆象山语》中,对此观点更说得透彻。他说:

陆文安公之学由《中庸》尊德性而入,故其用工不以循序为阶
梯,而以悟入为究竟。所谓传心之学是已。斯学也,江右诸公多得
其传,浙水之上传之得其宗者惟杨文元公。文元官富阳时,获见文
安而进拜焉。立谈之,顷即领道要,故其所就卓视文安有光。文安

---

① 戴良:《九灵山房集》卷一二《一经斋记》,影印文渊阁《四库全书》,台湾商务印书
馆,1986年,第481页。

此帖有"家之兴替在德义,不在富贵之语",盖亦心学之所发耳。文
元书之以自厉,且署门人杨某于后,非有得于心学之传者若是乎?
夫文安之学,圣人之学也。韩子谓求观圣人者必自《孟子》始。予
亦谓求观文安者必自文元始。师程知慕二公,取其言与字尊信而
表章之,是亦文元之徒也欤?①

戴良认为象山之学由《中庸》尊德性而入,其用工以悟入为究竟。称
为传心之学,是圣人之学。有人说想知道孔子之学,必须自《孟子》开始。
戴良认为,欲知象山之学,必得自杨慈湖开始。慈湖乃象山高足,象山心
学在浙江得以流传,全得力于慈湖。慈湖以"心之精神是谓圣"为心学要
旨,于浙东甬婺及淳安间,广泛传播象山心学,与以朱学世嫡称的北山
学派,遥相抗衡,使之成为由宋入元时期的浙江显学之一。而元末婺州
陈樵,即是慈湖私淑者,对慈湖之学多有发明。可见,戴良对慈湖之学
也不陌生。认为慈湖"家之兴替在德义,不在富贵之语",亦心学之所
发耳。

戴良以致用为学术要的,提倡"为学适于世用"。他在《赠勾无山樵宋生
序》称:

余尝考近代贤材,而怪士之为学多不适于世用。谈经术者徒
知章句之当守,而不知事情之。或迁工文学者又方务以言语声偶,
摘裂相夸尚,每弃本而趋末。求其可用于当时,盖不数数然也。世
之人不贤者恒多,而贤者恒少,幸而为贤者矣。②

戴良对当时学界谈经术章句,而不知事之用;迁工文学,每弃本而趋末
的现象,提出了批评,倡导学术务"求其可用于当时"。桂彦良曾如此评价戴
良之文:

---

①　戴良:《九灵山房集》,影印文渊阁《四库全书》,台湾商务印书馆1986年版,第
507页。
②　同上书,第315页。

> 士未尝欲以文名世也,以文名世者,士之不幸也。有可用之材
> 当可为之时,大之推德泽于天下,小之亦足以惠一邑施一州。尽其
> 心力于职业之中,固不暇为文,然其名亦不待文而后传也。至于崎
> 穷不偶,略无所见于世,颇自意世之人既不我知,则奋其志虑于文
> 字之间,上以私托于古之贤人,下以待来世之君子。呜呼! 是岂其
> 得已哉? 此余于浦阳戴先生而有感者也。[1]

桂彦良以为,当世之士都想以文章显著名,此乃士之不幸也。那些志向
远大的士,或推德泽于天下,或以小惠一邑施一州,他们尽其心力于职业之
中,不暇为文,但名声亦待文章而显著。崎穷不偶之士,欲奋其志虑于文字
间,以期著之名。而戴良是两者兼可为之者。

(三)方孝孺学术

方孝孺(1357—1402 年),字希直,一字希古,号逊志,被称为"程朱复
出""正学先生",浙江宁海人。他是宋濂的得意学生,曾为世子师、翰林院侍
讲、侍讲学士,曾主持纂修《太祖实录》等。因拒绝为发动"靖难之役"的燕王
朱棣草拟即位诏书,被杀害,时年 46 岁。《明儒学案》称其:

> 自幼精敏绝伦,八岁而读书,十五而学文,辄为父友所称。二
> 十游京师,学于太史宋濂。濂以为游吾门者多矣,未有若方生者
> 也。濂返金华,先生复从之,先后凡六岁,尽传其学。
>
> ……
>
> 先生直以圣贤自任,一切世俗之事,皆不关怀。朋友以文辞相
> 问者,必告之以道,谓文不足为也。入道之路,莫切于公私义利之
> 辨,念虑之兴,当静以察之。舍此不治,是犹纵盗于家,其余无可为
> 力矣。其言周子之主静,主于仁义、中正,则未有不静,非强制其本
> 心如木石然,而不能应物也,故圣人未尝不动。谓圣功始于小学,
> 作《幼仪》二十首。谓化民必自正家始,作《宗仪》九篇。谓王治尚
> 德而缓刑,作《深虑论》十篇。谓道体事而无不在,列《杂诫》以自
> 警。持守之严,刚大之气,与紫阳真相伯仲,固为有明之学祖也。

---

[1]　桂彦良:《九灵山房集序》,《四库全书·集部五》,齐鲁书社 1997 年版。

先生之学,虽出自景濂氏,然得之家庭者居多。其父克勤,尝寻讨乡先达授受原委,寝食为之几废者也。故景濂氏出入于二氏,先生以叛道者莫过于二氏,而释氏尤甚,不惮放言驱斥,一时僧徒俱恨之。

……

时当世文章共推先生为第一,故姚广孝尝嘱文皇曰:"孝孺必不降,不可杀之,杀之天下读书种子绝矣。"①

可见,方孝孺之学出自宋濂。他主张"入道之路,莫切于公私义利之辨,念虑之兴,当静以察之";然主静并"非强制其本心如木石然,……圣人未尝不动"。此构成其心性之学要的。他作《杂诫》以自警。持守之严,刚大之气,几与朱子相伯仲,所以有"明之学祖"之称。方孝孺主张"王治尚德而缓刑"。"王治尚德"构成其"正统论"政治思想的基石,并由此引出其著名的"法治"思想。他与乃师宋濂之学的区别在于,他排斥释道,以为叛道者莫过于二氏,而释氏尤甚;并不惮放言驱斥,引来僧徒一时俱恨之。

方孝孺对天道观论述很少,因为"无须论证,它已载于六经,经过'近世大儒剖析刮磨,俱已明白'"。② 他认为"是气行乎天地间,而万物资之以生"。③ "天之生人物者,二气五行也。其运也无穷,其续也无端……惟人也亦然,得气而生,气既尽而死,死则不复有知矣……形尽气尽,而魂升魄降,无所不尽,安能人人胸腹重生于世,而谓之轮回也哉!"④他用气运转流行来反对佛教轮回教义,也以气禀的不同来解释人性,"禀气或偏,梏其天明。外与物交,私欲乃萌"。⑤

方孝孺在工夫论上颇着功夫。他强调心的作用,主张治心,通过扩充良知良能而达到至善。他在《杂诫》中云:"治人之身,不若治其心也。使人畏威,不弱使人畏义也。"⑥在《与陈敬斋》中直接提出:"闻君子之于学,将有以

---

① 黄宗羲著,沈芝盈点校:《明儒学案》卷四三《诸儒学案(上一)》,中华书局 2016 年版,第 1041—1042 页。

② 侯外庐、邱汉生、张岂之主编:《宋明理学史(下)》,人民出版社 1997 年版,第 95 页。

③ 方孝孺著,徐光大校点:《逊志斋集》,宁波出版社 1996 年版,第 50 页。

④ 同上书,第 44 页。

⑤ 同上书,第 25 页。

⑥ 同上书,第 13 页。

扩充吾良知良能,而复吾本然之量,非由外铄我也,岂以自外至者为荣辱哉?"①"良知良能"之心学范畴已然进入其学术论域。

在《家人箴十五首》中,方孝孺强调了"化民必自正家始""修身之道,莫切乎治心"的观点。他说:"是以圣人之道,必察乎物理,诚其念虑,以正其心,然后推之修身。"②为此,他提出了治家的15条箴诫:正伦、重祀、谨礼、务学、笃行、自省、绝私、崇畏、惩忿、戒惰、审听、谨习、择术、虑远、慎言。他推崇小学,把小学的功夫提到和大学的心性修养一样的高度,如他特意在《幼仪杂箴》中详细分列小学20项科目,每项都结合形态和心性。他同样重视在心上做功夫,注重治心、正心,认为治心是根本的,首要的。他在《身修思永堂记》云:"修身之道,莫切乎治心,而心之官,则在乎思。"③在《书汉三王策书后》中云:"先王之为治,自心而身,而推之家国天下行。"④由此,他提出了五种"治心之术",即持敬、寡欲、养慈爱、伐骄泰、惮贤士。在"主静"功夫上,方孝孺主张在动态中把握"静"的含义,不是强制心静,而是在心物交接时能够做到仁义中正。他在《答林子山》说:"苟静而无动,则物而不通矣,欲人在仁义中正主静,静应于物耳,非欲人强制其本心,如木石然,而不能应物也。"这种观点同时贯穿敬内和义外的功夫。

方孝孺似乎更偏重于敬。他认为敬是复善去恶的转机,是从个体出发,然后由敬内推之于义外。他在《上范先生》中云:"道之大端,修己治人二者而已。率乎性命之理,所以修己而为治人之本也。"⑤他认为义是善恶的标准,"爱恶无他,一裁以义。加以丝毫,则为人伪。天之恒理,各有当然"(《家人箴十五首》)。侯外庐在《宋明理学史》中指出:"方孝孺的理学方法,同他的老师宋濂通过'佛氏空寂之义',由'无己'到'真知'的'明心见性'的方法,以及与刘基'离物求觉'的方法,甚为相似,即都是偏于内省的直觉方法。"⑥而这种"偏于内省的直觉方法"只是象山心学一路的为学功夫。

---

① 方孝孺著,徐光大校点:《逊志斋集》,宁波出版社1996年版,第372页。
② 同上书,第28页。
③ 同上书,第565页。
④ 同上书,第590页。
⑤ 同上书,第281页。
⑥ 侯外庐、邱汉生、张岂之主编:《宋明理学史(下)》,人民出版社1997年版,第99页。

方孝孺传承了宋濂"正统"思想。他曾经将自己所作几篇正统论文章交宋濂过目，接受教诲。他曾说："自予为此文，未尝出以示人。人之闻此言者，咸訾笑予以为狂，或阴诋诉之。起谓然者，独予师太史公与金华胡公翰而已。"①他主张"仁义而王，道德而治"的正统思想。他说："仁义而王，道德而治者，三代也；智力而取，法术而守者，汉唐宋也；强致而暴失之者，秦隋也；篡弑以得之，无术以守之而子孙受其祸者，晋也；其取之也同，而身为天下戮者，王莽也。"方孝孺认为"三代"行王道，"三代以下"皆行霸道。但"三代以下"的几个统一王朝，如汉唐宋仍是"正统"。方孝孺强调"正统"的关键在于"正"。儒家一向主张王权统一，政治秩序运行良好，社会安定。②方孝孺主张"保民而王"的民本思想，强调礼制的制约作用。他说："故天之立君也，非以私一人而富贵之，将以使其涵育斯民，俾各得其所也。""善于知天者，不敢恃天命之在我，而唯恐不足以承天之命。不敢以天下为乐，而以天下为忧。视斯民之未安，犹赤子之在抱。养之以宽，而推之以恕，泽之以大德，而结之以至诚，使其心服于我而不能释，然后天命可保矣。"③"正统之君非吾贵之也，变统之君非吾贱之也。贤者得民心，得民心，民斯尊之矣。民尊之，则天与之矣。安得不贵之乎？"④方孝孺认为，君王必须善于知天命，并用"养之以宽，而推之以恕，泽之以大德，而结之以至诚"的方法，来保教民众，以赢得民心，从而得到民众的尊重和支持。

方孝孺十分重视通过礼制的强化，来推行伦理纲常。《石镜精舍记》中说："人有五常之性，天命也。发为君臣、父子、兄弟、夫妇、长幼、朋友之道，天伦也。天伦之常，天命之本，孰从而明之？《易》《诗》《书》《春秋》《礼记》，圣人之经也。圣人之经，非圣人之私言也，天之理也。天不言而圣人发之，则犹天之言也。三代以上，循天之理以治天下国家，故天命立，天伦正，而治功成，风俗淳。"方孝孺认为三代王道倡明，是因为其"天命立，天伦正，而治功成，风俗淳"。因此，由天命而出的"父子有亲，君臣有义，尊长有序，朋友有信"之伦理纲常，必须得到强化。方孝孺说："古之为学者岂务他哉？务明乎伦理而已。故事君有言责者尽其言，有事任者赴其功，临敌致其勇，履难

---

① 方孝孺：《方孝孺集》，浙江古籍出版社 2013 年版，第 76 页。
② 同上书，第 66 页。
③ 同上书，第 85 页。
④ 同上书，第 69 页。

奋其忠,事父母而竭其孝,兄弟焉而竭其爱,妻子焉而别且慈,朋友焉而诚信不欺。"①方孝孺于《后正统论》中提出了"正服饰"以"严华夷之分"的观点,也是他重视礼制的一个体现。他说:"服夫所贵乎中国者,以其有人伦也,以其有礼文之美,衣冠之制,可以入先王之道也。"②他认为华夏文化最可贵的是伦理纲常,是礼仪典章各项制度,还有衣冠制度。而这一切文明的制度,都是为了"入先王之道",也就是为了实现王道理想。而"严华夷之分",首先得从衣冠之别始。何况华夏文明中的衣冠之制,是可以入先王之道的。他说:

> 欲谈先王之治者,宜稍定其仪则。凡士、农、工、贾、技、艺、百家之流,于其冠服各为表识,而以其人不以其族。有德之君子化行于乡党,及众所摈弃作过被罪之人,或异其制以为惩劝,亦不以其族而以其人。非士族而有士行者,进于士族尊之,而为不善者服以其服 而属凡上首,人接士君子以礼,待庶民众流以法,微示意向以耸动之。民见有德者之被服美,而邪慝者之可耻也,必勉于自修。见为士者之尊,而执艺者之卑,必慎于择术。天下皆慕而欲为士君子,斯民孰与为不善,而祸乱何自而作哉。③

方孝孺的"正服"主张,得到朝廷的重视。明朝廷立即颁布《正礼仪风俗诏》,其中有一条就是改定衣冠制度的:"曩因中国衣冠狃于胡俗,已尝考定晶官命妇冠服及士庶衣冠,通行中外,俱有定律。惟民间妇女,首饰衣服,尚循旧习。宜令中书省集议冠服定制,颁行遵守,务复古典,以革近俗。"④

由礼治而法治,大约是方孝孺学术思想最具特色处。他主张寓仁于法,寓礼于法。方孝孺坚持儒家德主刑辅思想,反对严刑酷法,认为"治天下有道,仁义礼乐之谓也;治天下有法,庆赏刑诛之谓也"。⑤ 在方孝孺眼里,"道"具体体现为"仁义礼乐","法"则表现为"庆赏刑诛"。他以日常饮食为喻分

---

① 方孝孺:《方孝孺集》,浙江古籍出版社 2013 年版,第 654 页。

② 同上书,第 74 页。

③ 方孝孺:《深虑论七》,载《方孝孺集》,浙江古籍出版社 2013 年版,第 112 页。

④ 杨一帆、田禾点校:《皇明诏令》卷三,科学出版社 1994 年版。

⑤ 方孝孺:《深虑论》,载方孝孺著,徐光大点校:《逊志斋集》,宁波出版社 1996 年版。

析说:"仁义礼乐为谷粟,而以庆赏刑诛为盐醢,功成而民不病。"①就是说,对于黎民百姓而言,其生存离不开仁义礼乐就如同少不得食粮那样。方孝孺主张"立法利民"的法治,他认为,立法至要的是为了利民,法是保护民众利益,是打击那些侵害民众利益的不法行为的有力武器,法可以"禁暴乱、贪猾、诡伪、盗窃"。他说:"法制所以备乱,而不能使天下无乱。不治其致疾之源,而好服药者未有不死者也。不能塞祸乱之本,而好立法者未有不亡者也。""人民者,天下之元气也。人君得之则治,失之则乱,顺其道则安,逆其道则危。其治乱安危之机,亦有出于法治之外者矣。"②"圣人之为法,常治之于未为之先。"他认为,立法是防患于未然。国家为民众提供法的保护,民众就会拥护政府,进而保证社会稳定,国运长久。

进而方孝孺主张立法必须公正,体现"公意",官府不应该"出于己""一准其私意"。③ 如果将"一家之法"强加于民,变为"天下之法",如此立法是非法的,其结果必将是"自乱其法"。方孝孺认为,百姓必先使其知法、明法,才能守法。他说:"使其(民)心自知其非而不肯为。"④"民畏笞骂为杀戮"⑤。百姓知道触犯法律将要所承担的责任,就会自觉守法,不会去做违法犯罪的勾当。不触犯法律,就不会受到刑责,所以立法设禁也是"爱民"之体现。如此才能使国家社会达到"为法者不烦,守法者不劳,而民不敢为乱"⑥的和谐境地。因此他主张"先教后诛"。他说:"欲其无贪黩也,必先使之畏戮辱而重廉耻"⑦。就是说,要教育民众知道廉耻,自觉守法。对那些冥顽不化者方才施以重罚。可见,方孝孺之法治思想是民主公正的。

四、结论

结论之一:宋濂与王祎一起,是元末明初吕学中兴者。

宋濂学出东莱,并以振兴吕学为己任。由此解宋濂的"六经皆心学",便

---

① ② 方孝孺:《深虑论》,载方孝孺著,徐光大点校:《逊志斋集》,宁波出版社 1996 年版。

③ 方孝孺:《所染》,见孙诒让《墨子间诂》,中华书局 2017 年版。

④ 方孝孺:《深虑论》,载方孝孺著,徐光大点校:《逊志斋集》,宁波出版社 1996 年版。

⑤ 方孝孺:《官政》,载方孝孺著,徐光大点校:《逊志斋集》,宁波出版社 1996 年版。

⑥ 方孝孺:《深虑论》,载方孝孺著,徐光大点校:《逊志斋集》,宁波出版社 1996 年版。

⑦ 方孝孺:《治要》,载方孝孺著,徐光大点校:《逊志斋集》,宁波出版社 1996 年版。

可以看到宋濂此论并没有跳出吕祖谦的道德性命之学(或说"心性之学")。因而,把宋濂"六经皆心学"论,看作是象山心学,未免过于牵强。当然,宋濂对象山心学并不排斥,而且与佛老走得很近很深。其实这恰恰是宋濂之学全盘接受了吕学"包融兼蓄"品格的最好佐证。

吕祖谦生前,对调合朱陆不遗余力。他主持的鹅湖之会,虽没有全面达到调和之目的,但它至少是开创了吕学这种调和朱陆的学术品质。至于吕祖俭对慈湖心学自觉融入,更为吕学后传致力于这种调和,树立起另一典范。但无论这种调和朱陆学术品质于宋濂身上有多少影响,也决计不能把其"六经皆心学"论归入象山心学范畴。宋濂"六经皆心学"论中的"心学"二字,应当作儒家"心性之学"中的"心学"来看,也就是朱学论域中的"心学"。朱熹曾对宋初兰溪范浚之《心箴》十分推崇,视其为心学宝典。而此"心学"者,绝非象山之"心学"也。当然,象山之心学,也必定包涵于儒家"心性之学"中。对此牟中三先生已有高论。

由此看宋濂学术于明初之地位和影响,似乎不必太多地关注其对阳明心学形成之影响。阳明开初是受过朱学浸润的,只是龙场悟道后,才有了自己的创建,才有了对慈湖心学的自觉接受。而慈湖心学于阳明老家的余姚等地,似乎从未间断。慈湖心学在金华也有叶秀发、傅大原等人的传播。慈湖弟子真德修之学术,在当时的婺州也曾经有过影响。而元季的东阳大儒陈樵,则更是可以看作慈湖之私淑。故而,把宋濂、王祎诸人,看作吕学在元末明初的中兴者,已足矣。似乎没有必要从他们的学术中去发见其对阳明心学启发。否则,得出的结论会相当勉强。

结论之二:宋濂"佞佛"并没有背离吕学宗旨。

应该以宋濂为吕学后绪的进路,来看待宋濂"佞佛"诸问题。宋濂"经史文并重",并过于亲近佛老,被史家定论为"佞佛",进而认为其学术是对婺学一种反"变"。这都是把宋濂之学看作朱学的绪所造成的。

吕祖谦"学术业本于天资,习于家庭,稽诸中原文献之所传,博诸四方诸友之所讲,融洽无所偏滞。"(《宋元学案·东莱学案》)但吕氏家学从吕希哲始即受佛学影响,《宋元学案·荥阳学案》载:"(吕希哲)晚年又学佛","更从高僧游,尽究其道",并且得出了"佛氏之道,与吾圣人相吻合"的结论。此后,他便企图将儒、佛两家学说熔于一炉,"斟酌浅深而融通之"(《宋元学案·荥阳学案》)。大东莱先生吕本中,也"溺于禅"。吕祖谦受其祖辈学佛之影响,虽对佛道有所批评,但他在《易说·家人》中说:"知此理,则知百年之嫌隙可以一日解,终身之蒙蔽可以一语通,滔天之罪恶可以一念消。"至于吕祖谦本人是否受到佛学影响,在这里并非关键。关键是吕学"博诸融洽"品质,并不会排除宋濂因"佞佛"而成为吕学的绪。

同时,需要指出的是,因宋濂"佞佛"而认为这是宋濂对婺学一种反"变",其根源还是把朱学作为婺学主流所致。需要强调的是婺学是一个历史的概念,不同历史时期,它都有不同的外延。如南宋乾淳婺学初创期,它即有吕祖谦道德性命之学、陈亮事功之学、唐仲友经制之学三家。由宋入元,则有北山学派、文清学派、慈湖心学后续等。此时的婺学,已非"性命""事功""经制"三家可以涵盖。此时的婺学,已把自己的外延逐渐扩大到了"朱吕陆"三家的境域。到元至元前后,许谦、黄溍、陈樵、柳贯、吴莱、吴师道、宋濂、王祎、胡翰、戴良等一干婺中大儒,于战乱中相继而起,群雄纷争,其学术各有所承,各有所守,各有所创。遂成以金华朱学而显的许谦学术,以守慈湖余绪而特立的陈樵学术,以振兴吕学为己任的宋濂学术,三家学术蔚成鼎立之格局。由宋至明,若说婺学有变,就其内容而言,仅仅是由当初的"性命""事功""经制"三家,发展到了涵盖"朱吕陆"三家。而至元末明初,其三家代表则是许谦、陈樵、宋濂者也。故而,枉顾婺学在宋元明际的发展事实,而言婺学流变,至少不是一种客观的全面的学术态度。

由此而论,宋濂"佞佛",并没有背离婺学原旨。尽管在相当长的一段时间内,金华朱学成为婺州学术主流,但作为"婺学"无论在哪个历史阶段,由吕祖谦所倡导的"博诸融洽"及"经世致用"之学术品格,始终是婺学区别于其他学术的根本所在。

结论之三:宋濂、王祎主要学术成就在史学。

宋濂继承发扬了吕学"经史并重"之品格,以天道观、正统论为史学要的,对历史治乱兴衰的解释中表现出浓厚的儒家政治伦理思想和实践理性的精神。在极端险峻的专制政治条件下,组织编纂了《元史》,保存了有元一代"大概亦尚完整"的历史。建议并组织编写了《大明日历》《皇明宝训》等重要史著,保存了重要的历史材料,并恢复了"日历"、创立了"宝训"等修史制度和记注形式,为明皇朝修史制度奠定了基础。他撰写了记述当朝史事的《洪武圣政记》,开创了有明一代以"政记""政要""大政记""圣政记""宪章录"等形式记述当代政事的史学风气。他还撰写了《浦阳人物记》及未完成的《婺郡先民传》,编纂了《浦阳文艺录》,推动了有明一代编写地方先贤传、裒辑著录地方文献等史学风气的兴起。他撰写了大量的人物传记,许多学术史的研究专著和论文,以及史论、史书序跋和政治寓言等反映其史学思想的文献,在学术史的发展中起到了承前启后的作用。① 王祎与宋濂一样,其主要学术成就也在史学。王祎尝云:"东莱先生吕成公躬任斯道之重,诸经既皆有所论著,而于史学尤长,其用古策书遗法作《大事记》,诚史家之大法也"。② 因此,王祎不但与宋濂一起参与了《元史》等编撰,还"续吕祖谦《大事记》而作",编撰了《大事记续编》。宋濂、王祎等,以振兴吕学为志,且以其本人学问的博洽及其道德之修养的醇固,已然通过其本人的学术活动在实践着吕氏的经史并重、参乎古今之宜以寻绎道德性命之学术精神,浙东史学派的学术传统在他们那里重新获得了充分的显化,因此他们亦共为明初浙东史学之中兴的中坚。③

董平先生认为,吕祖谦以哲学而研究历史学,将道的追寻贯彻于人类社会自身的全部历史,实为浙东学派在其后续的传承与发展中的一种内在的精神气脉。吕祖谦晚年创设丽泽书院,学者彬彬,极一时之盛。吕祖谦学术之影响,并未至明初便即中绝。王梓材则称其后续"为有明开一代学绪之盛"。④ 在清初黄宗羲那里,仍能见其显著的影响;至章学诚之出,这对浙东学派的学术实践给予理论上的综括;原其所论,则实本于祖谦之思路。⑤

也就是说,宋濂作为元末明初吕学的中继者,其史学不仅影响了清初的黄宗羲,对有"浙东史学殿军"之誉章学诚也影响深刻。这大约就是宋濂学术对后世的最大影响所在。

结论之四:宋濂、王祎于明初的最大学术贡献,在于他们使一种"朱吕陆"并包的"理学",成为官方之学术。也就是所谓"理学的政治化"。⑥

---

① 向燕南:《宋濂的史学思想》,《湛江师范学院学报》2008 年第 1 期,第 22—28 页。

② 王祎:《大事记后记》,载《王忠文集》卷八。

③ 董平:《南宋婺学之演变及其至明初的传承》,载《中国学术》第十辑,第 192—243 页。

④ 黄宗羲原著,全祖望补修,陈金生、梁运华点校:《宋元学案》卷七三《丽泽诸儒学案》,中华书局 1986 年版,第 3434 页。

⑤ 董平:《论吕祖谦的历史哲学》,《中国哲学史》2005 年第 2 期,第 99—104 页。

⑥ 赵忠祥、侯波:《明代前期理学的走向与文化精神的变革》,载《河北师范大学学报(哲学社会科学版)》2006 年第 1 期,第 135—140 页。

明政权建立以后,朱家王朝即以姿态积极维护理学的"正统"地位,并将其作为立国和治国的指导思想。明初理学政治化主要有两条路径:一是通过法令典章,主要体现在学校教育和科举规范,确立理学至高无上地位。二是编纂相关经典文集作为教科书推广天下。而在此过程中,以宋濂、王祎担纲的婺州理学家充当了主力军的角色。他们对朱元璋"讲道论德,修明治术,兴起教化,焕乎成一代之宏规",①并使朱元璋以五经、孔孟之书,划定濂洛关闽之治学范围,强化孔孟、程朱思想的控制地位。他们为朱元璋政权先后编撰制定了《元史》《大明律》《御制大诰》《祖训录》《昭鉴录》《皇明祖训条章》等一大批史著、典章,还参与了《书传会选》《春秋本末》《六经师律》《群经类要》《孟子节文》理学著作的编修等,为明初政权的巩固在典章制度方面作出了奠基性的贡献。同时,也为朱棣时期理学统治地位的正式确立打下基础。还需要注意的是,宋濂与朱元璋在对待佛老的态度上,取得了高度的一致。这使得明初朱元璋所奉信的理学,并非一味地崇朱,而是涵并了"吕陆"之学,同时儒佛老三家也更加融洽起来。

理学政治化往往有着双重效应。这种政治化倾向,使明初理学走上了自我封闭和僵化的老路。尤是朱元璋对当时士人实施高压淫威,并肆意删节《孟子》等经典,理学原具有的学理性和人文精神受到窒息,失去了它发展的生机与活力。理学危机再次出现,从而为王学于明中期的崛起准备了条件。②

结论之五:作为宋濂高弟的方孝孺,并没有彻底地传承发扬宋濂以吕学为旨趣的学术品格。他却以极力排佛斥陆崇朱之态度,无意间使自己成了许谦之学(金华朱学)的传人。③

方孝孺在接受宋濂之学的同时,也深受其家学之影响。这使得他与宋濂之学于佛老的态度出现了严重的背离。宋濂潜心饱饫佛典,"颇有见于斯(佛学)"。④ 方孝孺却以为佛教"其始非不足观也,而不可以用。用之修身则

---

① 张廷玉:《明史》《儒林一》,中华书局 1974 年版,第 722 页。

② 陈谷嘉:《朱元璋与明初理学》,《井冈山大学学报(社会科学版)》2012 年第 2 期,第 43—53 页。

③ 陈鸣寒、贾志刚:《方孝孺与明初金华朱学的终结》,《沧州师范专科学校学报》1999 年第 3 期,第 19—23 页。

④ 宋濂:《径山愚庵禅师四会语序》,见宋濂著,罗月霞主编:《宋濂全集》第 2 册,浙江古籍出版社 1999 年版,第 786 页。

德堕,用之治家则伦乱,用之于国、于天下则毒乎生民,是犹秕稗之农也,学之盈者也"。① 他以圣人道"放言驱斥"佛教,认为反佛当如戍守国土,即使被人"毁仙万端,要之不足恤也。"(方孝孺:《答刘子传》)方孝孺排佛态度之坚决,必然影响到他对陆学的态度。方孝孺斥象山心学"侥幸于一旦之悟者,此西域之异说,愚其身而不可用于世之术也",②唯以"朱子为圣学"。

方孝孺不自觉地站到了许谦学派中去,担当起明初金华朱学终结者的角色。由是而观全祖望婺学"犹幸方文正公为公(宋濂)高弟,一振而有光于西河,几几乎可以复振徽公(朱熹)之绪,惜其以凶终,未见其止,而并不得其传"③的说法,纯粹是站在宋濂之学为"金华朱学"后绪的角度而论的,其间似多有可推敲处。但其方孝孺"复振徽公(朱熹)之绪"之论,却无疑是正确的。

---

① 方孝孺:《种学斋记》,载方孝孺著,徐光大点校:《逊志斋集》卷一七,宁波出版社1996年版。

② 方孝孺:《赠金溪吴仲实序》,载方孝孺著,徐光大点校:《逊志斋集》卷一四,宁波出版社1996年版。

③ 黄宗羲原著,全祖望补修,陈金生、梁运华点校:《宋元学案》卷八二《北山四先生学案》,中华书局1986年版,第2801页。

天机流动：三家论辩争锋及其意义

第五章

元末婺州学界,发生了一场婺学史上少见的学术论辩。其以戴良"天机流动"为基点,以余阙题书为触点,当时婺学三家代表陈樵、胡翰、宋濂、王祎、郑涛等,纷纷应戴良之邀,围绕"天机流动"这一主题,撰写文章,各抒己见。"天机"一语,出自庄子,后演化为文论。而以陈樵为首庸的这场论辩,却将其推进到理学境地。这为元末婺州学界,带来一股新风。其影响直续明清。

据《戴良年谱》载,至正十年(1350),余阙为戴良所居之轩题写了"天机流动"四个篆书。戴良即请陈樵、胡翰、王祎、郑涛先后为天机流动轩作记。[①]四人的观点各不尽相同。"陈(樵)以'气出于神,乃借荣卫出入'以明之。胡(翰)则从而驳之,又以'天机流动'出《庄子》,与圣道不合,文则佳而其旨迂而无当。王则历取八卦之象,'所以至诚无息者'而极言之。郑则反胡之意,以'天机流动,伊洛诸儒所以状道体之妙',而指出'人心贯动静,该体用',庶几近之,然不能从自心中推出,独露堂堂,使人一见,知所趋向。"[②]

可见,这是发生在元末婺州,代表着婺州当时理学各学派著名大儒,都参加的一场有意义学术论辩活动。其缘起是余阙为戴良所居之轩,题写了"天机流动"四字。围绕这一主题,参加论辩者有当时的大儒陈樵、胡翰、王祎及郑涛。宋濂为之作赞及跋。他们代表着各自的学派,各抒己见,各有见长。论辩已经超出为戴良所居之轩作记的文论范畴,而深入到以朱学还是以陆学来阐释"天机流动"的理学境地。其影响直至明清。

一、"天机流动"论辩活动综述

《戴良年谱》载:

---

① 戴良:《书天机流动轩卷后》,载《九灵山房集补编下》,上海古籍出版社 1987 年版,第 661 页。

② 王崇炳:《天机流动说》,载赵一生主编《东阳丛书》第 15 册,浙江古籍出版社 2014 年版,第 133 页。

（至正）十年庚寅，先生三十四岁。六月，武威余忠宣公阙持宪节过婺州。闻先生善歌诗，见时与论古今作者词防优劣，曰："士不知诗久矣，非子吾不敢相语。"乃尽授以学焉。东阳陈君采天机流动轩记云：余公至浦江问士于赵侯谦斋，侯以叔能进，公深奖许之。为榜其所居之轩曰"天机流动"叔能命予记之。金华胡仲申、乌伤王子充、浦江郑仲舒皆有记。宋景濂有赞并题后。皆相与推求性命之防，而研极于义理之精。①

这条信息，引起著者的高度重视。② 即通过金华市图书馆信息部翻阅《四库全书·九灵山房集》。《四库全书·九灵山房集·年谱》和《四库全书·九灵山房集·补编卷下》都有戴良"天机流动轩"相关介绍。并在《浦阳建溪戴氏宗谱》中，找到了陈樵、胡翰、王祎及郑涛的《天机流动轩记》、宋濂的《天机流动四人篆跋》、程汝器的《书天机流动轩卷后》及戴良的《书天机流动轩卷后》。有查阅《胡仲子集》卷六、《王忠文集》卷八及《义门郑氏奕叶文集》卷一（电子版），上述 3 本书分别载有胡翰、王祎及郑涛各自撰写的《天机流动轩记》，其内容均与《浦阳建溪戴氏宗谱》所载的一致。《宋濂全集》《芝园续集》卷六中《题余廷心篆书后》一文，其题目虽异，但内容与《浦阳建溪戴氏宗谱》所载宋濂的《天机流动四大篆跋》一致。后又在《东阳丛书》中，找到了王崇炳的《天机流动说》和《天机流动续说》。

表 5-1 "天机流动"论辩文献一览表

	作品	撰写时间	资料来源	主要观点
陈 樵	天机流动轩记		戴殿儒《浦阳建溪戴氏宗谱》卷一七《文辞七》，同治八年己巳（1869）重修。查阅上海图书馆藏家谱全文选览	"天机神在""气出于神，乃借荣卫出入"

① 轶文：《戴良年谱》，载永镕、纪昀等：《钦定四库全书·年谱》，上海古籍出版社 1987 年版，第 257 页。

② 注："天机流动"论辩文献的发现，主要是广厦学院学生、陈樵第十八世裔孙陈锦涛同学。该同学近年来，热心于陈樵遗文挖掘。在收集陈樵遗文的时候，却偶尔发现了这场发生于元末的学术论辩文献。其于婺学史可能是一个很大贡献。

续　表

	作品	撰写时间	资料来源	主要观点
胡　翰	天机流动轩记	至正十二年（1352）	四库全书《胡仲子集》卷六五	"天机流动"出于《庄子》，与圣道不合
王　祎	天机流动轩记	至正十三年（1353）	钦定四库全书《王忠文集》卷八八～十	天机者"所以至诚无息者"
郑　涛	天机流动轩记	至正十三年（1353）	郑尔垣《义门郑氏奕叶文集》卷一	"天机流动，伊洛诸儒所以状道体之妙""吾心如环之无端"
宋　濂	题余廷心篆后		《宋濂全集》，戴殿儒《浦阳建溪戴氏宗谱》卷之七文辞十三己巳重修。"天机流动四大篆跋"与"题余廷心篆书后"内容相符	
戴　良	书天机流动轩卷后	洪武十五年（1382）	四库全书《九灵山房集补编下二》1219—611，1978 年 6 月。上海古籍出版社委托金华市图书馆信息部查阅	泉流亹亹，不舍昼夜，道之体也。意者，天之性情，实使之耶
程汝器	书天机流动轩卷后	建文二年（1400）	戴殿儒《浦阳建溪戴氏宗谱》卷一五，文辞一五己巳重修。查上海图书馆藏家谱全文选览	天者，理也；机者，发动所由也
王崇炳	天机流动说		《学耨堂文集》卷六一三三，东阳丛书第十五册一三四	天机在人心；"即此'天机流动'四字，可以贯圣学之全矣"
王崇炳	天机流动续说		《学耨堂文集》卷六一三五，东阳丛书第十五册一三六	
戴思乐	九灵府君原配先妣赵宜人圹志		戴殿庆《浦阳戴氏宗谱》卷一六，传志行状二八，光绪十三年（1887）重修	

（一）论辩发生时间及缘起

余阙为戴良之轩题书的时间。宋濂在《题余廷心篆书后》中说："至正九年（1349），公持使者节来镇浙部，濂偕叔能往见，公奖励甚至，且各书斋匾为赠。"①而《戴良年谱》则云:"(至正)十年庚寅六月,武威余忠公阙持宪节过婺州,闻先生善歌诗。见时与论古今作者词防优劣,曰:'士不知诗久矣,非子吾不敢相语。'乃尽授以学焉。"胡翰《天机流动轩记》亦云:"至正十年(1350)春,武威余公廷心持宪节按部至浦江,问邑之士于谦斋赵候。候以戴叔能进。公嘉奖之,隶书署其轩,曰'天机流动'。"②余阙为戴良之轩题书的时间,宋濂的说法与戴良的说法有差别。

余阙题戴良轩的"天机流动"四篆,只是这场论辩的触点而已。戴良所居之轩,实为其父亲所造。对此于明建文二年(1400)任浦江知县的程汝器有云:

> 金华浦江戴九灵先生叔能父读书乐道,冲澹雍容,尝凿池于所居之傍,架屋跨池,引水出入,辟轩俯瞰,往来相续,莹澈澄清,徘徊于湛然之中,悠然自得,乃榜曰"天机流动"。时武威余忠宣公行部坐是郡,为书四字,以颜其楣。③

可见,是轩为戴良父亲所造。至正九年(1349)或十年(1350),余阙为是轩书"天机流动"四大篆。戴良《书天机流动轩卷后》云:"良盛年时,识幽国余忠宣公于浦江官舍。公方持使者节行县,欲执弟子礼,莫可也。后游郡城,遂因论诗,获质所疑于公。公为书此四篆以遗,盖良所居轩匾也。"④据戴良此说,其识余阙应在浦江,而余阙为其题书则在郡城金华,时间也不一。"后游郡城,遂因论诗,获质所疑于公。"宋濂则云:"公持使者节来镇浙部,濂偕叔能往见,公奖励其至,且各书斋匾为赠。"可见,戴良、宋濂两人确是去郡城金华访余阙,因论诗问疑于余阙。余阙为戴良、宋濂书斋各题了匾。

由于余阙既是显官,又是著名诗人,于戴良则又是学诗之师。所以,戴良对余阙所题"天机流动"是书,视为至宝。便"携归山中,乡友宋君景濂首

① 宋濂:《题余廷心篆书后》,载宋濂著,罗月霞主编:《宋濂全集·芝园续集卷六》,浙江古籍出版社1999年版,第1577页。

② 胡翰:《天机流动轩记》,载《胡仲子集》卷六,四库全书文渊阁影印本。

③ 程汝器:《书天机流动轩卷后》,载戴殿儒:《浦阳建溪戴氏宗谱》卷一七《文辞(七)》,上海图书馆藏家谱本,同治八年己巳(1869)重修,第29—30页。

④ 戴良:《书天机流动轩卷后》,载戴良《九灵山房集补编下》,上海古籍出版社1987年版,第661页。

为赞一通，且贻书东阳陈君君采记之，而金华胡君仲伸、乌伤王君子充、麟溪郑君仲舒，皆先后为文以寄，即尝命工刻置轩壁”。①

“天机”一词，出自《庄子》。《庄子·大宗师》云："其耆（嗜）欲深者，其天机浅。"成玄英疏云："夫耽耆（嗜）诸尘而情欲深重者，其天然机神浅钝故也。若使智照深远，岂其然乎？"这里成玄英释"天机"为"天然机神"。他在为《至乐》篇"万物皆出于机，皆入于机"句疏时，又说"机者发动，所谓造化也"。②可见，"天机"就是自然造化。"天机"既是自然造化，当然也就存在于自然本真的人。称说人"天机"，则就是指自然赋予的生理机能，即天性。③陈鼓应也注云："天机：自然之生机（陈启天说）。"④《庄子·秋水》云："蛇曰：'夫天机之所动，何可易邪？吾安用足哉？'"这是一个寓言。蚿、蛇等自然生物之"天机"，同人之天性。

可见，庄子及注者对"天机"诠释，大都指"自然造化""自然之枢机""人之天性"之义。后来"天机"被陆机引入文论范畴。陆机在《文赋》中云："若夫应感之会，通塞之纪，来不可遏，去不可止。藏若影灭，行犹响起。方天机之骏利，夫何纷而不理？"陆机对灵感现象的描述是非常生动直观的，而且正面触及了艺术创作中灵感思维的最重要的一些特征，如灵感的突发性、偶然性和创造性等。⑤

但"自然生机"意义上的"天机"论，在儒家经典《大学》《中庸》里皆可找到痕迹。《大学》言：'毋自欺。'不欺吾天，不窒此机也。《中庸》言：'致曲。'不昧吾天，不阻此机也。《孟子》言：'直养无害'。不拂吾天，不枉此机也。"⑥然后，到了北宋初理学创始者（又称道学家或新儒家）那里，"天机流行"这一命题以"天道流行"或"天命流行"形式，成了他们"宇宙发生论"的主要理论

---

① 戴良：《书天机流动轩卷后》，载戴良《九灵山房集补编下》，上海古籍出版社1987年版，第661页。

② 郭庆藩：《庄子集释》，见国学整理社《诸子集成》，中华书局1954年版，第277页。

③ 李亮伟：《再谈王维提出的"天机清妙"》，载《宁波大学学报（人文科学版）》，2010年第23卷第4期，第6—9、19页。

④ 陈鼓应：《庄子今注今译》，中华书局1983年版，第171页。

⑤ 张晶，张振兴：《"天机"论的历史脉络与美学品格》，《天府新论》2001年第6期，第66—70页。

⑥ 王崇炳：《天机流动说》，《学朽堂文集》卷六，载赵一生主编：《东阳丛书》第15册，浙江古籍出版社2014年版，第133—134页。

基点。所谓"宇宙发生论"就是要解释"世界的本质""世界是怎样形成的"之类问题而发展起来的学说。以周敦颐、邵雍和张载代表的最早的新儒家,其主要兴趣在宇宙发生论。[①] 他们沿着道教阴阳家的宇宙发生论这条思想路线,以先秦儒家"天道观"为基础的宇宙生化模式,或说是"性与天道"的宇宙本体论学说,以弥补儒学在这方面的不足,并借此对抗释老之学以虚无为宇宙本体的思想理论。[②]

张载对"气"何以能从无形的"太虚"聚而为有形的万物进行了论证,从而建构了气化流行生物的宇宙生化模式。张载说:"太虚之气,阴阳一物也,然而有两体,健顺而已。"[③]"气有阴阳,推行有渐为化,合一不测为神。"[④]他认为"气"自身是一个包含有阴阳的矛盾统一体,所以阴阳二气相互感应,运行流转,便有了推行有渐、聚散、化合的运行过程。二程在构建理学本体论时,基本遵循了张载"气化流行"思想。他们认为"生育万物者,乃天之气也"。[⑤]他们强调"万物皆只是一个天理",[⑥]而"理"必须通过"物"之质料五行之"气"的搭载,将五常之"性"赋之于人与物。万物流行,亦即"气化流行",性亦在其中了。朱熹进一步发挥了程氏的"性""气"观,他说:"性,即理也。天以阴阳五行化生万物,气以成形,而理亦赋焉,犹命令也。"[⑦]在理学创始者和集大成者的宇宙发生论论域里,"天机流动"实际上是以"气化流行"这一表达形式出现。而其本质上就是要回答"宇宙万物是如何发生发动"的这一宇宙发生论中的根本问题。换而言之,"天机流动"这一命题,到宋代已经从古代文论中分离出来,成为理学家们最为重视的关乎宇宙发生论的一个哲学范畴。

在婺学家那里,这种基于宇宙发生论的"天机流动"命题也可以找到相应的论说。吕祖谦在《孟子说》中提出了"天命流行不息"命题。[⑧] 徐侨也有

① 冯友兰:《中国哲学简史》第二十三章《新儒家:宇宙发生论者》,北京大学出版社2012年版。

② 吴静:《论张载的气化流行》,《重庆师院学报(哲学社会科学版)》2003年第3期,第74—78页。

③ 张载:《横渠易说·系辞下》,《张载集》,中华书局1978年版,第10页。

④ 张载:《正蒙·神化篇》,黄宗羲原著,全祖望补修,陈金生、梁运华点校:《宋元学案》卷一七,中华书局1986年版,第685页。

⑤ 程颢、程颐:《河南程氏粹言》卷二,《二程集》,中华书局1981年版,第1226页。

⑥ 程颢、程颐:《河南程氏遗书》卷二上,《二程集》,中华书局1981年版,第30页。

⑦ 朱熹:《四书章句集注》,中华书局1983年版。

⑧ 吕祖谦:《孟子说》,载《吕东莱文集》第7册,中华书局1985年版,第416页。

"心体之流行,即天运之流行也"①之说。"天命流行"似可看作"天道流行"的进一步发展,它把"人"与"天"通过"命"结合了起来,达到了天人合一境界。

许衡的宇宙生成论继承了程朱理学的思想,他通过对道、理、气、天地等关系论述,阐述了"道(理)—太极—气—天地—万物"的宇宙生成体系。刘因则将宇宙万物变化发展的动因归结为"气机"。他说:"天地之间,凡人力之所为,皆气机之所使,既成而毁,毁而复新,亦生生不息之理耳。"②刘因的"气机"论,是张载"气化流行",吕祖谦"天命流行",徐侨"天运流行"等宇宙发生论命题,向戴良、陈樵、王祎等"天机流动"学说过渡的一个中间环节。刘因把生成物质的"气",与推动物质运动的"机"联系了起来。在张载"动必有机"的观点基础上,为"天机流动"这一纯文论命题进入了理学范畴,提供了理论前提。

戴良居其轩中,对"天机流动"似有心得。陈樵《天机流动轩记》中记曰:"仙华戴君叔能,引泉为沼,作室沼上,金鳞隐现,光景摇动。廷心余公署其榜曰'天机流动'。主人开轩临水,顾而乐之曰:'泉流亹亹,不舍昼夜,道之体也。意者,天之性情,实使之耶。古之君子,诚有取乎是?'"③戴良认为,"泉流亹亹,不舍昼夜,道之体也。意者,天之性情,实使之"。也就是说"泉流不息道实使之然"。由此,引起了陈樵的反驳。此后,胡翰、王祎、郑涛则也相继进入论辩。于是形成了元末关于"天机流动"的学术论辩,这在婺学史是少见的。

综上所述,这场由戴良发起,陈樵、胡翰、王祎、郑涛及宋濂等大儒参加,围绕"天机流动"主题所发生的论辩,是元末婺州学术界的一次意义重大、影响深远的学术活动。"天机"一语,源出道家。陆机把它引入文论。之后,渐成为文论者常用的一个概念。然而,元末婺州各大儒们,却以理学视角,把"天机流动"的讨论引入到哲学高度。诚如清代婺州大儒王崇炳所说:"'天机流动'四字,可以贯圣学之全矣。"④

---

① 宋濂:《杂传九首·叶由庚传》,见宋濂著,罗月霞主编:《宋濂全集》第4册,浙江古籍出版社1999年版,第2047页。

② 刘因撰:《静修集》卷一〇《游高氏园记》,文渊阁四库全书本,第1198册,第564页下。

③ 陈樵:《天机流动轩记》,载戴殿儒:《浦阳建溪戴氏宗谱》卷一七《文辞(七)》,上海图书馆藏家谱本,同治八年(1869)重修,第14—15页。

④ 王崇炳:《天机流动说》,《学稼堂文集》卷六,载赵一生主编:《东阳丛书》第15册,浙江古籍出版社2014年版,第133—134页。

(二)论辩经过

戴良得余阙所题"天机流动"四大篆后,首邀宋濂作赞一通,其次是写信给陈樵索记。对此,戴良在《书天机流动轩卷后》记述的非常清楚:"宋君景濂首为赞一通,且贻书东阳陈君君采记之,而金华胡君仲伸、乌伤王君子充、麟溪郑君仲舒,皆先后为文以寄。"①

宋濂此赞,已为戴良所遗失,故不知其详。陈樵是在收到戴良书信后写的记。他在是记末尾说:"君属予记,疏其说以为记。"只是陈樵没有像其他作者那样署明作记时间。陈樵在记中,明确否认戴良的"道体使然"说。他云:"主人开轩临水,顾而乐之曰:'泉流矗矗,不舍昼夜,道之体也。意者,天之性情,实使之耶。古之君子,诚有取乎是?'否耶!余谓泉流不息,若荣卫。然机出于性。而天地之性,卒莫之知者,天机也。是岂有使之然者哉?"②陈樵认为,泉水流动不息,就与人的经络之气血(荣卫)流动一样,哪有"使之然者",也就是庄子"自然生机"之义。陈樵并提出"天机神在"说:"形而上者神,形而下者气,有神而后有气。神曰性情,而气曰阴阳。天人大小虽殊,气出于神则一也。是故天一嘘一吸,气生而液盛,原泉流而不息。人一嘘一吸,气卫而百脉流行,周廻而不已。"

戴良对陈樵此说显然不能接受,因此,他又写信给胡翰索记。胡翰在《天机流动轩记》中有云:"叔能顾而乞言于予,既数月矣,未有以复也。则问诸叔能,而知其说本庄周氏之书。又数月,得东阳陈君君采所为文。读之,乃怃然曰:是不既备矣乎!抑余之不敢易其言者,则有由然矣。"③"四记"的时间。胡翰、王祎、郑涛三记,在其文末均署有时间。其中胡翰之记撰于至正十二年(1352),王祎之记撰于至正十三年(1353),郑涛之记撰于至正(十三年)癸巳(1353)。只有陈樵之记,没有署明时间。据估计应该在至正十一年(1351)到至正十二年(1352)期间。

---

① 戴良:《书天机流动轩卷后》,载戴良:《九灵山房集补编下》,上海古籍出版社1987年版,第661页。

② 陈樵:《天机流动轩记》,载戴殿儒:《浦阳建溪戴氏宗谱》卷一七《文辞(七)》,上海图书馆藏家谱本,同治八年(1869)重修,第14—15页。

③ 胡翰:《天机流动轩记》,载胡翰:《胡仲子集》卷六,四库全书文渊阁影印本,第15下—17上页。

再次是其他各文的写成时间。戴良《书天机流动轩卷后》，撰于明洪武十五年（1382）。程汝器《书天机流动轩卷后》，撰于建文二年（1400）。宋濂《题余廷心篆书后》，也没有署明写作时间，估计在明洪武十五年（1382）。因为戴良在《书天机流动轩卷后》曾说："景濂之赞，亦竟不可追踪，卷中跋语，则后所追为者也。"王崇炳两文的撰写时间也不明。

二、论辩文献整理及点校

戴良在《书天机动轩卷后》中说：

> 良盛年时，识齮国余忠宣公于浦江官舍。公方持使者节行县，欲执弟子礼，莫可也。后游郡城，遂因论诗，获质所疑于公。公为书此四篆以遗，盖良所居轩匾也。携归山中，乡友宋君景濂首为赞一通，且贻书东阳陈君君采记之，而金华胡君仲伸、乌伤王君子充、麟溪郑君仲舒，皆先后为文以寄，即尝命工刻置轩壁矣。
>
> 亡何天下大乱，在在兵起，乃一切委弃，避地海隅。及以垂暮之年，归视故居，轩虽苟免，而壁间旧刻无复存者。急探行橐，仅得公所书亲迹及四君记文拓本而已。景濂之赞，亦竟不可追踪，卷中跋语，则后所追为者也。
>
> 于是，公以淮南行省右丞相死节安庆。君采以处士死于乡。入国朝，景濂以翰林学士责死西土。子充以翰林待制斥死北地，仲伸亦以儒学教授寄死野人家。同时流辈，凋落殆尽，独仲舒以前朝故官，家食无恙，然亦颓然老矣。由前及今，俯仰未三十载，而变幻不常如此。所恃以持久者，惟字画与文章。又未知去此三十载，其字与文与所蓄之人，还能相守如今日否？学佛之人，指幻境为空华，岂不信然欤！
>
> 良既以四篆四记联之为卷，而复详著其始末于后，暇日一取阅之，安得不为之三叹乎！
>
> 元默阉茂（壬戌）之岁［明洪武十五年（1382）］夏五月既望
>
> 九灵山人戴良书①

---

① 戴良：《书天机流动轩卷后》，载戴良：《九灵山房集补编下》，上海古籍出版社1987年版，第661页。

可见,被戴良视为珍宝的"四篆四记"中的"四记",应该为"天机流动"论辩活动的主要内容。其次,宋濂的跋(其赞一通已轶)《题余廷心篆书后》,戴良自己的《书天机动轩卷后》,程汝器的《书天机流动轩卷后》,以及王崇炳的《天机流动说》和《天机流动续说》等5篇文章,是其构成的重要内容。

其中,陈樵的《天机流动轩记》一文,仅见载《浦阳建溪戴氏宗谱》。其《记》点校如下:

> 形而上者神,形而下者气,有神而后有气。神曰性情,而气曰阴阳。天人大小虽殊,气出于神则一也。是故天一嘘一吸,气生而液盛,原泉流而不息。人一嘘一吸,气卫而百脉流行,周迴而不已。曰天机神在,是则机在是矣。
>
> 仙华戴君叔能,引泉为沼,作室沼上,金鳞隐现,光景摇动。廷心余公署其楣曰"天机流动"。主人开轩临水,顾而乐之曰:"泉流亹亹,不舍昼夜,道之体也。意者,天之性情,实使之耶。古之君子,诚有取乎是?"否耶!余谓泉流不息,若荣卫。然机出于性。而天地之性,卒莫之知者,天机也。是岂有使之然者哉?盖视听言动、男女饮食,皆人也。荣卫行息出入,而吾未尝与焉者,天也。以观乎天,则阴阳相继,泉源流衍,而天地未尝与焉者,天也。圣人无欲无为,无闻无见,人只见其一嘘一吸,元气流行,则几于天矣。而不知圣人以身为度,使男女饮食,各当其分,则人道立,覆帱若天地矣。虽若是,以我观我,舍人从天,则与天为二,孰能一之? 一则天矣。发育万物,非无为者,其孰能与于斯乎?
>
> 君属予记,疏其说以为记。
>
> 东阳陈樵[①]

胡翰、王祎及郑涛的《天机流动轩记》,除载《浦阳建溪戴氏宗谱》外,还分别可从《胡仲子集》卷六、《王忠文集》卷八及《义门郑氏奕叶文集》卷一等书中,找到相应文章。两者互参,著者做了点校。

---

① 陈樵:《天机流动轩记》,载戴殿儒:《浦阳建溪戴氏宗谱》卷一七《文辞(七)》,上海图书馆藏家谱本,同治八年(1869)重修,第14—15页。

胡翰《天机流动轩记》(共878字):

至正十年(1350)春,武威余公廷心持宪节按部至浦江,问邑之士于谦斋赵侯。侯以戴叔能进。公嘉奖之,隶书署其轩,曰"天机流动"。

余尝造焉。叔能顾而乞言于予,既数月矣,未有以复也。则问诸叔能,而知其说本庄周氏之书。又数月,得东阳陈君君采所为文。读之,乃怃然曰:是不既备矣乎! 抑余之不敢易其言者,则有由然矣。昔者君子之教人也,孰不欲引而纳诸圣贤之域焉。其必曰:下学上达者,惧涉于高远而不知务也。颜子至明睿矣,孔子教之博文约礼之外,若无事焉。以圣人之教如此,后世犹有为周之学者。而况以周之说明吾圣人之道,岂不难乎! 彼以为无内无外也,而吾亦且以为无内外也;彼以为无迎无将也,而吾亦且以为无迎将也。然则,吾之所谓天机者,即彼所谓天机乎?

吾尝观之天地之间,盖万有不同矣,而莫不各得其所焉。鸢之飞也,翱翔乎千仞之上,翛翛然不自知也;鱼之跃也,浮游乎九渊之下,潝潝然亦不自知也。是孰使之然乎? 抑自然乎? 源泉之出也,前者逝而后者续;草木之生也,荣者悴而区者伸。是孰使之然乎? 抑自然乎? 日月往来,而明不息;寒暑往来,而四时相代。以为有推移者乎? 且孰推移乎? 是以为有主宰者乎? 且孰主宰乎! 是以为气出于神乎? 气固神也。以为机出于性乎? 性固非气也。易曰:"一阴一阳之谓道。"阴阳气也,一阴一阳道也。显诸用,则万物无不体;藏诸密,则一。物非我有,是故无小无大,无远无近,无往而不在,无时而不然。而况于人乎? 况于圣人乎? 今徒见夫荣卫周流,呼吸出入,而吾无所与者,吾谓之天。男女饮食,视听言动,而吾有所事者,吾谓之人。是知有物之物,而不知有物之则也。苟知之,则形色天性也。此吾所谓道非周之所谓道也。虽知,曷得之全其在我者而已矣。全其在我者,无私而已矣。是故纯亦不已者,德之盛也;自强不息者,勉之至也。行乎人之所不见,犹人之所见。发乎已之所自知,犹人之所知者。慎独之事也,不慎乎独,则有时而息,不极其纯,则无以与天一。此吾所谓学非周之所谓学也。由圣人之学,以求圣人之道翰也,未之能焉,恶得以告人。虽然余公发其端,而不言不可继之也。敢用是以记夫叔能之轩。

至正十二年(1352)夏六月谷日

金华胡翰①

王祎《天机流动轩记》(共 953 字):

浦阳戴叔能氏所居之轩,曰天机流动者。东阳陈先生樵,金华胡先生翰,既皆为之记。叔能且谓其友乌伤王祎曰:"子能复为我一言乎?"

祎惟二先生之言其旨不同,而要各有所本。叔能微言于祎,岂以二先生之言犹有未尽乎?抑以祎言或能有出其言之外乎?故久而未敢以复焉。虽然祎尝观于物,察乎造化之理,而得其说矣。其敢终于吾叔能爱一言哉夫!

造化之理一,至诚无息之妙而已。易之为卦,取象有八。曰天地定位,山泽通气,雷风相薄,水火不相射。是八者为物不同,而其为理同一,至诚无息之妙者也。夫天确然在上者也,而日月之代明,寒暑之迭运,其行至健,未始或息也。地隤然在下者也,而草木之并育,河岳之悉载,其承至顺,未始或息也。山人见其为止也,而物俱由以成未尝息焉。泽人知其为说也,而物咸赖其润未尝息焉。雷若有时而息矣,而复于地中;风若有时而息矣,而升于地中。亦未尝有息也。水洊习而常流,火继明而常照,又皆不息者也。非特此也,凡物之有形於天地间者,其消长禅续,生生不息,举无异于是焉。其所以不息者,何莫非至诚之妙,造化自然之理也。造化自然之理,所谓道体也。道本无体,然体物而不遗,故妙万物而无不在,与万物相为用而无穷也。吾故观于物,察乎造化之理,而知为至诚无息之妙也。中庸曰:"至诚无息"。叔能有取于天机流动意,岂不谓是乎?天机之流动,岂非造化自然之理,至诚无息之妙乎?然而

---

① 胡翰:《天机流动轩记》,载胡翰:《胡仲子集》卷六,四库全书文渊阁影印本,第15 下—17 上页。

观物以察其理,察理以反诸身者,学之要也。故君子所以贵乎体验之功也,天之健也,地之顺也。吾因以充吾健顺之德,而自强焉。山之止也,吾因以成物而不倦。泽之说也,吾因以润物而不厌观。水之存习,吾因以常德行观。火之继明,吾因以常中正观。风雷之恒,吾因之以久于道而立,不易方。此之谓观物而察其理,察理而反诸身也。反诸身者,诚之之事也。诚之之至,则诚矣。中庸曰:诚者,天之道也;诚之者,人之道也。自诚之,以至于诚,纯而不已,谓之与天合德可也。

呜呼!为学之要,其有外于是者乎?不出于是,不足以成其德。而叔能独有契焉。则其体验之功,殆庶几矣。顾于祎言,复有微者。岂自信之未笃,而犹有资于人乎?祎也于学盖有志焉,而卤莽灭裂,不能从叔能游于高明之域。辄诵所知如此,以复叔能。叔能之所与游而密者宋先生濂,亦祎之所师友焉者也。倘过叔能幸为相与订定之。

至正十三年(1353)二月

翰林院待制友生义乌王祎[①]

郑涛《天机流动轩记》(共 803 字):

夫天机流动者,伊洛诸儒所状道体之妙也。同里戴君叔能,有志于道为甚切,乃举是名诸轩。东阳陈先生君采实为之记,谓气出于神,而举夫营卫行息出入者以明之。而金华胡君仲,伸以先生之言,不尽与伊洛合,又推其说而广之。乌伤王君子充,又历举八卦之象,所以至诚无息者而极言之。

叔能复谓涛曰:"子于同门为最亲,可默默乎?"夫道无穷也,而所以言之者,岂有穷哉?于是,不让而重绎其义曰:

人之能与道为一者,心也。贯动静,该体用,一本末,兼精粗,合大小者也。方其静也,冲漠无朕,万象森然,具乎其中,是则所谓

---

①　王祎:《天机流动轩记》,载王祎:《王忠文集》卷八,四库全书文渊阁影印本,第 8 上—10 上页。

体也。及其动也,随物顺应,巨细毕举,而莫之或违,是则所谓用也。然而静者动之根,动者静之机,一阖一辟,一鼓一随,前瞻既莫知其合,后顾又莫知其离,语乎其末,而本不能外也;语乎其粗,而精不能违也;语乎其小,而大不能背也;观于天运,则阴阳之消长,昼夜之迭更,有如环之无端。而吾心以之观于川流,则逝者之方行,来者之已续,亦如环之无端。而吾心以之此无他,霄壤之间,惟一天机流动,充满上下,亘古亘今无一毫之缺遗,无一息之间断。孔子"逝者如斯"之叹,子思"鸢飞鱼跃"之喻,不过各备一事而形容之。君子之所存,存此而已矣;学者之所养,养此而已矣。初非心之外别有所谓,道也。舍内而语外,吾不谓之善学也。奈何世教不明,心学几绝,人欲纷放,而此心如大军游骑,而莫知所止。虽道之全体呈露,妙用显行,尚孰能觉之哉?

乌乎! 此涛于叔能所以欷歔而不已也。天存之于目,必者之于心。叔能日处轩中,默察于日用语默之间。吾心之所以贯动静,该体用,一本末,兼粗精,合小大者,还能无间断缺遗,如环之无端乎? 叔能笃学力行,当必有以验之矣。他日来轩中,叔能尚有以告涛哉,毋以涛言为伊洛之绪余而弃之也,毋以三君子所不及详而疑之也。是为记。

至正(十三年)癸巳(1353)岁六月丙申朔

经筵检讨郑涛①

宋濂《题余廷心篆书后》(320 字):

右四大篆,豳国忠宣公余阙为浦阳戴君叔能书。至正九年(1349),公持使者节来镇浙部,濂偕叔能往见,公奖励甚至,且各书斋匾为赠。

公去浙后,江南大乱,荆楚之域,皆为伪汉陈友谅所据。公时以淮南行省右丞分治安庆。安庆前后皆盗区,公独守六年,小大二

---

① 郑涛:《天机流动轩记》,载戴殿儒:《浦阳建溪戴氏宗谱》卷一七《文辞(七)》,上海图书馆藏家谱本,同治八年(1869)重修,第 23—25 页。

百余战，未尝败北，不幸粮绝城陷，公遂赴水死，君子称其大节与日月争光，信哉！

公文与诗皆超轶绝伦，书亦清劲与人不相类。然其忠义之气，可以惧乱贼，清恶厉，天地因之以位，君臣藉之以定，斯岂细故！虽所书不工，犹当传之万世，况能臻其妙者乎。此纸所在，定有神物呵护，见者当如张中丞之诗、段太尉之笏，耸然起敬，不可徒以翰墨视之。

公唐兀氏，余阙其名也，字廷心，一字天心，元统元年（1333）进士，世居武威，今为合肥人。

翰林学士金华宋某谨题①

程汝器《书天机流动轩卷后》（578 字）：

天者，理也；机者，发动所由也。斯理之在天地间，随处充满流行，是故一昼一夜，周天三百六十五度四分之一，亘古亘今，运行而不已，生物而不穷，此造化之天机流动也。近取诸营卫之消息、形气之相应，与夫心神之出入者，何莫非天机之流动哉？然斯理也，非义精仁熟之君子，固不能与于斯，然非乐道之深者，亦不足以语此也。

金华浦江戴九灵先生叔能父读书乐道，冲澹雍容，尝凿池于所居之傍，架屋跨池，引水出入，辟轩俯瞰，往来相续，莹澈澄清，徘徊于湛然之中，悠然自得，乃榜曰“天机流动”。时武威余忠宣公行部至是邦，为书四字，以颜其楣。继后太史宋公景濂、东阳陈君君采、金华教授胡公仲伸、义乌待制王公子充、麟溪博士郑公仲舒皆为之记，悉刻置于壁。

未几，四方多故，城廓邱墟，是轩已成煨烬。迨及承平，先生复葺小轩，以存旧观，且搜阅旧文拓本，并余公真迹，装成卷帙，详识于后，以寓其慨叹之意。越十有八年，为建文元年（1399），予宰是

---

① 宋濂：《题余廷心篆书后》，见宋濂著，罗月霞主编：《宋濂全集》《芝园续集》卷六，浙江古籍出版社 1999 年版，第 1577 页。

邦,见先生仲子和之出示此卷,征予一言。

　　嗟乎!予何言哉?静惟先生之学,已见于《春秋经传》,考乐道之深,已见于《天机流动卷》。且观和之(戴良仲子),恬静幽雅,质实不华,能寿先生之文脉,是先生虽未宏其施,而著述可以与天地相为悠久,贻谋足衍诗礼之家传,是则天机流动未尝息也,余何言哉?

　　姑诵是说,以识其景慕云。

　　　　上章执徐(庚辰)[(建文二年(1400)]嘉平月望日。

　　　　　　　　　　　　　　　　　新安程汝器书于县斋①

　　按:程汝器,字昆。休宁横水塘人。师朱风林、赵东山。洪武初,以明经授黟县学训导,以本县知县晋之用,荐授金华浦江县;调山东寿张县。永乐三年,应求贤举升蕲州知州,以疾卒。有《覆瓿集》。②

王崇炳《天机流动说》(830 字):

　　(元时,余忠宣公持宪节按部至浦江,见戴叔能而悦之,署其轩以"天机流动"四字。东阳陈先生君采,金华胡先生仲申,义乌王忠文公祎,义门郑公涛,皆为之记。陈以"气出于神,乃借荣卫出入"以明之。胡则从而驳之,又以"天机流动"出《庄子》,与圣道不合,文则佳而其旨迂而无当。王则历取八卦之象,"所以至诚无息者"而极言之。郑则反胡之意,以"天机流动,伊洛诸儒所以状道体之妙",而指出"人心贯动静,该体用",庶几近之,然不能从自心中推出,独露堂堂,使人一见,知所趋向。其于儒者之学,俱在依希想象之间也。予惜余公本意不白,因为之说,以申其义。)

　　天者,心之体也;机者,用也。天不全,则机为妄念;机不流,则天为滞魄。其在大造,无声无臭,洞然太虚,体也,在天之天也;日

---

　　① 程汝器:《书天机流动轩卷后》,载戴殿儒:《浦阳建溪戴氏宗谱》卷一七《文辞(七)》,上海图书馆藏家谱本,同治八年己巳(1869)重修,第 29—30 页。
　　② 《新安文献志》,见《钦定四库全书·集部八·总集类》。又见于《光绪浦江县志稿》卷之七《县官表》,第 24 页。知县程汝器。

星行，四时运，百物生，春荣秋落，鱼跃鸢飞者，天之机也，用也。其在圣人，默而存之。寂然不动之为天；推而行之，神而明之之为机。周子曰："诚神机，曰圣人。"诚，言乎体也；机，言乎用也；神也者，体用之间也。无所缘而起，无所倚而发。随感而应，如矢离弦，目不及眨，而已赴的，故曰："神不分体用，而体用历然；分体分用，而体用仍自浑然。"

天机在人心，无一息不流。人皆迷天、违天、遁天，则其机死；人皆伏机，习于世机，则其天丧。人如息机、忘机，则其天定；人如知天、体天，无一息而不似天，则其机活。如可见悯，则恻隐之天动；未几而移于他念，则天机受厄；以其所不忍，达之于其所忍，则恻隐之天机流矣。如见可耻，则羞恶之天动；未几而夺于转念，则天机乃梏；以其所不为，达之于其所为，则羞恶之天机流矣。天君常泰、常寂、常湛，以审机、决机，无事不然，无时不然。驯至于无思无为，手持足行，目视耳听，各中其则，活泼不滞，则吾之天，即圣人之天，而与大造同一，天机之流动充塞矣。

《大学》言："毋自欺。"不欺吾天，不窒此机也。《中庸》言："致曲。"不昧吾天，不阻此机也。《孟子》言："直养无害。"不拂吾天，不枉此机也。则即此"天机流动"四字，可以贯圣学之全矣。[①]

王崇炳《天机流动续说》（600字）：

予作《天机流动说》，类以人皆以私欲锢其本然之天，则其机窒不流。此为常人言也。至于君子，其心未尝有私欲也，情之所发，未尝不循天理而动也。其于人也，好之未尝非所当好，第好之过，而或失其节，则匿之太甚，恶之未尝非所当恶也，第恶之过，而或失其节，则摈之太严。至于遇事，或持之太固，或任之太坚，如东汉、明季诸君子，类皆以此激成大衅，酿成大狱，至于亡其身，而祸遗国家。

---

① 王崇炳：《天机流动说》，《学稼堂文集》卷六，载赵一生主编：《东阳丛书》第15册，浙江古籍出版社2014年版，第133—134页。

论者皆归咎于小人，而不知君子亦不能无过也。譬之于天，雷以动之，风以散之，雨以润之，日以暄之，皆天机之流也。而过则为震霆激电，为疾风飘屋，为暴雨淹稼，为烈日伤农，则天机之不得其平也。夫同此一机之动，而雷雨风日，物之赖以养，人之赖以生者，而有时至于戕物杀人。矧人心之天机，发之一不平，而能无害乎？尝试以书法论之："老鹤□空，群鸿戏海"，此王大令之书。其不可及者，天机也。后人摹之，或乱八法矣。"龙蛇入户，风雨满堂"，此怀素之书。其不可及者，天机也。后人摹之，至不辨其何字矣。是故曾皙之沂雩风浴，尧夫之梧月柳风，明道之吟风弄月，皆天机之流动也。至于祢衡、二阮、刘伶之徒，则狂且放矣，不得托于天机之流也。

是以君子为殷雷，不为震雷；为和风，不为疾风；为时雨，不为暴雨；为暖日，不为烈日。怦焉而坦直，从容而顺道，非不用意，非无事，又非有事。天机之流动，自流自动，而不知其流动，又非一任其流动。虽当流动之时，而其神常凝，其天常定，而其机亦不梏。唉！难言矣。[①]

三、"天机流动"论辩的学术意义及影响

(一)论辩争锋第一点："天机流动"有无使之然者

戴良顾其轩曰："泉流亹亹，不舍昼夜，道之体也。意者，天之性情，实使之耶。古之君子，诚有取乎是？"[②]这也是戴良对"天机流动"之看法。戴良认为"泉流不息道之体也，实'意'使之然"。

关于"流泉"与"道体"，戴良多有论述。他在为天台葛蒙所作的《山泉说》中云："余读《易》至'山下出泉，蒙。'曰：'嗟夫！泉者水之始，达而蒙，则

---

① 王崇炳:《天机流动续说》,《学耨堂文集》卷六,载赵一生主编:《东阳丛书》第15册,浙江古籍出版社2014年版,第135—136页。

② 陈樵:《天机流动轩记》,载戴殿儒:《浦阳建溪戴氏宗谱》卷一七《文辞(七)》,上海图书馆藏家谱本,同治八年(1869)重修,第14—15页。

君子之所以养其德焉者也。'"①可见，戴良"流泉比德"说是出自《易经》，或说是受《易经·蒙卦》思想影响。这也是圣人孔子所倡。孔子有"水具八德"之论。《孔子家语》卷二《三恕第九》云：

> 孔子观于东流之水。子贡问曰："君子所见大水必观焉，何也？"孔子对曰："以其不息，且遍与诸生而不为也，夫水似乎德。其流也则卑下，倨邑必修，其理似义；浩浩乎无屈尽之期，此似道；流行赴百仞之溪而不惧，此似勇；至量必平之，此似法；盛而不求概，此似正；绰约微达，此似察；发源必东，此似志；以出以入，万物就以化絜，此似善化也。水之德有若此，是故君子见，必观焉。"②

孔子在此，不仅仅强调水具"义、道、勇、法、正、察、志、善"之八德，主要还在于揭示了"水似乎德"的依据："以其不息，且遍与诸生而不为也。"即水具川流不息且遍与万物而不为之本性。孔子这里所说的"不为"，其实就是老庄所主张的"无为"。它是"不干预自然运行，不做不必做的事"的意思。也就是说，水虽遍与万物，使万物生长，但它是应顺万物生长之规律，并非有意地去参与。正是水具有这样的本性，见之于形，则有"义、道、勇、法、正、察、志、善"之八德。而孔子水"浩浩乎无屈尽之期似道"的观点，也就成为后世儒者"水中观道"之依据。

戴良对"道"也多有论说。他在《君道篇第一》中云："天道运，四时行；君道明，万几理。禹汤文武天下之大圣也，夏桀商辛天下之大恶也，而其所以为大圣大恶之分者，道之明与不明耳。欲为君尽君道，道者何？仁而已矣。"③在此，戴良认为君道来自天道；君道也即人道，仁而矣。他在《浦阳五贤赞（并序）》又云：

---

① 戴良：《山泉说》，载《九灵山房集》卷一〇《撰吴游稿第三》，四库全书文渊阁影印本。

② 孔子著，王国轩，王秀梅译注：《孔子家语》卷二《三恕第九》，中华书局 2015 年版，第 77—78 页。

③ 戴良：《君道篇第一》，载《九灵山房集》卷六《撰山居稿第六》，四库全书文渊阁影印本。

> 天地之间有至钜而无配者,道也。人能心会而身履之,口诵而
> 书存之,则必浩乎其大,巍乎其高,渊乎其深,非江海而润,非雨露
> 而泽,非日月霜雪而光华严厉,其所着见于后世者,固将弊穹壤亘
> 古今而不穷,贯金石蹈水火而不灭矣。①

戴良认为,所谓"道"就是天地万物中巨大而无以相称者。只有人的心能领会它,人的身能履行它,言语和书能保持它。"道"似深邃的水渊,不是江海和雨露,却能润泽于万物。这与孔子之说,一脉相承。戴良这里把"人心"与"道"联系起来。进而他曰:"周子曰圣人定之以中正仁义而主静。朱子亦曰必使道心常为之主,而人心每听命焉。此善处乎火者也,人心听命于道心。"②可见,戴良"人心"与"道心"说,是完全继承了朱熹的学说,认为"人心"是"听命于道心"。由是,戴良在"心"与"道"的关系上,陷入了朱熹的"二元论"。

何炳松在《浙东学派溯源》一书中指出,"程氏和程氏一派中人都是一元论的儒家,朱氏和朱氏一派中人都是二元论的道家"。③

程颐不但以为理性和命都原本是一样东西,心与道亦如此。程颐说:"孟子曰:'尽其心,知其性。'心即性也。在天为命,在人为性,论其所主为心,其实只是一个道。""程颐认为道是贯通宇宙一切事物的道理,既不分天人,亦不分物我。这个解见可以说是程氏一元哲学的根本立脚点。"⑤而朱熹则把理与气分作二端。他说:"天地之间有理有气。理也者形而上之道也,生物之本也;气也者形而下之器,生物之具也。是以人物生之必禀此理然后有性,必禀此气然后有形。"⑥"理气二端"或说"先有理后有气",这便是朱熹二元论哲学的基点。由此而论,道与心,性与气,心与性,等等都是两件不同的东西。因此,流泉运动不息,也必定是道之使然。因为按朱熹的说法是"理也者形而上之道也,生物之本也",也就是说天生万物,事先有个"理"也

---

① 戴良:《浦阳五贤赞(并序)》,载《九灵山房集》卷四《撰山居稿第四》,四库全书文渊阁影印本。

② 戴良:《丹溪翁传》,载《九灵山房集》卷一〇《撰吴游稿第三》,四库全书文渊阁影印本。

③ 何炳松:《浙东学派溯源》,岳麓书社 2011 年版,第 22—23 页。

④ 程颢、程颐:《二程遗书》卷一八,《二程集(上)》,中华书局 1981 年版,第 204 页。

⑤ 何炳松:《浙东学派溯源》,岳麓书社 2011 年版,第 44—45 页。

⑥ 朱熹:《朱子全书》卷四九。

即所谓"形上之道"存在。这与老庄的"道生万物"完全是一个调子。难怪何炳松先生认为朱熹的学说只是"貌似儒家的道家"。①

而戴良的"天机流动"说,认为流泉的运动不息,是背后实有一个"意"在使之然。《灵枢·本藏论》云:"志意者,所以御精神、收魂魄、适寒温、和喜怒者也。"《礼·大学疏》云:"总包万虑谓之心,为情所意念谓之意。"在先秦儒家学说中,"意"与"心""志"联系在一起的概念。《说文》云:"(意)志也。从心察言而知意也。"《康熙字典》:"谓于无形之处,用心思虑也。"可见,在儒家学说中所谓德"意",就是人对事物的思想与情态和对事物的态度。先秦儒家认为人对事物与行为好坏的看法都是由"意"造成的。作为人的"思虑""情态"的"意",怎么可能成为万物流行的"使然者"!

因而,戴良的"天机流动"观完全是与庄子、朱子的"道学"观一个调子,是一个"二元论"观点。庄子曰:"夫道,有情有信,无为无形;可传而不可受,可得而不可见;自本自根,未有天地,自古以固存;神鬼神帝,生天生地;在太极之先而不为高,在六极之下而不为深,先天地生而不为久,长于上古而不为老。"②在庄子眼里,这个"道"是先天地、"太极"而存在的。它就是"造物者",③即老子的"道生万物",也就是说这个先天存在的"就是"万物运动发展的推动者和根源。这与先秦儒家的宇宙发生论截然不同。《易传》云:"神也者,妙万物而为言者也。"韩康伯注曰:"于此言神者,明八卦运动,变化推移,莫有使之然者。神则无物,妙万物而为言也。"④先秦儒家认为,万物运动变化,"莫有使之然者"。所以,称之为"神"。而这里的"神",也就是"神妙莫测"之义,而非一个与庄子所说的"道"一样的"造物的神"存在。这大约就是儒家宇宙发生论与佛老宇宙发生论的根本区别所在。

陈樵则截然否定了戴良的"天机流动"说。他明确指出:"泉流不息若荣卫,岂有使之然者哉?"⑤陈樵用人体"荣卫"两气周流不息的道理,来解释"天机流动"无使之然者。"荣卫"也即"营卫",出自《黄帝内经》:

① 何炳松:《浙东学派溯源》,岳麓书社 2011 年版,第 22—23 页。
②③ 《庄子·内篇·大宗师》。
④ 李道平撰:《周易集解纂疏》,中华书局 1994 年版,第 698 页。
⑤ 陈樵:《天机流动轩记》,载戴殿儒:《浦阳建溪戴氏宗谱》卷一七《文辞(七)》,上海图书馆藏家谱本,同治八年(1869)重修,第 14—15 页。

人受气于榖,榖入于胃,以传与肺,五藏六府,皆以受气。其清者为营,浊者为卫。营在脉中,卫在脉外。营周不休,五十而复大会,阴阳相贯,如环无端。卫气行于阴二十五度,行于阳二十五度,分为昼夜,故气至阳而起,至阴而止。

……黄帝曰:夫血之与气,异名同类,何谓也? 歧伯答曰:营卫者,精气也。血者神气也。故血之与气,异名同类焉。①

其实"荣"指血的循环,"卫"指气的周流。"荣气"行于脉中,属阴;"卫气"行于脉外,属阳。"荣卫"二气散布全身,内外相贯,运行不已,对人体起着滋养和保卫作用。故而陈樵云:"余谓泉流不息,若荣卫。然机出于性。而天地之性,卒莫之知者,天机也。是岂有使之然者哉!"陈樵认为,"天机流动"就如同人体之"荣卫","是故天一嘘一吸,气生而液盛,原泉流而不息。人一嘘一吸,气卫而百脉流行,周廻而不已"。而"天机之流动""人体之荣卫",是没有使之然者。这就是"自然"之神妙是在:"天人大小虽殊,气出于神则一也。""曰天机神在,是则机在是矣。"可见,"天机流动"其神妙所在,就是没有"使之然者"。因此,《易传》有云:"神也者,妙万物而为言者也。"韩康伯注曰:"于此言神者,明八卦运动,变化推移,莫有使之然者。神则无物,妙万物而为言也。"(李道平)疏:八卦运动,变化推移,莫有使之然者,神之为也。神非物,而妙乎物者也。《说文》:"天神,引出万物者也。"②《易传》又云:"阴阳不测之谓神。"韩康伯曰:"神也者,变化之极,妙万物而为言,不可以形诘者也,故'阴阳不测'。……是以明两仪以太极为始,言变化而称极乎神也。"孔疏云:"神也者,变化之极者,言神之施为自将,变化之极,以为名也。"③可见,《易经》认为万物运动变化本没有"使之然者",这就是"易学神论"根本所在。它几乎接近辩证唯物主义认为的"运动既不能被创造又不能被消灭"的观点。

陈樵将"天机之流动"比之"人体之荣卫",几近郑玉的观点。郑玉认为,理气既然有动静,也即具有"生生之机"。他说:"复者,生物之始也,故足以

---

① 《黄帝内经·灵枢·营卫生会》。
② 李道平撰:《周易集解纂疏》,中华书局 1994 年版,第 698 页。
③ 同上书,第 562 页。

见之。今夫一阳初动，万物未生，未有声臭气味之可闻可见也，而生生之机兆矣。是非天地生物之心可见者乎？"①

他认为，天地"生生之机"也就是所谓"易"。而且"天地一易也，古今一易也，人物一易也，吾身亦一易也。自天地而敛之，以至于吾身，易之体无不备；自吾身而推之，以至于天地，易之用无不周"。② 因此，太极、阴阳、四象为宇宙之本体，其流行则为其发用。心、血气、四体是人身小宇宙之本体，其应事接物则为其发用。只要"近取诸身"，即可以尽天地万物之理，做到"易无不尽"。③

陈樵在否定戴良"天机流动道使之然"的观点后，指出"形而上者神，形而下者气。有神而后有气"。并以此提出了"天机神在"的观点。④ 陈樵关于"神"认识，源自《易传》中先秦儒家思想。

"神"的概念，在中国传统文化中有多层而的含义，且不断变化。《易经》中的"神"大致有三种含义：超自然的人格之神、阴阳不测的变化之神、思虑和微妙的精神之神。《易经》认为"神"是可以认知的，人们通过修养心性和直觉的体验，可以达到使自己的灵魂同神化合为一的境界。因此，人要实现自己的价值，必须返回到神灵自身；通过神灵自我觉解，实现自然的呈现。⑤ 从《易经》到《易传》，人类对神的认识从超自然崇拜，走向了客观自然。孔子曰："人生有气有魂。气者，人之盛也；精气者，人神之盛也。夫生必死，死必归土，此谓鬼；魂气归天此谓神。……圣人因物之精，制为之极，明命鬼神，以为民之则。"⑥因此孟子亦曰"圣而不可知之谓神"。⑦ 这里的"神"已开始摆脱"人格神""意志神"之义，以用来揭示"变化神妙"及人的"精神微妙"。这种倾向在庄子那里表现得更为明显。钱穆曾说："《系辞》言神言变化，相

---

①　郑玉：《见梅堂记》，《师山文集》卷一。

②　郑玉：《周易大传附注序》，《师山文集》卷三。

③　徐远和：《理学与元代社会》，人民出版社1992年版，第187—188页。

④　陈樵：《天机流动轩记》，载戴殿儒：《浦阳建溪戴氏宗谱》卷一七《文辞（七）》，上海图书馆藏家谱本，同治八年(1869)重修，第14—15页。

⑤　李连顺：《论〈周易〉中"神"的概念》，《中南民族大学学报（人文社会科学版）》2003年第5期，第66—70页。

⑥　孔子：《孔子家语》卷四《哀公问政第十七》。

⑦　孟子：《尽心下》，见杨伯峻译注：《孟子译注》，中华书局2008年版，第264页。

当于老庄言自然言道。"①庄子之"神",已完全消解了宗教主宰性的权威作用,转而为人的精神生命的作用与功能。庄子认为人的精神活动应合于自然,所谓"神功而天随"。②

易学史上"神"的基本含义是"变化微妙"。这一意义的"神"往往与"化"相提并论,曰"神化"。王弼、孔颖达的《周易正义》,发挥了韩康伯注之义,也以事物变化的道理不知其所以然而然,自然而然,神妙莫测,称为"神化",所谓"言神化亦不为而自然也"。③ 这种观点,对宋明易学中的神化学说起了一定影响。王弼、孔颖达《周易正义》曰:

> 子曰:知变化之道者,其知神之所为乎? 夫变化之道,不为而自然。故知变化者,则知神之所为。
>
> [疏]正义曰:言易既知变化之道理,不为而自然也。则能知神化之所为,言神化亦不为而自然也。④

张载把事物变易法则归结为"神化",并于《正蒙》中专有《神化》篇。张载曰:"一故神,两故化。"⑤"气有阴阳,推行有渐为化,合一不测为神。"⑥张载认为,气是包含阴阳二气的对立统一体。因其对立,所以其变化的过程总是一阴一阳、一聚一散、一屈一伸相互推移,此即"两故化气""推行有渐为化"。因其统一,所以其变化的根源神妙莫测,此即"一故神""合一不测为神"。可见,神和化都是气所固有的本能。邵雍说:"神者,《易》之主也,所以无方。《易》者,神之用也,所以无体。"神无方而《易》无体,滞于一方则不能变化,非神也。有定体则不能变通,非《易》也。《易》虽有体,体者象也,假象

① 钱穆:《论十翼非孔子作》,载黄沛荣:《易学论著选集》,台北长安出版社 1985 年版,第 387 页。

② 陈鼓应:《易传与道家思想》,三联书店 1996 年版,第 75—76 页。

③ 李连顺:《论〈周易〉中"神"的概念》,《中南民族大学学报(人文社会科学版)》2003 年第 5 期,第 66—70 页。

④ 王弼,孔颖达:《周易正义·系辞(上)》卷七。

⑤ 张载:《正蒙·参两篇第二》,见黄宗羲原著,全祖望补修,陈金生、梁运华点校:《宋元学案》第 1 册,中华书局 1986 年版,第 674 页。

⑥ 张载:《正蒙·神化第四》,见黄宗羲原著,全祖望补修,陈金生、梁运华点校:《宋元学案》第 1 册,中华书局 1986 年版,第 685 页。

以见体,而本无体也。”“显诸仁者,天地生物之功,则人可得而见也。所以造万物则人不得而见,是藏诸用也。”①邵雍认为,神者《易》之主,《易》的根本精神在于神,神是变化之道,道有体用。体是支配变化的永恒规律,用是变化本身所显示的行迹。先天明体,后天明用,神则体用相互,统先天与后天而一以贯之。邵雍把神提升为一个最高范畴而置于先天与后天之上,认为神是贯穿于先天与后天之中的根本精神。而易学研究的目的在于“精义入神以致用”,因为不精义则不能入神,不能入神则不能致用。② 精义是指事物之精细、微妙之义,所以人极难把握;入神是指人的精神活动达到与“神”默契合拍的程度。“精义入神”是屈伸动静相依相存的表现形式,就是《周易》为人类设计的屈静修养的功夫。所以“穷神知化”实质上是一种直觉体验活动。神不仅可理解为阴阳不测,即易道变化,还可以理解为人的心灵智慧,即“神”即“易”,它与天理人道融为一体,“即穷神知化,与天为一”③。

慈湖杨简则把“神”引入到了“人心”范畴,认为人心“自神自明”。他说:“血气能周流,所以能周流者何物? ……血气可见,其使之周流者不可见。”④“人心自明,人心自灵,意起我立,必固礙塞,始丧其明,始失其灵。孔子日与门弟子从容问答,其谆谆告戒,止绝学者之病,大略有四:曰意,曰必,曰固,曰我。门弟子有一于此,圣人必止绝之。毋者,止绝之辞,知夫人皆有至灵至明,广大圣智之性,不假外求,不由外得,自本自根,自神自明。”⑤王柏亦云:“古今之远,四海之大,人生消息变化之无穷,推其所以相生相克者,止于五行。五行,气也。五行之神,则仁义礼智之性也。”⑥王柏认为,根植于人心的“仁义礼智之性”,也就是“五行之神”。所谓“五行”,也即“五行之气”也。许谦说:“朱子释明德,则曰:‘人之所得乎天而虚灵不昧,以具众理而应万事者也。’释心则曰:‘人之神明,所以具众理而应万事者也。’二者无大异。岂心即明德之谓乎? 盖德者得也,所得乎天。……至于言心曰神明,是指人身

① 邵雍:《皇极经世·观物外篇》,《四库全书》本。

② 余敦康:《内圣外王的贯通》,上海学林出版社1997年版,第194—196页。

③ 傅云龙、柴尚金:《易学的思维》,沈阳出版社1997年版,第111—114页。

④ 杨简:《家记(一)·己易》,载《慈湖先生遗书》卷七,山东友谊书社1991年版,第299页。

⑤ 杨简:《绝四记》,载《慈湖先生遗书》卷二,山东友谊书社1991年版,第63页。

⑥ 王柏:《鲁斋要语》,载黄宗羲等《宋元学案》第4册,中华书局1986年版,第2732页。

之神妙灵明充之,可以参天地、赞化育之本。"①

因此,陈樵的"天机神在"论之"神"。是"阴阳不测"之神妙,是圣人对自然规律把握如神,对天地万物体认之神妙。而此神妙,也即"天机流动"之神妙。"天机流动",岂有使之然者哉!

(二)论辩第二个争锋点:"天机流动"是道学还是儒学范畴

这次论辩中的第二个争锋点是由许谦弟子胡翰提出的。戴良在看了陈樵的《天机流动轩记》后,对陈樵这种赤裸裸的批评,显然有些难以接受。但不知何故,他没有自己直接出来辩论,而是把希望寄托于当时在婺州学界同时享有盛名的胡翰、王袆、郑涛等同仁身上。他首先请许谦弟子"北山学派"后续胡翰出来,续写《天机流动轩记》。胡翰看了陈樵的《天机流动轩记》后,心里顿时惝然。他在《天机流动轩记》云:"又数月,得东阳陈君君采所为文。读之,乃惝然曰:是不既备矣乎!抑余之不敢易其言者,则有由然矣。"②可见,当时胡翰亦认为,陈樵之《天机流动轩记》已"既备矣",也就是说,他也认同陈樵的"天机流动"说的。只是戴良要自己再撰《天机流动轩记》,分明是戴良对陈樵之记存在看法。于是,胡翰则从"天机流动"为庄子说,与圣道(孔子儒学)不合入手,进行论述。进而他认为"以周之说明吾圣人之道,岂不难乎! 彼以为无内无外也,而吾亦且以为无内外也;彼以为无迎无将也,而吾亦且以为无迎将也。然则,吾之所谓天机者,即彼所谓天机乎"。③ 胡翰在这里犯了一个天大的错误,即认为儒家和道家思想,在先秦时期是互不相融的。

胡翰认为"天机流动"说源于庄子。事实确实是如此。

"天机"一词,出自《庄子》。《庄子》一书,有三篇文章中直接用到"天机"。其一,《大宗师》云:"其耆(嗜)欲深者,其天机浅。"成玄英疏云:"夫耽耆(嗜)诸尘而情欲深重者,其天然机神浅钝故也。若使智照深远,岂其然乎?"这里成玄英释"天机"为"天然机神"。他在为《至乐》篇"万物皆出于机,

---

① 许谦:《四书丛说·孟子(下)》,载《读四书丛说》第 3 册,中华书局 1985 年版,第 298 页。

② 胡翰:《天机流动轩记》,载胡翰:《胡仲子集》卷六,四库全书文渊阁影印本,第 15 下—17 上页。

③ 同上书。

皆人于机"句疏时,又说"机者发动,所谓造化也"。① 可见,"天机"就是自然造化。"天机"既是自然造化,当然也就存在于自然本真的人。称说人"天机",则就是指自然赋予的生理机能,即天性。② 陈鼓应也注云:"天机:自然之生机(陈启天说)。"③其二,庄子在《天运》云:"天机不张,而五官皆备,此之谓天乐。"此句是黄帝答北门成问而讲述奏咸池之乐于洞庭之野的美妙体验,成玄英又云:"天机,自然之枢机。"④庄子用在这里也是指人的天性。其三,《庄子·秋水》云:"蚿曰:'夫天机之所动,何可易邪? 吾安用足哉?'"这是一个寓言。蚿、蛇等自然生物之"天机",同人之天性。

可见,庄子及注者对"天机"诠释,大都指"自然造化""自然之枢机""人之天性"之义。后来"天机"被陆机引入文论范畴。陆机在《文赋》中云:"若夫应感之会,通塞之纪,来不可遏,去不可止。藏若影灭,行犹响起。方天机之骏利,夫何纷而不理?"陆机对灵感现象的描述是非常生动直观的,而且正面触及了艺术创作中灵感思维的最重要的一些特征,如灵感的突发性、偶然性和创造性等。⑤

但"自然生机"意义上的"天机"论,在儒家经典《大学》《中庸》里皆可找到痕迹。"《大学》言:'毋自欺。'不欺吾天,不窒此机也。《中庸》言:'致曲。'不昧吾天,不阻此机也。《孟子》言:'直养无害。'不拂吾天,不枉此机也。"⑥然后,到了北宋初理学创始者(又称道学家或新儒家)那里,"天机流行"这一命题以"天道流行"或"天命流行"形式,成了他们"宇宙发生论"的主要理论基点。所谓"宇宙发生论"就是要解释"世界的本质""世界是怎样形成的"之类问题而发展起来的学说。以周敦颐、邵雍和张载代表的最早的新儒家,其

① 郭庆藩:《庄子集释》,见国学整理社《诸子集成》,中华书局1954年版,第277页。
② 李亮伟:《再谈王维提出的"天机清妙"》,载《宁波大学学报(人文科学版)》2010年第23卷第4期,第6—9、19页。
③ 陈鼓应:《庄子今注今译》,中华书局1983年版,第171页。
④ 郭庆藩:《庄子集释》,见国学整理社《诸子集成》,中华书局1954年版,第225页。
⑤ 张晶,张振兴:《"天机"论的历史脉络与美学品格》,《天府新论》2001年第6期,第66—70页。
⑥ 王崇炳:《天机流动说》,《学耨堂文集》卷六,载赵一生主编:《东阳丛书》第15册,浙江古籍出版社2014年版,第133—134页。

主要兴趣在宇宙发生论。[①] 他们沿着道教阴阳家的宇宙发生论这条思想路线，以先秦儒家"天道观"为基础的宇宙生化模式，或说是"性与天道"的宇宙本体论学说，以弥补儒学在这方面的不足，并借此对抗释老之学以虚无为宇宙本体的思想理论。[②]

周敦颐《太极图说》云："自无极而为太极。太极动而生阳，动极而静，静而生阴，静极复动。一动一静，互为其根。分阴分阳，两仪立焉。阳变阴合而生水、火、木、金、土。五气顺布，四时行焉。五行一阴阳也；阴阳一太极也。太极本无极也。五行之生也，各一其性。无极之真，二五之精，妙合而凝。乾道成男，坤道成女，二气交感，化生万物，万物生生而变化无穷焉。"[③] 在周敦颐的"无极—太极—阴阳—五行—万物（人）"宇宙生化模式中，"无极"是最高范畴，它既是宇宙万物本源，又是人类社会最高伦理道德原则。周敦颐又将性与天道直接相联系，由此奠定了理学以非人格化的宇宙绝对精神阐释本体论的理论基石。

邵雍说："天生于动者也，地生于静者也，一动一静交而天地之道尽之矣。动之始则阳生焉，动之极则阴生焉，一阴一阳交而天之用尽之矣。静之始则柔生焉。静之极则刚生焉，一刚一柔交而地之用尽之矣。"[④] "太极一也，不动；生二，二则神也。神生数，数生象，象生器。"[⑤] 邵雍由太极出发，运用数、象演绎出自己的宇宙发生理论。

张载则直接六经，尤以"三才之道"为基点，把《易传》"天人合一"和思孟学派"性与天道合一"作为中心内容，通过"气化流行""气以载性"等命题的发挥，建构起以"性"为本、以"气"为质的宇宙本体论体系。张载说："太虚无形，气之本体；其聚其散，变化之客形尔。""太虚不能无气，气不能不聚而为

---

① 冯友兰：《中国哲学简史》第二十三章《新儒家：宇宙发生论者》，北京大学出版社2012年版。

② 吴静：《论张载的气化流行》，《重庆师院学报（哲学社会科学版）》2003年第3期，第74—78页。

③ 周敦颐：《太极图说》，《周敦颐集》，岳麓书社2002年版。

④ 邵雍：《皇极经世·观物内篇》，载黄宗羲原著，全祖望补修，陈金生、梁运华点校：《宋元学案》第1册，中华书局1986年版，第368页。

⑤ 邵雍：《皇极经世·观物外篇》，《四库全书》本。

万物,万物不能不散而为太虚。"①张载认为,宇宙间不过是一"气"之流行,万事万物都统一于"气"。"气"成为宇宙万物共同的物质本源。由此,宇宙万物中的"天"与"人"也就有了一个共同的来源"气",这就找到了"天人合一"物质层面上的统一体。张载对"气"何以能从无形的"太虚"聚而为有形的万物进行了论证,从而建构了气化流行生物的宇宙生化模式。

张载对"气"何以能从无形的"太虚"聚而为有形的万物进行了论证,从而建构了气化流行生物的宇宙生化模式。"太虚之气,阴阳一物也,然而有两体,健顺而已。"②他认为"气"自身是一个包含有阴阳的矛盾统一体,所以阴阳二气相互感应,运行流转,便有了推行有渐、聚散、化合的运行过程。张载对此进行了生动的描述,说:"游气纷扰,合而成质者,生人物之万殊;其阴阳两端,循环不已者,立天地之大义。"③"气有阴阳,推行有渐为化,合一不测为神。"④"阴性凝聚,阳性发散;阴聚之,阳必散之。"⑤阴阳二气相互感应,阳胜阴则"气"飘散、轻扬,升而为天空太虚,阴胜阳则"气"凝聚、沉落,降而为大地万物。正是阴阳二气在"感"的作用下运行流转,生生不息,才有了万物的化生和消亡。

二程在构建理学本体论时,基本遵循了周、张"气化流行"及气以载"道"的思想,将周敦颐最高本体范畴"太极"改造成更简明易知之"天理"。他们认为"万物之始,皆气化",⑥"生育万物者,乃天之气也。"⑦他们强调"万物皆只是一个天理"。⑧ 在理与气关系上,二程认为"有理则有气,有气则有数。

① 张载:《正蒙·太和篇》,黄宗羲原著,全祖望补修,陈金生、梁运华点校:《宋元学案》第 1 册,中华书局 1986 年版,第 669—670 页。

② 张载:《横渠易说·系辞下》,《张载集》,中华书局 1978 年版,第 10 页。

③ 张载:《正蒙·太和篇》,黄宗羲原著,全祖望补修,陈金生、梁运华点校:《宋元学案》卷一七,中华书局 1986 年版,第 673 页。

④ 张载:《正蒙·神化篇》,同上书,第 685 页。

⑤ 张载:《正蒙·参两篇》,同上书,第 678 页。

⑥ 程颢、程颐著,王孝鱼点校:《河南程氏遗书》卷五,《二程集上》,中华书局 1981 年版,第 79 页。

⑦ 程颢、程颐著,王孝鱼点校:《河南程氏粹言》卷二,《二程集(下)》,中华书局 1981 年版,第 1226 页。

⑧ 程颢、程颐著,王孝鱼点校:《河南程氏遗书》卷二,《二程集上》,中华书局 1981 年版,第 30 页。

行鬼神者,数也。数,气之用也。"①从而确立了理先气后、理本气末的客观唯心主义理一元论。二程在解释《礼记·中庸》"天命之谓性,率性之谓道"一句中说:"'天命之谓性,率性之谓道'者,天降是于下,万物流形,各正性命者,是所谓性也。循其性而不失,是所谓道也。"②这正是理学家对《易》中"乾道变化,各正性命"的阐释,即"理"必须通过"物"之质料五行之"气"的搭载,将五常之"性"赋之于人与物。万物流行,亦即"气化流行",性亦在其中了。

朱熹进一步发挥了程氏的"性""气"观,他说:"性,即理也。天以阴阳五行化生万物,气以成形,而理亦赋焉,犹命令也。赞是人物之生,因各得其所赋之理,以为健顺五常之德,所谓性也。率,循也,道,犹路也。人物各循其性之自然,则其日用事物之间,莫不各有当行之路,是则所谓道也。③ 在朱熹看来,阴阳五行之气与健顺五常之德,在宇宙化生万物的过程中是相互为用、不可须臾相离的。气以成人、物之形,理以成人、物之性,无理便无气,同样,无气便无理,这便是理气相互作用的辩证法。

吕祖谦云:"命天命也。天命流行不息,配命则纯亦不已。""心是活物,流而不息。"④杨简曰:"血气能周流,所以能周流者何物?……血气可见,其使之周流者不可见。"⑤"人皆有至灵至明,广大圣智之性,不假外求,不由外得,自本自根,自神自明。"⑥王柏云:"古今之远,四海之大,人生消息变化之无穷,推其所以相生相克者,止于五行。五行,气也。五行之神,则仁义礼智之性也。"⑦吕祖谦高弟叶邦弟子徐侨讲"天运流行"。"侨谓人曰:'成父从侨最久,静愿无他好,讲学意趣殊深,吾道为有所托矣。'……且戒之曰:'心体

---

① 程颢、程颐著,王孝鱼点校:《河南程氏经说》卷一,《二程集(下)》,中华书局1981年版,第1030页。
② 程颢、程颐著,王孝鱼点校:《河南程氏遗书》卷二上,《二程集上》,中华书局1981年版,第29—30页。
③ 朱熹:《四书章句集注》,中华书局1983年版。
④ 吕祖谦:《孟子说》《杂说》,载《吕东莱文集》第7册,中华书局1985年版,第416、461页。
⑤ 杨简:《慈湖己易》,载《慈湖先生遗书》,山东友谊出版社1991年版,第299页。
⑥ 杨简:慈湖《四绝记》,同上书,第75页。
⑦ 王柏:《鲁斋要语》,见黄宗羲原著,全祖望补修,陈金生、梁运华点校:《宋元学案》卷八二,中华书局1986年版,第2732页。

之流行,即天运之流行也,无乎不通,而塞之人其物矣.' 由庚佩之终身。"①
"心体之流行即天运之流行",略可见徐侨讲学之旨,虽未足以论其全,但亦
可见其与朱熹之说并未完全契合。

元代大儒许衡认为天道流行,造化万物,在这一过程中"气"起到了至关
重要的作用。而"道"也即"理",它是高于一切的精神实体,产生于太极之
前,是"道"产生"阴阳二气",然后由"阴阳二气"化生天地万物。也即戴良认
为的"天机流行道之使然"。他说:"太极之前,此道独立,道生太极,函三为
一,一气既分,天地定位,万物之灵,惟人为贵。"②这与周敦颐"道""理""太
极"是同一范畴,太极便是理观点不尽相同。

而刘因则认为,天地万物源于"一理",而此"一理"并非让世间万物无
所变化,而是经历了"散为万事"又"复为一理"的。根据刘因的解释,"理"
具有生生不息的功能,他说:"夫天地之理,生生不息而已矣。凡所有生,
虽天地亦不能使之久存也。若天地之心见其不能使之久存也,而遂不复
生焉,则生理从而息矣。成毁也,代谢也,理势相因而然也。"③自然界和人
类社会的成毁、代谢都是由于"理势相因而然"。刘因还将自然与社会的
发展变化归结于"气机",他说:"天地之间,凡人力之所为,皆气机之所使,
既成而毁,毁而复新,亦生生不息之理耳。"④刘因没有详细的界定何为"气
机",但援引《易传》"氤氲"、庄子"机缄",以及张载"机"论。张载以"机"来
阐发事物变化而不可言喻的内部原因。他说:"凡圆转之物,动必有机,既
谓之机,则动非自外也。"⑤刘因认为,"气机"是一种无形的原因,是理化生
万物而不可言喻的所以然。刘因的宇宙生成观,实为儒家宇宙生成观之
传承。

其实先秦儒家的思孟学派,就认为天有自身运行的可以为圣人把握的
道,"圣人知天道也";人类可以"察天道以化民气",即根据天道来治理百物

---

① 宋濂:《杂传九首·叶由庚传》,见宋濂著,罗月霞主编《宋濂全集》第 4 册,浙江
古籍出版社 1999 年版,第 2047 页。

② 许衡撰、王成儒点校:《许衡集》卷七《稽千古文》,第 226 页。

③④ 刘因撰:《静修集》卷一〇《游高氏园记》,文渊阁四库全书本,第 1198 册,第
564 页上。

⑤ 张载撰:《张载集·正蒙》卷一《参两》,中华书局 1978 年版,第 11 页。

和人伦。① 《中庸》云:"博厚配地,高明配天,悠久无疆。如此者,不见而章,不动而变,无为而成。天地之道,可一言而尽也。其为物不贰,则其生物不测。……诗云:'维天之命,于穆不已!'盖曰天之所以为天也。"② 其意思是天的功用如鬼神一样不可测,不可见,不可听,不可思,但是天却使万物不停地运动变化。这就体现了天的高明。尽管天不可闻见,但是圣人可以知天。"诚者天之道也,诚之者人之道也。诚者不勉而中,不思而得,从容中道,圣人也。"③ 诚是天之道,做到诚的就是圣人,并且"至诚如神"可以知未来。"唯天下至诚,为能尽其性;能尽其性,则能尽人之性;能尽人之性,则能尽物之性;能尽物之性,则可以赞天地之化育;可以赞天地之化育,则可以与天地参矣。其次致曲。曲能有诚,诚则形,形则着,着则明,明则动,动则变,变则化。唯天下至诚为能化。"(《中庸》)也就是说,他们主张通过"至诚"来达到知天,达到把握万物以"如神"。在《中庸》中,至诚是最完美的最高明的天道,它应该是天与性的功能,是圣人的境界。诚之者也有诚,但不是至诚,只是诚的一部分,所以能诚之,能向至诚的目标努力,这是常人的境界。孟子继承和发展了郭店楚简和《中庸》的思想,提出了"尽心知性以知天"的思想,将天进一步内在化。

因此,王祎之"天机流行"乃"至诚无息之妙"的观点,便有了儒家圣学意义的渊源和价值。王祎在其《天机流动轩记》中云:

> 造化之理一,至诚无息之妙而已。易之为卦,取象有八。曰天地定位,山泽通气,雷风相薄,水火不相射。是八者为物不同,而其为理同一,至诚无息之妙者也。
>
> ……凡物之有形於天地间者,其消长禅续,生生不息,举无异于是焉。其所以不息者,何莫非至诚之妙,造化自然之理也。造化自然理,所谓道体也。道本无体,然体物而不遗,故妙万物而无不在,与万物相为用而无穷也。吾故观于物,察乎造化之理,而知

---

① 郑淑媛:《先秦儒家天道观的演化及其特征》,《渤海大学学报(哲学社会科学版)》2006 年第 28 卷第 1 期,第 39—45 页。

② 颜培金、王谦注译:《大学·中庸》,崇文书局 2003 年版,第 120—121 页。

③ 同上书,第 108 页。

为至诚无息之妙也。①

王祎认为,天机流动,之所以生生不息者,莫非至诚之妙,也即造化自然之理也。而"造化自然之理",也即"道"也。"道"虽无体无形,却能神妙地生万物,其相用与万物,而万物运动不息。而儒家认为万物运动变化,"莫有使之然者"。王祎"诚无息之妙者",也即是对《中庸》"至诚如神"的最好解释。

郑涛更是直接指出:"天机流动者,伊洛诸儒所状道体之妙也。"也就是说"天机流动"这一命题,就是儒家宇宙发生论中所论述的"道体之妙"。他在《天机流动轩记》中云:

> 静者动之根,动者静之机,一阖一辟,一鼓一随,前瞻既莫知其合,后顾又莫知其离,语乎其末,而本不能外也;语乎其粗,而精不能违也;语乎其小,而大不能背也;观于天运,则阴阳之消长,昼夜之迭更,有如环之无端。而吾心以之观于川流,则逝者之方行,来者之已续,亦如环之无端。而吾心以之此无他,霄壤之间,惟一天机流动,充满上下,亘古亘今无一毫之缺遗,无一息之间断。②

郑涛认为,"静"是天(自然)的根本,动是天(自然)发动之"机"。自然万物"一阖一辟,一鼓一随","阴阳消长,昼夜迭更,有如环之无端",唯有通过"吾心"才能参悟达到其流动不息之奥妙。因为"人之能与道为一者,心也。""而吾心以之此无他,霄壤之间,惟一天机流动,充满上下,亘古亘今无一毫之缺遗,无一息之间断。孔子"逝者如斯"之叹,子思"鸢飞鱼跃"之喻,不过各备一事而形容之。君子之所存,存此而已矣;学者之所养,养此而已矣。初非心之外别有所谓,道也。"而道之全体呈露,妙用显行,只要人们将它存之于目,必著之于心。即可贯动静,该体用,一本末,兼粗精,合小大者,还能

---

① 王祎:《天机流动轩记》,载王祎:《王忠文集》卷八,《钦定四库全书》,文渊阁影印本,第8上—10上页。

② 郑涛:《天机流动轩记》,载戴殿儒:《浦阳建溪戴氏宗谱》卷一七《文辞(七)》,上海图书馆藏家谱本,同治八年(1869)重修,第23—25页。

无间断缺遗,如环之无端,而尽知天道之妙。

郑涛在这里提出了"天机流动如环之无端"的循环思想,这是他的最大出新处。

由此可见,戴良"泉水流动道之使然"之说,胡翰"天机流动"出自庄子之说,都是立不住脚跟的。因而王祎、郑涛皆没有理会戴、胡之说,各自发表宏论,明确支持陈樵之"天机流动"说。从而形成了元末婺州学界一场关于"天机流动"说的学术大论辩。

其实,胡翰在此《天机流动轩记》中,基本上没有表达出自己的"天道流行"观。胡翰在《皇初论》中,对"天道"和"神"的观念,有比较深刻的论述。胡翰《皇初论》云:

> 天地之初,未始有物也。冯冯翼翼,由一而二,二气则一;暗暗盱盱,由二而三,三才则一。天下同由之谓道,同得之谓德,同善之谓性,同灵之谓心。道,一也,人皆由之,而有不由者焉;德,一也,人皆得之,而有不得者焉;性,一也,人皆善,而有不善者焉。此人也,非天也。心不能尽性,则不能尽德矣,不能尽德,则不能尽道矣,故虽天也,莫与能焉。而成能者,圣人也。此圣人所以为万世开太平也。
>
> ……故圣人之心,天地之心也;圣人之性,天地之性也。圣人以其心溥万物而物无不平,以其性尽万物而物无不成,非固谋之也,有生者各一其性,有知者各一其心,声气之同,捷于桴鼓,念虑之孚,坚于金石,故曰天地感而万物化生,圣人感人心而天下和平。圣人之化如神而人不与知焉,圣人之化如天而神不与能焉,荡荡乎,平平乎,皇极之道也,而非老氏者之所谓道也[①]。

胡翰在这里认为,"道"即天下同一个理由。而且"道",一也。圣人以其心溥万物而物无不平,以其性尽万物而物无不成。圣人通过"性"使人与天地万物同,而圣人之化如天而神不与能焉。也就是说,圣人能知天地如何神

---

① 胡翰:《皇初论》,见黄宗羲原著,全祖望补修,陈金生、梁运华点校:《宋元学案》卷八二《北山四先生学案》,中华书局 1986 年版,第 2786－2788 页。

化万物。天道流行，荡荡乎，平平乎，这是皇极之道，也即儒家之道，而非老庄者之所道也。如此看来，胡翰在此记中的观点，似不能代表其天道观的。由此而被王崇炳责为"其旨迂而无当"，实在有些冤枉。

　　总之，这场围绕"天机流动"的学术论辩，吸引了元末婺州诸多著名大儒积极参加，其观点之新颖，论辩之精彩，思想碰撞之激烈，不但婺学史上少见，就是在整个元代理学史上也不曾见着。它以足够的理论高度，合当时朱陆吕三家之思想精粹，将"天机流动"与"天道流行""天命流行"等命题相衔接，从而将"天机"论从文论范畴回归至儒学范畴。诚如王崇炳所说"即此'天机流动'四字，可以贯圣学之全矣"。辩论中所提出的"天机神在""吾心如环之无端"等创新性命题，使元末婺学以相当的高度和辉煌的姿态进入明初学术舞台，并对明清学术产生深远影响。